pmv FREIZEITFÜHRER MIT KINDERN

1. Auflage 2016, Frankfurt am Main

PETER MEYER VERLAG

OSTSEEKÜSTE RÜGEN MIT KINDERN

Der Erlebnisführer von Rostock bis Swinemünde inklusive aller Inseln

VON KAROLIN KÜNTZEL

INHALT

FERIEN-ADRESSEN & KARTEN

IMPRESSUM

Wir freuen uns über Korrekturen und Anregungen:

pmv Peter Meyer Verlag

Varrentrappstraße 53

60486 Frankfurt a.M.

info@PeterMeyerVerlag.de

Weitere »... mit Kindern« Freizeit- und Reiseführer:

www.PeterMeyerVerlag.de

| **Druck & Bindung:** Kerschoffset Zagreb d.o.o., Kroatien, www.kerschofset.hr auf PEFC-zertifiziertem Papier aus nachhaltiger Forstwirtschaft | **Umschlaggestaltung:** Annette Sievers unter Verwendung eines Fotos von Okapia; Agentur 42, Mainz, www.agentur42.de | **Fotos:** Karolin Küntzel. Wenn nicht anders angegeben, alle Rechte beim Verlag, siehe Nachweis beim jeweiligen Bild. Wir danken allen Unterstützern. | **Freche Viecher:** Silke Schmidt | **Karten:** pmv | **Bezug:** über Prolit, Fernwald-Annerod, oder über den Verlag, vertrieb@PeterMeyerVerlag.de, ✆ 069/40562570

ISBN 978-3-89859-454-7

klimaneutral

powered by ClimatePartner°

Druck | ID 11766-1511-1001

Mit Kindern ans Meer fahren? Nichts einfacher als das! Alle Kinder sind gern am Strand. Sie lieben die Riesen-Sandkiste, die bestes Baumaterial für Kleckerburgen bietet, hüpfen gern durch die Wellen und baden bis zum Bibbern. Selbst spazieren gehen wird am Strand zum Erlebnis und so mancher Schatz, von der Muschel bis zum Holzstückchen, wandert in die Hosentaschen.

Im Herbstwind flattern die Drachen und Kiter flitzen über die Wellen. Winterstürme werfen Treibgut hinauf an Land. Im Frühjahr kehren die Boote in die Häfen zurück und die Strandkörbe auf den hellen, feinkörnigen Sand. Mecklenburg-Vorpommern ist reich an unverbauter, ursprünglicher Küste und einzigartigen Inseln. Auf Fischland-Darß-Zingst locken der wilde Weststrand und der Darßer Urwald, auf der (fast) autofreien Insel Hiddensee die Ruhe und das Hufgetrappel. Das Wahrzeichen Rügens ist die Kreideküste. Usedom, die deutsch-polnische Insel, liegt nicht nur am Meer, sondern auch an *Peene, Achterwasser* und *Stettiner Haff*. Mehr geht nicht! Und auf dem Festland? Dort reihen sich die Hansestädte von Rostock bis Anklam aneinander. Prachtvolle Backsteinbauten, große Kirchen und wehrhafte Türme lassen erahnen, wie reich und mächtig diese Städte einst waren. Auf den Inseln und in den Städten erwartet euch ein vielseitiges, auf Familien und Kinder ausgerichtetes Angebot: Wassersportmöglichkeiten, Wander- und Radrouten, Tierparks und Museen, Handwerksbetriebe, in denen ihr selbst aktiv werden dürft, sowie Theater- und Bühnenprogramme. Vorhang auf für die schönsten Ecken Mecklenburg-Vorpommerns! Begebt euch auf Entdeckungsreise, findet eure Lieblingsinsel und den schönsten Platz der Stadt. Schnappt euch Rad, Rucksack und diesen Reiseführer und schon kann es losgehen.

Viel Spaß an der mecklenburgischen Ostseeküste und auf Wollin wünscht euch Karolin Küntzel

OSTSEE-INSELN HALLO!

Über die Autorin

Karolin Küntzel lebt mit ihrer Familie in der Lübecker Bucht. Hier arbeitet sie als freie Autorin, schreibt Sachbücher für Kinder und Erwachsene sowie einen Blog rund um Themen der Natur (www.hallimasch-und-mollymauk.de). Bei pmv erschien bereits ihr Freizeitführer *Ostseeküste Lübeck mit Kindern*. Nun hat sie mit ihrer Tochter *Finja* (9) die Küste Mecklenburg-Vorpommerns erkundet.

Zur Gliederung dieses Buches

▶ *Ostseeküste Rügen mit Kindern* ist in **acht geografische Griffmarken** gegliedert: *Rostock & Warnemünde, Fischland, Darß, Zingst* sowie *Stralsund – Greifswald.* Im Weiteren folgen die Inseln *Rügen, Hiddensee* und *Usedom.* Noch einmal geht es von *Wolgast – Ueckermünde* aufs Festland, bevor mit *Swinemünde & Wollin* die letzten Inseln, bereits auf polnischem Gebiet, folgen.

Die Griffmarken sind immer nach dem selben Schema aufgebaut:

Tipps für Wasserratten könnte auch »Tipps von Wasserratten« heißen. Denn *Sam,* die Wasserratte, zeigt euch in diesen Kapiteln immer den Weg zu Strand- und Hallenbädern, zu Schiffs- und Bootstouren oder Segelschulen, bei denen ihr selbst zum Kapitän werden könnt .

Frische Luft & Sport hält Radtouren, Wanderungen, Reiterhöfe, Abenteuerspielplätze, Kletter- und Freizeitparks und alles, was im weitesten Sinn unter Erlebniswelten fällt, bereit. *Karlinchen,* unsere Igelin, ist gerne draußen unterwegs. Mit von der Partie sind gelegentlich auch *Specki,* der Specht, *Susi,* das Schweinchen, und weitere Freunde.

Umwelt erforschen ist allerdings *Karlinchens* Lieblingsthema, denn hier kann sie nicht nur draußen sein, sondern auch viel lernen: Sie weist euch den Weg zu Tier- und Streichelparks, Lehr- und Naturerkundungspfaden, Naturerlebniszentren und macht euch mit Robben oder den Sternen bekannt.

Handwerk & Geschichte ist *Herrn Maus* Thema: Der Maulwurf mit der praktischen Latzhose nimmt mit euch alles unter die Lupe, was mit Technik zu tun hat, zum Beispiel Leuchttürme,

Danksagung: Bedanken möchte ich mich vor allem bei meiner Tochter *Finja* und meinem Lebensgefährten *Hendrik.* Sie haben mich oft auf meinen Reisen begleitet, meine Neugierde geteilt und Hitze, Regen und Mückenschwärmen getrotzt. Wo wäre ich ohne euch, eure Energie und die zusätzlichen Foto-Speicherkarten?

Sam & seine Freunde

Unsere **Frechen Viecher** gibt es auch als Malvorlage. Schaut auf unserer Internetseite unter »Leser«. Dort findet ihr zudem Bilder, die Kinder für uns gemalt haben – mit den Frechen Viechern in ihrem Heimatort. Toll! Dafür könnt ihr durchaus mit einer kleinen Belohnung rechnen … Also, greift zu Papier und Pinsel!

Hat für euch alle Aktivitäten vor Ort getestet: Finja

Mühlen und Betriebe, die ihr von innen besichtigen könnt. Auch von Geschichte kann er nie genug kriegen und führt euch daher in Museen – vorausgesetzt, sie sind für Kinder interessant und haben tolle Mitmach-Programme.

Bühne, Leinwand & Aktionen ist was für die musisch Begabten unter euch, so wie *Mockes,* der Langlöffelhase. Ihr wisst nicht, was ein Langlöffelhase alles kann? Dann lasst euch überraschen und folgt ihm zu Kindertheatern, Kinos, Ferien- und Kreativangeboten oder auf Märkte und Feste! Denn am Ende jeder Griffmarke, also der einzelnen Regionen, findet ihr einen **Festkalender,** in dem wiederkehrende Feste, Veranstaltungen und Weihnachtsmärkte aufgeführt sind. So könnt ihr euren Ausflug langfristig gut planen!

Orte, Info & Verkehr führt die Adressen aller Fremdenverkehrsbüros inklusive Anreise mit Auto und öffentlichen Verkehrsmitteln auf. Außerdem gibt es eine Kurzbeschreibung des jeweiligen Ortes. So wisst ihr, wo ihr weitere Informationen erhaltet, wie ihr hinkommt und warum der Ort interessant ist. Verweise auf die Kinderaktivitäten führen zu-

Links und rechts der Haupteinträge findet ihr weitere Tipps. Das können kleine Texte mit Hintergrundwissen sein oder zusätzliche Adressen und Tipps: noch ein Schwimmbad oder ein Radverleih, ein Minigolf- oder Spielplatz oder ein zusätzliches Museum. Die bunten Figuren sollen euch beim Schmökern Spaß machen!

Happy Birthday und Hunger & Durst

Besonders beliebt und begehrt sind immer unsere Tipps für **Kindergeburtstagsfeiern** und natürlich die familienfreundlichen **Ausflugslokale** und Cafés! Wenn ihr noch eine weitere Adresse zum Feiern oder Einkehren wisst, freuen wir uns über eure Zuschrift!

rück in die Regionen-Griffmarken. *Specki,* der Specht, zwitschert vor Freude darüber!

Ferienadressen locken euch zum Übernachten raus aufs Land oder rein in die Stadt! Zusammengetragen habe ich ausschließlich familienfreundliche Unterkünfte, Bauernhöfe und für größere Gruppen Jugendherbergen sowie Campingplätze, auf denen es naturnah und gelassen zugeht. *Susi,* das Schweinchen, ist ganz glücklich darüber!

Der farbige **Kartenatlas** sorgt für die nötige Orientierung. Die kleinen Logos – bei Karten Signaturen genannt – zeigen, wo es z.B. einen Spielplatz oder ein Museum zu besichtigen gibt. Die Karten und Signaturen sind von pmv eigens für dieses Buch gezeichnet worden. Zum Radeln oder Wandern nehmt ihr eine der in den Randspalten empfohlenen Karten mit.

Es ist also an alles gedacht – nur losziehen müsst ihr selbst!

All diese Adressen, Preise und Informationen zusammenzutragen, hat viel Zeit und Mühe erfordert. Trotz aller Sorgfalt können sich Daten noch während des Niederschreibens ändern. Korrekturen, Lob und zusätzliche Tipps sind jederzeit willkommen!

Schreibt an:

Peter Meyer Verlag,
Varrentrappstraße 53
60486 Frankfurt
www.PeterMeyerVerlag.de, info@PeterMeyerVerlag.de
facebook.com/PeterMeyerVerlag

▶ pmv-Leser sind neugierig und mobil – nicht nur in der Fremde, sondern auch in der eigenen Umgebung. Den Wissensdurst ihres Nachwuchses wollen sie fördern, seinem Tatendrang im Einklang mit der Natur freien Lauf lassen. Daher finden Sie in diesem Ausflugsführer Tipps und Adressen zu allem, was kleine und große Kinder begeistert, und immer möglichst umweltfreundlich ist. Wenn möglich, raten wir zur Nutzung von Bahn und Bus. Alle Adressen und Aktivitäten werden von unseren Autoren persönlich begutachtet und strikt nach Kinder- und Familienfreundlichkeit ausgewählt. Ein Eintrag ins Buch kann daher nicht erkauft werden; eine Anzeigenschaltung ist unabhängig davon möglich. Übrigens: Wir verwenden den ländlichen Plural »ihr« und »euch«, damit sich die ganze Familie angesprochen fühlen kann! ◀

ROSTOCK & WARNEMÜNDE

WALL, WASSER UND VIEL WALD

Die Hansestadt Rostock zieht sich von der Ostsee rund 20 km links und rechts der Warnow entlang ins Landesinnere. Am linken Warnowufer entstand im 12. Jahrhundert auf dem Gebiet rund um die Petrikirche und den Alten Markt die Stadt, die sich schnell weiter nach Westen und Süden ausdehnte.

Heute ist Rostock die größte Stadt in Mecklenburg-Vorpommern mit großen Fährterminals und Hafenanlagen auf der rechten Warnowseite und Wohnsiedlungen links des Flusses. Das hört sich zunächst nicht nach einem schönen Platz für Kinder an. Doch die Lage an Fluss und Meer wie auch das große, sich östlich an das Stadtgebiet anschließende Waldgebiet *Rostocker Heide* bieten viele Ausflugsmöglichkeiten. Zahlreiche Wander- und Radwege durchziehen den Wald über *Graal-Müritz* hinaus bis zur Halbinsel *Fischland.* Auch in der Altstadt gibt es viel für euch zu entdecken und der nächste Spielplatz ist selten weit.

Fahrradkarte *Ostseeküste – Darß – Rostock,* 1:70.000, Kompass-Karten 2012, ISBN 978-3-85026-264-4, 7,99 €.

Kombi-Tipps fürs passende Alter

Schöne Spazierwege, die gut mit kleinen Kindern und Kinderwagen bewältigt werden können, befinden sich in Rostock entlang der alten Stadtmauer, im IGA-Park sowie im Rhododendronpark in Graal-Müritz. **Kleine und große Tierfreunde** gehen, na klar, in den Rostocker Zoo oder besuchen die Robbenforschungsstation an der Ostsee. Dort, am Strand, sind auch die Wasserratten unter euch bestens aufgehoben. Seid ihr **älter als 8 Jahre,** könnt ihr an einer Paddeltour auf der Warnow teilnehmen oder im Rostocker Stadthafen Stand-up-Paddeln ausprobieren. Und die **Teenies?** Sie beweisen ihr Geschick im Kletterpark Hohe Düne oder entdecken die Altstadt beim Geocaching.

Ganz schön schwer, so ein Schiffsanker: Finja bleibt lieber an Land

TIPPS FÜR WASSER-RATTEN

Schwimmbäder

Schwimmhalle Gehlsdorf

Steuerbordstraße 7, 18147 Rostock. ✆0381/6661345, www.wiro.de. **Bahn/Bus:** Bus 45 bis Pressentinstraße. **Auto:** B105, über Oldendorfer Straße und Up'n Warnowsand, Langenort und Zur Yachtwerft bis Steuerbordstraße. **Zeiten:** Mo 6 – 10 und 15 – 22, Di 15 – 22, Mi, Do 6 – 22, Fr 9 – 22, Sa, So, Fei 9 – 20 Uhr. **Preise:** Schwimmbad 1,5 Std 5 €, 2 Std 6 €, mit Sauna 6 bzw. 7,50 €; Kinder bis 16 Jahre Schwimmbad 4 bzw. 5 €, mit Sauna 5 bzw. 6,50 €; Studenten und Behinderte (ganztägig), Rentner (bis 14 Uhr) und Familien (max. 2 Erw, min. 1 Kind) zahlen jeweils den Kinderpreis.

▶ Vom Wasser auf den Fluss gucken? Hier ist das möglich. Das **Schwimmbad** liegt direkt an der *Warnow*. In dem 25-m-Becken könnt ihr nach Lust und Laune eure Bahnen ziehen und vom Startblock springen. Für kleine Nichtschwimmer gibt es ein Kinderbecken und wer es kuschelig bis heiß möchte, stattet der **Sauna** einen Besuch ab.

In der Schwimmhalle werden Schwimmkurse für Kinder (12 Std 75 €, Seepferdchen) und Erwachsene angeboten. Fragt beim Bademeister nach.

Aquadrom Graal-Müritz

Buchenkampweg 9, 18181 Ostseeheilbad Graal-Müritz. ✆038206/87900, www.aquadrom.net. **Bahn/Bus:** Bus 118 bis Birkenallee. **Auto:** Über B105 auf L221, dann L22 bis Graal-Müritz, links in Zur Seebrücke, rechts in Buchenkampweg, gebührenfreie Parkplätze am Bad. **Rad:** Ostseeküsten-Radweg. **Zeiten:** 11 – 21.30 Uhr. **Preise:** Wasserwelt 1,5 Std 7 €, 3 Std 10 €, Tageskarte 13,10 €, Wasser- und Saunawelt 2 Std 9,90 €, 3 Std 13,40 €, Tag 16,70 €; Kinder bis 16 Jahre, Schüler bis 18 Jahre Wasserwelt 1,5 Std 4,90 €, 3 Std 6,90 €, Tag 8,90 €, Wasser- und Saunawelt 2 Std 8,20 €, 3 Std 11,50 €, Tag 14,60 €; Familienkarte (2 Erw, 3 Kinder) Wasserwelt 3 Std 23,10 €, Tag 29,10 €, Wasser- und Saunawelt 3 Std 42,70 €, Tag 51,70 €, Familie mit Kurkarte Graal-Müritz zusätzlich 3 € Rabatt.

Kegelbahn im Aquadrom, Buchenkampweg 9, Ostseeheilbad Graal-Müritz. ✆038206/87900. www.aquadrom.net. 11 – 21.30 Uhr. 1 Std ab 13 € pro Doppelbahn, 1 Std 7,50 € pro Einzelbahn.

▶ Ist die Ostsee noch zu kalt für ein Bad? Dann zieht eure Bahnen doch im **Aquadrom.** Auch dort badet ihr in Meerwasser, allerdings ist es wärmer und die Sicht reicht bis auf den Beckengrund. Zum sportlichen

BADEREGELN UND STRANDBEFLAGGUNG

▶ Im See oder im Meer baden macht Spaß. Anders als im Schwimmbad gibt es hier aber meistens keine Begrenzung und die Flachwasserzonen sind nicht immer klar erkennbar. Auch das Wetter und die Strömungen können sich ändern. Um sicher zu baden, haltet euch an folgende **Regeln:**

1. Geht als Nichtschwimmer nur ins seichte/kniehohe Wasser.
2. Springt niemals in Gewässer, die ihr nicht kennt.
3. Geht nicht überhitzt baden.
4. Verlasst bei Gewitter sofort das Wasser.
5. Überschätzt eure körperlichen Fähigkeiten (insbesondere eure Kraft) nicht.
6. Geht nicht mit vollem Magen, aber auch nicht hungrig ins Wasser.
7. Befolgt die Anweisungen der Rettungsschwimmer und achtet auf die Beflaggung am Strand.
8. Schwimmtiere und Luftmatratzen sind keine Schwimmhilfen. Benutzt sie nicht, um weit hinauszuschwimmen.
9. Auch Schwimmhilfen wie Flügel u.Ä. bewahren nicht vor dem Ertrinken. Kinder deshalb nie aus den Augen lassen.
10. Geht nie allein in Gewässern schwimmen, die unbeaufsichtigt sind.
11. Ruft nur um Hilfe, wenn ihr wirklich in Gefahr seid.
12. Schwimmt nur im gekennzeichneten Badebereich.

Bei den Rettungshäuschen steht in der Regel ein Fahnenmast. Achtet darauf, welche **Flaggen** dort zu sehen sind. Sie bedeuten:

Rot-gelbe Flagge: Rettungsschwimmer im Dienst.

Gelbe Flagge zusätzlich zur Flagge *Rettungsschwimmer im Dienst:* Baden und Schwimmen gefährlich.

Rote Flagge: Baden und Schwimmen verboten.

Flaggen können aber auch einfach so am Strand wehen, ohne dass ein Rettungshäuschen in der Nähe ist. Sie bedeuten:

Rot-gelbes Flaggenpaar: Badezonenbegrenzung.

Schwarz-weiß gewürfelt: Zone für Wassersportgeräte, baden verboten.

Im Aquadrom könnt ihr schwimmen lernen: Kinderkurs 15 Std 120 €, Kurs für Erw 20 Std 170 €.

Nehmt euch nach Markgrafenheide etwas Proviant mit. Direkt am Strand gibt es keine Gastronomie.

Schwimmen steht euch ein 25-m-Becken zur Verfügung, für den Spaß gibt es einen Strömungskanal und Sprudeldüsen. Auch zwischen Innen- und Außenbereich habt ihr die Wahl. Liegen und Strandkörbe für die Pause zwischendurch gibt es ebenfalls. In der **Saunawelt** stehen euch Dampfbad, Soft- und finnische Sauna sowie Tauchbecken und Duschen zum Abkühlen zur Verfügung.

Strandbäder

Rostocks Seebäder: Warnemünde und Markgrafenheide

18119 Rostock-Warnemünde. **Bahn/Bus:** ↗ Warnemünde, mit ↗ Warnowfähre übersetzen, dann Bus 17, 18 bis Markgrafenheide. **Auto:** B103 bis Warnemünde, Parkplätze ausgeschildert. **Rad:** Ostseeküsten-Radweg.

▶ Der Strand in **Warnemünde** ist breit, lang und feinsandig. Von der Westmole bis nach Wilhelmshöhe sind es 7 km. Auf dieser Strecke findet jeder ein Plätzchen für sich und seine Buddeleimer. Die Ostsee ist überall in Strandnähe flach und deshalb auch gut zum Planschen für kleine Nichtschwimmer geeignet. Auch auf der anderen Seite der Warnowmündung, in **Markgrafenheide** gibt es einen bis zu 50 m breiten Strand. Die Strandbereiche sind markiert. Die folgende Aufstellung der Strandzugänge hilft euch bei der Orientierung.

Fkk-Strand: Warnemünde 18 – 23, 25 – 38, Markgrafenheide 4 – 23, 32 – 36.

Rauchfreier Strand: Warnemünde 12, Markgrafenheide 8.

Barrierefreier Strand: Warnemünde 4, 6, 14, 18, Markgrafenheide 12, 23.

Hundestrand: Warnemünde 32, 33, 36, 37, Markgrafenheide 10, 11, ab 36.

Feuerstellen: Warnemünde 22, 27, Markgrafenheide 27, 31.

Fluss- und Sonnenbad

Lederhexen e.V., Mühlendamm 36, 18055 Rostock. ✆0381/1289920, www.lederhexen-ev.de. **Bahn/Bus:** Bus 22, 23 bis Flussbad. **Auto:** B103 in den Mühlendamm. **Zeiten:** Mai – Sep 11 – 19, an Schultagen 14 – 19 Uhr. **Preise:** 3 €, Saisonkarte 42 €; Kinder 1 – 14 Jahre 2 €, Saisonkarte 28 €; Schwerbehinderte, Rentner, Studenten, Azubis, Schüler 2,50 bzw. 35 €.

▶ Das Fluss- und Sonnenbad ist Rostocks einziges Freibad. Blau gekachelte Becken werdet ihr allerdings vergeblich suchen, denn das Bad befindet sich am Ufer der *Warnow* und ihr badet im Fluss! Die Wassertemperatur gibt das Wetter vor, deshalb kann im Frühjahr die Zehenprobe nicht schaden. Es gibt ein separates Nichtschwimmer- und Wasserballbecken, einen 3-m-Sprungturm und einen Matschplatz für die Kleineren. Sollte euch der Fluss zum Baden doch zu kalt sein, lohnt sich ein Besuch trotzdem. Auf dem großen Gelände könnt ihr Fußball, Volleyball und Tischtennis spielen. Alles, was ihr dazu benötigt, gibt es zu leihen. Oder ihr mietet euch gleich nebenan ein **Boot.** Ein Kiosk versorgt euch mit Snacks und Getränken. Ein WC- und Sanitärbereich ist ebenfalls vorhanden und Rettungsschwimmer sind vor Ort.

Wanderer Kanu, Rad, Reisen, Mühlendamm 36, Rostock. 0160/6331481 (Handy). www.wanderer-aktivtour.de. Kajak ab 25 € pro Tag, Ruderboot 6 € pro Std, Tourenrad ab 7 € pro Tag, auch geführte Touren.

Kanu- & Schiffstouren

Mit dem Kanu auf die Warnow

Kanu Erlebnis-Tour, Universitätsplatz 6, 18055 Rostock. ✆0381/3812222, www.rostock.de. **Dauer:** Je nach Tour 2 – 4 Std. **Bahn/Bus:** Tram 1, 2, 5, 6 bis Kröpeliner Tor. **Auto:** Von L22 auf Kanonsberg, links in Lange Straße, Parkhäuser sind ausgewiesen. **Zeiten:** Schnuppertour und Entspannte Warnow Transfer ab ↗Tourist-Info täglich 10.15 und 14.30 Uhr, Warnow-Expedition Mi und So, 14.30 Uhr Transfer ab Tourist-Info. **Preise:** Schnuppertour 2 Std 20 €, Entspannte Warnow 4 Std 30 €, Warnow-Expedition 2 Std 20 €.

Denkt im Sommer unbedingt daran, Sonnencreme mitzunehmen. Auf dem Wasser merkt man nämlich nicht so schnell, wie intensiv die Sonnenstrahlung ist.

Habt ihr Lust auf eine Kanufahrt? Im Tourismus-Büro könnt ihr verschiedene Touren buchen. Die *Schnuppertour* und *Entspannte Warnow* sind für Einsteiger geeignet und machen schnell Lust auf mehr. Nach einer kurzen Einweisung paddelt ihr los und fahrt vorbei an Wiesen und Weiden von Benitz oder Papendorf in Richtung Rostock. Vorkenntnisse sind nicht erforderlich. Auf der *Warnow-Expedition* werdet ihr von einem Naturführer begleitet, der euch mit allerlei interessanten Informationen versorgt. Im Preis enthalten sind jeweils: Mietkanu und Paddel, Schwimmwesten, Packtonne, Kartenmaterial, Strecken- und Paddeleinweisung, Sicherheitshinweise und der Transfer zur Einsetzstelle.

Rostock vom Kajak aus erkunden

Stadtpaddeln Rostock, Fischerbruch 31, 18055 Rostock. Handy 0176/62001132. www.stadtpaddeln-rostock.de. **Lage:** Abfahrt am Haargraben, neben dem Hafenbecken des Wassersportvereins Hanseat. **Dauer:** 2 Std. **Bahn/Bus:** Tram 1, 2, 4 bis Gerberbruch. **Auto:** L22 Am Strande/Rövershäger Chaussee, Parkplätze unterhalb der Petrikirche nutzen. **Zeiten:** 10 und 14 Uhr. **Preise:** 17 €; Kinder bis 14 Jahre 12 €.

Im 2er-Kajak paddelt ihr durch den Rostocker Stadthafen und erlebt die Stadt dabei aus einer ganz anderen Perspektive. Euer Paddel-Stadtführer zeigt euch die interessantesten Plätze und erzählt euch etwas über die markanten Gebäude, die ihr vom Kajak aus seht. Paddelerfahrung müsst ihr keine haben; bevor es in die kippstabilen Boote geht, bekommt ihr eine Einweisung. Das Tragen von Schwimmwesten ist Pflicht, sie werden euch gestellt.

Hunger & Durst

Ristorante Colosseo, Loggerweg 10, Rostock. ✆0381/2038844. www.ilcolosseo-hro.de. 11 – 23 Uhr. Italienische Küche, Mittags- und Eiskarte, Kuchen.

Segeln im Stadthafen

Baltic Windsport, Stadthafen 71, 18057 Rostock. ✆0381/2009555, www.baltic-windsport.de. **Bahn/Bus:** Tram 1, 4, 5 bis Kabutzenhof. **Auto:** L22 über Lübecker Straße zum Stadthafen, kostenpflichtige Park-

In der Segelschule könnt ihr Material zum Stand-up-Paddeln und Windsurfen leihen, 2 Std 30 €.

plätze. **Zeiten:** Mai – Okt. **Preise:** Segeln Schnupperkurs 2 Std 60 €, Anfängerkurs 6 Std 170 €, Grundkurs 14 Std 390 €, Surfen Grundkurs 3 Tage, 9 Std 140 €, Kurs Stand-up-Paddeln 2 Std 30 €; Kinder 8 – 11 Jahre Segeln Optikurs, Kinder 12 – 14 Jahre Segeln Open Bic Kurs, jeweils 3 Tage, 9 Std 225 €, für Surf- und SUP-Kurse gelten dieselben Preise wie für Erw.

Hier braucht ihr Gleichgewicht und viel Übung: Beim Standup-Paddling

▶ Surfen, Segeln und Stand-up-Paddeln lernt ihr in der geschützten Bucht des Rostocker Stadthafens. Die Wellen sind klein, die Boote stabil, kentersicher und unsinkbar. Es kann also nichts schief gehen. In Begleitung eines erfahrenen Lehrers lernt ihr die Handgriffe und Manöver schnell und seid schon nach wenigen Stunden sicher unterwegs. Zu allen internationalen Segel- und Bootsführerscheinen wird Unterricht angeboten und ihr könnt die Prüfungen ablegen.

Hunger & Durst

Carlo 615, Warnowufer 61, Rostock. ✆0381/7788099. www.carlo615.de. 12 – 23 Uhr. An der Warnow, gehobene Küche, So, Fei ab 11 Uhr Brunch.

An Bord der MS Baltika

Friedrich-Franz-Straße 42, 18119 Rostock-Warnemünde. ✆0381/5106790, Handy 0171/4729649. www.ms-baltika.de. **Lage:** Abfahrt Alter Strom am Leuchtturm. **Dauer:** 2 Std. **Bahn/Bus:** ↗Warnemünde. **Auto:** B103 bis Bhf Warnemünde, dort Parkhaus. **Rad:** Ostseeküsten-Radweg. **Zeiten:** Ende März – Anfang Nov Fr – Mi 12 Uhr. **Preise:** 9,99 €; Kinder 3 – 13 Jahre 6,50 €; Familienkarte (2 Erw, 3 Kinder) 28,50 €. **Infos:** Hund 4 €.

▶ Auf der kombinierten Hafenrundfahrt und Mini-Ostsee-Kreuzfahrt erlebt ihr den betriebsamen Hafen mit seinen Werften, Fähren und Sportschiffen. Ihr werft einen Blick auf den Marinestützpunkt *Hohe*

Düne und schippert dann gemächlich ein Stückchen hinaus auf die Ostsee. Vom Wasser aus habt ihr einen ganz anderen Blick auf den Leuchtturm, den Strand und die Promenade. Wie klein auf einmal alles ist! Schnuppert Seeluft und wenn es nach Fisch riecht, kann dieser Geruch auch aus der schiffseigenen **Kombüse** kommen. Dort werden auf Wunsch fangfrischer Fisch oder andere kleine Speisen zubereitet. Karten für die Fahrt bekommt ihr an Bord oder in der ↗ *Tourist-Information* in Warnemünde.

***Kombüse** nennt man die Küche auf einem Schiff. Der Küchenchef wird **Smutje** genannt.*

FRISCHE LUFT & SPORT

Radeln & wandern

Auf dem Drahtesel durch Rostock

ADFC Regionalverband Rostock e.V., Hornissenweg 9, 18069 Rostock. Handy 0151/64026128. www.adfc-rostock.de. **Treffpunkt** Tourist-Info Rostock, Universitätsplatz 6. **Länge:** 15 – 20 km. **Bahn/Bus:** Tram 1, 2, 5, 6 bis Kröpeliner Tor. **Auto:** Von L22 auf Kanonsberg, links in Lange Straße, Parkhäuser sind ausgewiesen. **Zeiten:** Juni – Sep Mo 14 Uhr. **Preise:** 19 € inkl. Imbiss und Getränk; 2 € Rabatt für ADFC-Mitglieder und mit Rostock-Card.

▶ Habt ihr Lust auf eine Stadtführung per Rad? Der *ADFC* bietet in den Sommermonaten jeden Mo eine geführte Radtour an. Ihr startet im historischen Stadtzentrum am Universitätsplatz, radelt durch die Altstadt mit ihren schönen Gebäuden, durch Parks und am Stadthafen entlang. Was es auf dieser Tour alles zu sehen gibt und welche Geschichten sich um die Orte und Gebäude ranken, an denen ihr vorbeikommt, erzählt euch eurer Tourenleiter. Geradelt wird mit dem eigenen Drahtesel.

Radstation Rostock, Konrad-Adenauer-Platz 4, Rostock. ✆ 0381/2523990. www.radstation-rostock.de. Mo – Fr 10 – 18, Sa 10 – 13 Uhr. Verkauf und Vermietung. Leihrad ab 7 €, Kinderrad 5 €, Fahrradhänger 8,50 €.

Spaziergang an der alten Stadtbefestigung

Alter Markt, 18055 Rostock. **Strecke:** Alter Markt, Petrikirche – Gerberbruch – Spielplatz – Nikolaikirche –

Steintor – Rosengarten – Wallanlagen – Spielplatz – Kröpeliner Tor. **Dauer:** Etwa 2 Std. **Bahn/Bus:** Tram 1, 2, 3, 4 bis Stadthafen. **Auto:** L22 Am Strande/ Rövershäger Chaussee, Parkplätze ausgeschildert.

▶ Auf diesem Spaziergang kommt ihr an vielen Rostocker Sehenswürdigkeiten und zwei tollen Spielplätzen vorbei. Los geht es an der **St.-Petri-Kirche** am **Alten Markt.** Der 117 m hohe Turm diente einst als **Landmarke** für die Seefahrer. Ein Fahrstuhl fährt hinauf, es gibt aber auch recht steile Treppen bis zur Panorama-Plattform. Hinter der Kirche stoßt ihr auf die alte **Stadtmauer.** Wandert an ihr entlang bis zum **Gerberbruch.** Biegt ihr links in die Straße ein, erreicht ihr den **1. Spielplatz** mit weit schwingenden Schaukeln, langer Rutsche und verschiedenen Klettergerüsten. Für die Großen gibt es ein Basketballfeld. Weiter geht es an der Mauer entlang Richtung **Nikolaikirche.** Sie ist die älteste erhaltene Hallenkirche im Ostseeraum. Über die Straße Am Bagehl erreicht ihr sie. Ihr Dach ist an einigen Stellen durch Fenster und Balkone unterbrochen. Sie gehören zu Wohnungen und Arbeitsräumen. Von der Kirche aus wendet ihr euch nach links, folgt der Mühlenstraße und An der Viergelindenbrücke, quert die Gruben- und die Wasserstraße und haltet euch dann links. So kommt ihr zurück an die **Stadtmauer.** Folgt den Treppen (*Hinter der Mauer*) bergauf. Vorbei am *Kuhtor* und dem *Lagebuschturm* seid ihr nach kurzer Zeit am **Steintor** angekommen. Es ist eines der alten Stadttore. Am *Ständehaus* vorbei gelangt ihr in den **Rosengarten.** Nun lauft ihr immer parallel zur Wallstraße durch die Grünanlage, überquert die Schwansche Straße und kommt so in die **Wallanlagen.** Dort befindet sich ein kleiner, mär-

So groß sind die Nischen in der Stadtmauer: Finja kann sich darin gut verstecken

© pmv, Karolin Küntzel

Eine ***Landmarke*** *ist ein weithin sichtbares Zeichen (ein hoher Turm, eine Kirche, ein Berg), das von der Schifffahrt zur Orientierung genutzt wird.*

Hunger & Durst

Café Heumond, Hermannstraße 36, Rostock. ✆0381/455970. www.heumond.de. Mo – Sa 12 – 24 Uhr. Mit vegetarischen Gerichten.

Der will mich wohl veräppeln: Wenn Pferde müssen, »äppeln« sie

chenhafter **Spielplatz.** Hexenhäuschen, windschiefe Klettertürme und die Mäusewippe bereiten vor allem kleineren Kindern Freude. In unmittelbarer Nähe gibt es eine **Skateranlage.** Quert anschließend die Wallanlagen Richtung Kloster zum Heiligen Kreuz und lauft von dort aus links an der Stadtmauer entlang bis zum zweiten Stadttor und Ziel eures Spaziergangs. Es ist das **Kröpeliner Tor,** das schönste der ehemals 22 Stadttore Rostocks.

Reiten & Parks besuchen

Reiterhof Stuthof

Stuthof 10, 18146 Rostock-Stuthof. ✆0381/669538, www.stuthof.de. **Bahn/Bus:** Bus 18 bis Stuthof. **Auto:** A19 bis Ausfahrt 5 Rostock-Nord, auf L22 Hinrichsdorfer und Hinrichshäger Straße bis zum Stuthof. **Zeiten:** ganzjährig. **Preise:** Ausritt pro Person/Std ab 25 €, Strandritt 3 Std ab 75 €, Einzelunterricht mit Leihpferd, Longenunterricht, therapeutisches Reiten jeweils 30 Min 20 €, Gruppenunterricht mit Leihpferd 45 Min 15 €, Planwagen- oder Kutschfahrt 1 Std 100 €.

▶ Neben rund 50 Pferden, darunter Shetlandponys, Haflinger und Mecklenburger Warmblüter, leben auch Katzen und Hunde auf dem großen Hof am Rand der Rostocker Heide. Ausritte in den Wald sind ebenso möglich wie Ausflüge an den Strand. Ob ihr Pferdesportler oder Reit-Neuling seid, spielt keine Rolle, denn das Angebot ist umfangreich. Von den ersten Stunden an der Longe über Parcoursreiten bis hin zu ausgedehnten Reitwanderungen ist alles möglich. Auch Menschen mit Handicap können beim therapeutischen Reiten Erfahrung mit

Pferden sammeln. Möchtet ihr es gemütlicher angehen, bucht eine Kutschfahrt.

Botanischer Garten Rostock

Universität Rostock, Schwaansche Straße 2, 18051 Rostock. ©0381/4986250, www.garten.uni-rostock.de. Lage: Eingang Hamburger Straße/Holbeinplatz. **Bahn/Bus:** S1, S2, Tram 1, 4, 5, Bus 28, alle bis Holbeinplatz. **Auto:** L22 Hamburger Straße, Parkmöglichkeiten Hans-Sachs-Allee, Tschaikowskistraße. **Zeiten:** Freigelände: Mitte März – Anfang Dez Di – Fr 7 – 18, Sa, So, Fei 9 – 18 Uhr, Loki-Schmidt-Gewächshäuser: Mitte März bis Anfang Dez Di – Do 10 – 12.30, 13 – 15 Uhr. **Preise:** kostenfrei, Führungen 2 €; Kinder Führungen 1 €.

▶ Der Botanische Garten gehört zur Universität Rostock und wurde für wissenschaftliche Zwecke angelegt. Für die Öffentlichkeit ist er frei zugänglich, sodass ihr während der Öffnungszeiten eine Runde durch die schöne Anlage drehen könnt. 10.000 Pflanzenarten im Freigelände und den Gewächshäusern gilt es zu entdecken. Sie wachsen in naturnahen Räumen wie Wiesen, Buchenwald und Dünen oder in abgezirkelten Beeten. Dort findet ihr Heilpflanzen und Kräuter. Themengärten wie den Japangarten gibt es ebenso wie Bereiche, die einzelnen Pflanzen vorbehalten sind, z.B. Wildrosen.

Hunger & Durst

Schnatermann, Schnatermann 1, Stuthof. ©0381/669933. www.der-schnatermann.de. April – Okt ab 11 Uhr. Hotel und Traditionsgasthof, mecklenburgische Gerichte, Fisch, großer Biergarten.

Im Botanischen Garten Plattdeutsch lernen? Das geht mit dem Faltblatt, das ihr dort bekommt. In ihm sind eine Reihe von Pflanzen sowohl mit plattdeutschem als auch mit hochdeutschem Namen verzeichnet. Welche Pflanze verbirgt sich wohl hinter der Smallen Sophie oder dem Pumpäsel?

Blütenpracht im Rhododendronpark

Kurstraße, 18181 Ostseeheilbad Graal-Müritz. ©038206/74556, www.graal-mueritz.de. **Bahn/Bus:** Bus 118 bis Graal-Müritz Süd. **Auto:** Über B105 auf L221, dann auf L22 bis Graal-Müritz, dort über Alexandrastraße in Kurstraße. **Rad:** Ostseeküsten-Radweg. **Zeiten:** ganzjährig frei zugänglich.

▶ Wenn das Wetter weder zum Baden noch zum Spielen am Strand einlädt, weil es zu heiß oder zu kalt ist, bietet sich ein Besuch des **Rhododendronparks** an. Besonders schön ist das im Mai und Juni,

*Seit Dezember 1986 ist der Park offiziell als **Denkmal** anerkannt.*

Im Park gibt es auch einen ➚ *Barfußpfad.*

wenn Tausende Blüten duften und farblich um die Wette eifern. Bei der Fülle an Pflanzen, die es hier zu sehen gibt, ist es kaum zu glauben, dass der Park bis 1955 eine Sandgrube war. Sechs Jahre dauerte es, bis ein Gartenarchitekt aus der Grube den größten Rhododendronpark Deutschlands geschaffen hatte. Zwar ist der Park mit 45.000 Quadratmeter Fläche zu groß, um alle Ecken auf einmal zu entdecken. Das macht aber nichts – kommt einfach ein anders Mal mit ausgeruhten Füßen wieder.

IGA Park Rostock

Schmarl-Dorf 40, 18106 Rostock. ✆0381/12831300, www.iga-park-rostock.de. **Bahn/Bus:** Tram 1 – 3 bis Lütten Klein (Eingang Messe), Bus 35 bis Dorf Schmarl (Eingang Warnowufer) oder Bus 31 bis Groß Klein (Eingang Nord – Mecklenburger Hallenhaus). **Auto:** B103 bis HanseMesse Rostock, großer Parkplatz. **Zeiten:** Kasse April – Okt 9 – 18, Nov – März 10 – 16 Uhr. Park schließt bei Einbruch der Dunkelheit, spätestens 22.30 Uhr. **Preise:** Park 1 €, Kombiticket Park und Schifffahrtsmuseum 4 €; Kinder 7 – 14 Jahre Park 1 €, Kombiticket 2,50 €; Warnowpass-Inhaber, Behinderte mit Merkzeichen B und H im Ausweis, Inhaber Rostock-Card und Mecklenburg-Vorpommern-Ticket der DB Regio AG 2,50 €.

Minigolf im IGA-Park, Rostock. ✆0381/2527411. www.iga-park-rostock.de. 11 – 22 Uhr, Zeiten im Winter erfragen. 18-Loch-Anlage beim Restaurant Freibeuter. 3 €, Kinder 2 €, zzgl. 10 € Pfand.

▶ Am Ufer der Warnow fand 2003 die *Internationale Gartenbauausstellung* (IGA) statt. Heute laden in dem 1 Million Quadratmeter großen Park Wiesen zum Picknick ein. Regelmäßig finden auch Veranstaltungen und Konzerte statt. Ihr seid sicher besonders von dem 2 km langen **Barfußpfad** angetan, der sich durch den Park zieht. Über Kiesel, Matsch und Rinde könnt ihr dort laufen. Ganz Mutige wagen einen Versuch über das Feld aus blauen Glasscherben. An der Strecke warten zusätzlich Baumtelefon, Fühlkästen und Infotafeln auf euch. Wer es sportlicher mag, probiert die 12 Elemente des **Trimm-Dich-Pfades** aus. Außerdem gibt es Spielplätze, eine ➚ **Minigolfanlage,** einen **Miniaturenpark** mit maßstabsgetreuen Nachbauten von Schlössern und Herrenhäusern aus Mecklenburg-Vorpommern und mehrere Themengärten. Ebenfalls im Park befindet sich das ➚*Schifffahrtsmuseum Rostock*. Für das leibliche Wohl sorgen das *Café am Weidendom* und das *Rosencafé*.

Hört mal, wie die klingen: Finja übt an den Klanghölzern im IGA Park

© pmv, Karolin Küntzel

Kletterparks & Hallenspielplatz

Kletter- und Erlebnispark Maximus Abenteuer

Gewerbeallee 1, 18107 Rostock-Elmenhorst. ✆0381/7007430, www.maximus-abenteuer.de. **Bahn/Bus:** Bus 119 bis Elmenhorst/Lichtenhagen Feuerwehr. **Auto:** Elmenhorster Weg, links auf L12 Hauptstraße, nächste wieder links, dann 2. rechts in Gewerbeallee. **Zeiten:** April – Okt ab 10 Uhr. **Preise:** 3 Std 21 €; Kinder 5 – 12 Jahre 17 €, 13 – 17 Jahre 19 €. **Infos:** Kinder ab 5 Jahre und min. 1,25 m Körpergröße, Kinder bis 9 Jahre nur in Begleitung eines Erw.

▶ Mut, Geschick und ein gutes Körpergefühl helfen euch über die sieben Parcours des **Hoch- und Niedrigseilgartens.** Ihr balanciert in Höhen von bis zu 9 m, wagt rasante Fahrten mit den Seilbahnen, wippt, robbt oder hangelt euch von Station zu Station. Weil das ganz schön anstrengend sein kann, werdet ihr euch über die Plattformen freuen, die die einzelnen Elemente miteinander verbinden. Dort könnt ihr verschnaufen und die super Aussicht genießen. Bevor es losgeht, bekommt ihr eine Sicherheitseinweisung

Bei Maximus Abenteuer sind auch GPS-Rallyes, Kanu- und Fahrradtouren sowie Bogenschießen buchbar.

Toni ist schon oben: Einmal geschafft, ist der Stolz groß

durch geschultes Personal, das auch zur Stelle ist, wenn ihr mal nicht weiter wisst.

Kletterpark Hohe Düne

Warnemünder Straße 20, 18146 Rostock. ✆037431/86890, Handy 0162/4109349. www.kletterwald.de. **Bahn/Bus:** Bus 17, 18 bis Hohe Düne. **Auto:** A19 Abfahrt Rostock Nord, Ausschilderung folgen. **Rad:** Ostseeküsten-Radweg. **Zeiten:** April – Mai, Sep – Okt Di, Fr – So 10 – 19 Uhr, Juni – Aug 10 – 19.30 Uhr. **Preise:** 19 €; Kinder 5 – 8 Jahre 11 €, 9 – 12 Jahre 13 €; Jugendliche (13–18 Jahre), Studenten, Azubis 16 €, verschiedene Familienkarten ab 40 €.

▶ Wenn ihr Menschen seht, die sich wie die Affen durch die Bäume hangeln, seid ihr am Kletterwald angekommen. Auf schwankenden Brücken, rasanten Seilbahnen und wackeligen Bohlen bewegt ihr euch in bis zu 10 m Höhe durch die Bäume. So muss sich Tarzan gefühlt haben! Sieben Parcours stehen euch zur Verfügung. Kinder ab 5 Jahre dürfen mit Hilfestellung vom Boden aus auf einem eigenen Parcours klettern. Kinder ab 6 Jahre dürfen den Fitness-Parcours probieren, der bis in 6 m Höhe führt. Alle anderen Routen sind für Kinder ab 9 Jahre (Griffhöhe mindestens 1,55 m) bzw. 13 Jahre (Griffhöhe mindestens 2,05 m) geeignet.

Hunger & Durst

Strandrestaurant Blaue Boje, Budentannenweg 10, Rostock-Markgrafenheide. ✆0381/77891501. www.blaue-boje.de. 12 – 22 Uhr. Große Terrasse in den Dünen mit Meerblick. Steaks, Fisch, saisonale Zutaten.

Auf Socken durch die Halle: Kinderland Rostock

Kösterbecker-Straße 5, 18184 Roggentin. ✆038203/76840, www.kinderland-rostock.de. **Bahn/Bus:** Bhf Roggentin. **Auto:** A19 Ausfahrt 7 Rostock-Süd, dann

B110 nach Neu Roggentin, dort rechts in Kösterbecker Straße. **Zeiten:** Mo – Fr 14 – 19, Sa 10 – 20 Uhr, So, Fei und Ferientage (MV) 10 – 19 Uhr. **Preise:** Tageskarte 4,50 €, ab 17.30 Uhr 3,50 €, 10er-Karte 35 €; Kinder ab 1 Jahr Tag 8 €, ab 17.30 Uhr 4,50 €, 10er-Karte 65 €; Mi Familientag: 3,50, Kinder 4,50 €, Di haben Großeltern freien Eintritt.

▶ Fix die Schuhe aus und losgeflitzt! Im Kinderland ist viel Platz zum Toben und Spielen. Das ist super, falls das Wetter mal nicht mitspielt und Fußball draußen keinen Spaß macht. In der großen Halle gibt es Hüpfburgen, Trampoline, Wabbelberge, Klettertürme, Rutschen und für die Kleinen ein Bällebad. Auf dem großen Mehrzweckfeld spielt ihr Tischtennis, Fußball oder Airhockey. Für durstige Kehlen und hungrige Mäuler bietet das **Bistro** in der Halle Softdrinks und kleine Speisen an.

Happy Birthday!
Im Kinderland könnt ihr euren Geburtstag feiern. Die Party kostet pro Person 12,50 € inkl. Eintritt und Kindermenü.

Tiere erleben

Zoo Rostock und Darwineum

Rennbahnallee 21, 18059 Rostock. ✆0381/20820, www.zoo-rostock.de. **Bahn/Bus:** Tram 3, 6 bis Zoo (Eingang Trotzenburg), Bus 28 bis Zoo (Eingang Barnstorfer Ring). **Auto:** B103, Ausschilderung folgen, gebührenpflichtige Parkplätze an der Rennbahnallee. **Zeiten:** März, April, Sep – Okt 9 – 17 Uhr, Mai – Aug 9 – 18 Uhr, Nov – Feb 9 – 16 Uhr. **Preise:** 16 €; Kinder 7 – 16 Jahre 8 €; Schüler, Studenten, Azubis, Schwerbehinderte 13 €, Familienkarte (2 Erw, 2 – 5 Kinder) 45 €. **Infos:** Hund 6 €.

▶ Der **Zoo Rostock** ist der größte Tierpark an der deutschen Ostseeküste. Mehr als 4500 Tiere leben dort und rund 320 Arten sind vertreten. Bei eurem Spaziergang durch die weitläufige, bewaldete Anlage seht ihr Tiere aus fünf Kontinenten. Bewundert die imposanten Eisbären, freut euch über die munteren Sprünge der Kapuzineraffen im **Südamerika-Haus,**

UMWELT ERFORSCHEN

Hunger & Durst
Restaurant im Darwineum, im Zoo Rostock, Rostock. ✆0381/81727088. www.le-pomm.de. Während der Zooöffnungszeiten. Regionale Fisch- und Fleischgerichte, frische Salate, Obst, Kuchen, Kindermenüs.

besucht die majestätischen Löwen oder schaut den Krokodilen in den weit aufgesperrten Rachen. Besonders sehenswert ist das **Darwineum.** Dort erfahrt ihr anhand von ausgewählten Tieren wie der Galapagos-Riesenschildkröte, Quallen oder dem **Axolotl** viel über die menschliche Entwicklungsgeschichte und den Naturforscher *Charles Darwin* (1809 – 1882). Zahlreiche Mitmachstationen laden auf dem gesamten Gelände zum Ausprobieren, Entdecken und Erforschen ein. Im **Streichelgehege** dürft ihr Ziegen füttern, auf dem *Spielplatz* toben und wenn die Füße müde sind, ist ein Café oder **Restaurant** in der Nähe. Da der Zoo wirklich groß ist, plant für euren Besuch mindestens einen halben Tag ein. Für die Kleinen empfiehlt sich die Ausleihe eines Bollerwagens (5 €).

__Axolotls__ sind Schwanzlurche. Sie sehen mit ihrem breiten Maul und den am Kopf ansetzenden Kiemenästen sehr lustig aus. Ihr Name stammt aus der aztekischen Sprache und bedeutet so viel wie Wassermonster.

Robbenforschungszentrum Hohe Düne

Am Yachthafen, 18119 Rostock-Hohe Düne. ✆0381/50408181, www.msc-mv.de. **Lage:** An der Ostmole. **Bahn/Bus:** Bhf Warnemünde, mit ↗Warnowfähre zur Hohen Düne. **Auto:** B103 bis Warnemünde, Parkplätze am Hafen nutzen und mit ↗Warnowfähre übersetzen. **Rad:** Ostseeküsten-Radweg. **Zeiten:** ab 10 Uhr: April täglich, letzter Einlass 15 Uhr, Mai – Ende Okt täglich, letzter Einlass 16 Uhr, Nov Do – So letzter Einlass 15 Uhr. **Preise:** 6,50 €, Schwimmen mit Seehunden auf Anfrage; Kinder 4 – 12 Jahre 4 €; Familienkarte (2 Erw, 3 Kinder) 15 €.

▶ Das Robbenforschungszentrum befindet sich auf einem Schiff. Die 50 m lange **Lichtenberg** liegt an der Ostmole der *Warnow.* Sie beherbergt die Forschungslabors, Arbeitsräume und Kabinen für die Wissenschaftler. Eben alles, was ein Forscher so braucht. Nur Robben sind nicht mit an Bord. Sie tummeln sich außerhalb des Schiffes in abgetrennten Bereichen in der Ostsee. Hier trainieren die Wissenschaftler täglich mit den Tieren. Vom Sonnendeck des Schiffes habt ihr den besten Blick auf das Geschehen im Wasser. Ganz Mutige melden sich für ein

Dive Center Rostock, Am Yachthafen 1 – 8, Rostock-Warnemünde. ✆0381/50408181. www.msc-mv.de. Mai – Okt Fr – So 10 – 18 Uhr. Schwimmen und tauchen mit Seehunden.

Fahrrad Thon, Birkenallee 34, Ostseeheilbad Graal-Müritz. ✆038206/79805. www.fahrrad-thon.de. Mo – Fr 9 – 18, Sa 9 – 13 Uhr. Verleih Rad 1 Tag ab 6 €, Kinderrad 3,50 €, Bollerwagen 5 €, Anhänger 6 €.

Tauchen und **Schwimmen mit den Seehunden** an. Für sie geht es dann eine Stunde mit fachkundiger Anleitung und Begleitung in die große Seehund-Anlage.

Lernorte in der Natur

Erlebniswelt Küstenschutz

Zarnesweg, 18181 Ostseeheilbad Graal-Müritz. ✆038206/74556, www.graal-mueritz.de. **Lage:** Höhe Gaststätte Seeblick. **Bahn/Bus:** Bus 118 bis Graal-Müritz Süd. **Auto:** L22 bis Graal-Müritz, dort über Alexandrastraße in Kurstraße und weiter bis Zarnesweg. **Rad:** Ostseeküsten-Radweg. **Zeiten:** ganzjährig frei zugänglich.

▶ Hilfe, eine Sturmflut! Was passiert bei starkem Wind an der Meeresküste? Das könnt ihr auf dem **Spielplatz** am Seeblick in der Erlebniswelt selbst ausprobieren. Kann man eine Küste überhaupt vor Überflutung schützen und wenn ja, wie funktioniert das? Wie lebt es sich hinter dem Deich und warum wird immer wieder neuer Sand auf den Strand gespült? Auf diese und andere Fragen bekommt ihr auf den Infotafeln und an den Mitmachstationen eine Antwort.

Fundstück: Der Seestern darf bewundert werden, kommt dann aber schnell zurück ins Wasser

© pmv, Karolin Küntzel

Erlebniswelt Küstenwald

Vollrath-Kirsch-Weg, 18181 Ostseeheilbad Graal-Müritz. ✆038206/74556, www.graal-mueritz.de. **Bahn/Bus:** Bus 118 bis Graal-Müritz Süd. **Auto:** Über B105 auf L221, dann auf L22 bis Graal-Müritz, dort auf August-

ROSTOCK & WARNEMÜNDE

Hunger & Durst

Bäckerei & Café Gottschalk, Zur Seebrücke 2, Ostseeheilbad Graal-Müritz. ✆038206/77260. www.baeckerei-gottschalk.de. Mo – Sa 5.30 – 18, So, Fei 6 – 17 Uhr. Frühstück ab 6 Uhr (So 7 Uhr) im hauseigenen Café.

Hunger & Durst

Caféstübchen Witt, Am Tannenhof 2, Ostseeheilbad Graal-Müritz. ✆038206/77221. www.cafestuebchen-witt.de. Di – So 12 – 22, warme Küche 12 – 14 und 17 – 21 Uhr. Regionale Küche mit frischem Fisch, Kuchen, Torten.

Bebel-Straße bis zum Lindenweg, dort links abbiegen. **Rad:** Ostseeküsten-Radweg. **Zeiten:** ganzjährig frei zugänglich.

▶ Ein Stückchen hinter der Promenade wächst der *Küstenwald.* Er schützt vor Wind und sorgt dafür, dass Sand und Erde nicht ungehindert in das Meer geweht werden. Mehr über diesen Wald erfahrt ihr in der Erlebniswelt. Besucht das **Grüne Klassenzimmer** und lernt die Tiere des Waldes kennen. Probiert aus, welche unterschiedlichen Töne ihr mit Holz erzeugen könnt. Und wer dann immer noch neugierig ist, lauscht den Geschichten auf den Schautafeln. Wie das geht? Mit dem Handy die dort angegebene Nummer wählen und schon startet die Erzählung.

Lehrpfade & Sternwarte

Schuhe aus und ab auf den Barfußpfad!

Zarnesweg, 18181 Ostseeheilbad Graal-Müritz. ✆038206/74556, www.graal-mueritz.de. **Lage:** Im Rhododendronpark. **Bahn/Bus:** Bus 118 bis Graal-Müritz Süd. **Auto:** Über B105 auf L221, dann L22 bis Graal-Müritz, dort über Alexandrastraße in Kurstraße. **Rad:** Ostseeküsten-Radweg. **Zeiten:** ganzjährig frei zugänglich.

▶ Mitten im ↗**Rhododendronpark** gibt es einen Barfußpfad. Hier heißt es für euch: Schuhe und Socken aus! Auf leisen Sohlen tastet ihr euch über Tannenzapfen, Steine, Holz und Rinde. Wie unterschiedlich sind diese Materialien? Worauf lauft ihr besonders gern und was kitzelt vielleicht sogar? Noch intensiver wird das Erlebnis, wenn ihr euch mit verbundenen Augen führen lasst und nur durch Fühlen den Untergrund erahnen könnt. An der *Neptuneiche* gibt es spannende Geschichten zu lesen und eine Schautafel am Pfad verrät euch, welche Tiere in der Rostocker Heide leben.

Ostseelehrpfad

Projekt Erlebnis Natur, Strandpromenade, 18181 Ostseeheilbad Graal-Müritz. ✆038206/7030, www.graal-mueritz.de. **Bahn/Bus:** Bus 118 bis Birkenallee. **Auto:** Über B105 auf L221, dann L22 bis Graal-Müritz, links in Zur Seebrücke. **Rad:** Ostseeküsten-Radweg. **Zeiten:** ganzjährig frei zugänglich.

▶ In Graal-Müritz habt ihr viele Möglichkeiten, die Natur zu erleben. Unter dem Motto *Erlebnis Natur* findet ihr überall im Ort Stationen und Mitmachelemente. Eine davon ist der **Ostseelehrpfad.** Auf insgesamt acht Lehrtafeln werden Fragen rund um die Ostsee als Lebens- und Naturraum beantwortet. Wollt ihr wissen, wie viele Länder an die Ostsee grenzen und was es mit dem Salzgehalt dieses kleinen Meeres auf sich hat? Dann spaziert auf der Strandpromenade zwischen *Seebrücke* und *Seeblick* entlang. Die Tafeln sind übrigens mit einem QR-Code ausgestattet. Damit könnt ihr euch zusätzlich Hörspiele zum Thema herunterladen.

Spannende Geschichten zum Thema Meer als Lebensraum und den Schutz seiner Bewohner findet ihr hier: *Michel, der kleine Meeresschützer,* Sharkproject International e.V., ISBN 978-3-00-035641-4, 14,95 €.

In die Sterne gucken: Astronomische Station Tycho Brahe

Sternwarte Rostock, Nelkenweg 6, 18057 Rostock. ✆0381/4934068, www.sternwarte-rostock.de. **Bahn/Bus:** Bus 28 bis Sternwarte. **Auto:** L10 Barnstorfer Ring, in Groß Schwaßer Weg, dann rechts in Nelkenstraße. **Zeiten:** Do 22.30 – 23.30 Uhr Fernrohrbeobachtungen, So nachmittags Vorträge zu verschiedenen Themen. **Preise:** 1 – 3 €; Kinder 1 – 2 €.

▶ In der Sternwarte ist donnerstagabends Sterne gucken angesagt. Werft einen Blick durch das große Fernrohr und lasst euch überraschen, welche Sterne und Sternbilder ihr entdeckt. Neben den *Fernrohrabenden* bietet die Sternwarte jeden Sonntag *Vorträge* an. Ihr erfahrt dann zum Beispiel etwas über die Sterne, die in dieser Jahreszeit zu sehen sind, über astronomische Ereignisse wie Sonnen- und Mondfinsternis oder über bedeutende Astronomen

Seid ihr zwischen 10 und 16 Jahre alt, könnt ihr an der *AG Astronomie* in der Sternwarte teilnehmen. 2 x im Monat (Do), kostenlos.

wie *Tycho Brahe* (1546 – 1601), nach dem die Sternwarte benannt ist.

HANDWERK UND GESCHICHTE

Bahnen & Betriebe

Mit der Tuki-Bahn durch den Ort

Bahnhofstraße, 18181 Ostseeheilbad Graal-Müritz. ✆038206/7030, www.tuk-graal-mueritz.de. **Dauer:** 1 Std. **Bahn/Bus:** ↗ Bhf Graal-Müritz. **Auto:** Über B105 auf L221, dann L22 bis Graal-Müritz. **Rad:** Ostseeküsten-Radweg. **Zeiten:** April – Okt 10 – 18 Uhr. **Preise:** Rundfahrt 5 €, Tageskarte 8 €; Kinder bis 12 Jahre 1,50 bzw. 2,50 €; ab 12 Jahre mit Kurkarte 4 bzw. 7,50 €.

▶ Die Tour mit der Tuki-Bahn ist ein Muss für jeden »Neuling« im Seebad. Mit der gelb-grünen Bäderbahn fahrt ihr in einer Stunde durch den ganzen Ort. Dabei lernt ihr viel über die Geschichte von Graal-Müritz, seht, was sehenswert ist und bekommt gleich noch tolle Tipps für euren Urlaub. Stationen sind zum Beispiel der Bahnhof, die Seebrücke und der ↗ *Rhododendronpark.* Zusteigen könnt ihr an jeder Station.

Happy Birthday!
Ihr könnt die Tuki-Bahn für eine private Feier, zum Beispiel euren Geburtstag mieten (1 Std, 90 €). Fordert ein Angebot an.

Mächtig Kohle: Forst- und Köhlerhof Wiethagen

18182 Rostock-Wiethagen. ✆038202/2035, www.koehlerhof-wiethagen.de. **Bahn/Bus:** Bus 118 bis Rövershagen, Forsthaus. **Auto:** B105 bis Rövershagen, dort auf Waldweg abbiegen, dann rechts auf Wiethagen. **Zeiten:** April – Sep Di – Fr 9 – 17, Sa, So 10 – 17 Uhr, Okt – Mitte Dez Di – Fr 9 – 16, So 10 – 16 Uhr. **Preise:** 3 €, Führung 2,50 €; Kinder 3 – 14 Jahre 1,50 €, Führung 1 €; Rentner 2,50 €, Familienkarte (2 Erw, 2 Kinder) 7 €.

Happy Birthday!
Feiert einen märchenhaften Geburtstag auf dem Köhlerhof. Sich einmal wie eine Märchenfigur fühlen oder etwas zünftiger beim Armbrustschießen (3 € pro Person) gegeneinander antreten? Wählt aus dem vielfältigen Angebot.

▶ 1837 wurde die **Teerschwelerei** gegründet und seit 1984 ist sie ein technisches Denkmal. Nirgendwo sonst in Mitteleuropa könnt ihr so unmittelbar erleben, wie in früherer Zeit Holzkohle, Terpentin und

Teer hergestellt wurden. Auf dem Gelände steht nämlich der letzte funktionstüchtige Teerschwelofen dieser Region. Zu sehen sind außerdem weitere Anlagen, wie Erdmeiler (Holzstapel, die zur Teergewinnung verkohlt werden) und Teergruben, die einen Eindruck von dem alten Handwerk vermitteln. Weitere Höhepunkte des Köhlerhofes sind der angrenzende **Märchenwald** und der **Skulpturenpfad,** auf dem ihr z.B. *Rotkäppchen* oder *Hans im Glück* begegnet.

buch.bar, Altschmiedestraße 32, Rostock. ✆0381/ 2104676. www.buchbar-hamann.de. Mo – Fr 11 – 18, Sa 10 – 14 Uhr. Hübscher, kleiner Buchladen mit gutem Kinderbuchsortiment.

Türme & Kirchen

Hoch hinaus: Aussichtsturm St. Petri

Alter Markt, 18055 Rostock. ✆0381/21101, www.petrikirche-rostock.de. **Bahn/Bus:** Tram 1 – 4 bis Stadthafen. **Auto:** L22 Am Strande/Rövershäger Chaussee, Parkplätze ausgeschildert. **Zeiten:** Mai – Sep 10 – 18 Uhr, Okt – April 10 – 16 Uhr. **Preise:** Turmbesteigung 3 €, Besichtigung der Kirche kostenlos; Kinder bis 6 Jahre 1,50 €; Schüler, Studenten, mit Ehrenamtskarte oder Warnowpass 2 €, Familienkarte (2 Erw, 2 Kinder) 6 €.

▶ Schon von Weitem ist der schmale Turm der **Petrikirche** zu sehen. 117 m ragt er in die Höhe und ist damit so hoch, dass er schon einige Blitzschläge einstecken musste. Besonders beeindruckend ist der Helm, der höher ist als die Kirche selbst. Die Petrikirche steht seit dem 13. Jahrhundert an Ort und Stelle, wurde aber mehrmals stark beschädigt, wiederauf- und umgebaut. Neben den Gottesdiensten wird sie für

Aussicht über Rostock: Vom Turm der Petrikirche habt ihr einen tollen Blick

© pmv, Karolin Küntzel

kulturelle Veranstaltungen genutzt. Hauptanziehungspunkt ist aber sicherlich der **Turm,** von dem ihr eine grandiose Aussicht über die Stadt habt. Hinauf kommt ihr entweder über 196 Stufen auf einer sehr schmalen und steilen Wendeltreppe oder komfortabler mit dem Aufzug. Mit kleinen Kindern und für sportlich eher Ungeübte ist der Lift zu empfehlen.

Hunger & Durst

Marientreff, Am Ziegenmarkt, Rostock. ✆0381/4922389. Mo – Sa 11.30 – 17.30 Uhr. Begegnungsstätte und Café, direkt an der Kirche. Selbst gebackener Kuchen.

*Um die **astronomische Uhr** im Zweiten Weltkrieg vor Beschädigungen zu schützen, mauerte man sie kurzerhand ein.*

Die Astronomische Uhr

St. Marien zu Rostock, Bei der Marienkirche 2, 18055 Rostock. ✆0381/51089711, www.marienkirche-rostock.de. **Bahn/Bus:** Tram 1, 2, 5, 6 bis Neuer Markt. **Auto:** Von L22 auf Kanonsberg, links in Lange Straße, Parkhäuser sind ausgewiesen. **Zeiten:** Okt – April Mo – Sa 10 – 16, So, Fei 11.15 – 12.15 Uhr, Mai – Sep Mo – Sa 10 –18, So, Fei 11.15 – 17 Uhr. **Preise:** kostenlos, Spende von 1,50 € pro Person erbeten.

▶ Seit über 500 Jahren zeigt in der **Marienkirche** eine riesige astronomische Uhr die Zeit an. Sie ist die einzige **astronomische Uhr,** die noch mit allen Originalteilen läuft. Jeden Tag werden ihre fünf Werke aufgezogen und der komplizierte Ablauf der Scheiben so in Betrieb gehalten. Auf ihnen sind der Lauf der Sonne, des Mondes und der Sterne zu sehen, die Tierkreiszeichen, das Jahr und natürlich die aktuelle Uhrzeit. Hauptanziehungspunkt ist der Umlauf der 12 Apostel, der jeden Tag um 12 Uhr stattfindet. Wenn ihr genau hinschaut, werdet ihr feststellen, dass die derzeit dort angebrachte Kalenderscheibe nur bis in das Jahr 2017 reicht. Und dann? Dann wird eine neue montiert. Sie ist dann die fünfte Scheibe seit dem Bau der Uhr im Jahr 1472 und steht bereits in der Kirche. Entdeckt ihr sie?

Puh, steht da viel drauf: Astronomische Uhr

Leuchtturm Warnemünde

Am Leuchtturm, 18119 Rostock-Warnemünde. ✆0381/5192626, www.warnemuende-leuchtturm.de. **Bahn/Bus:** ↗Warnemünde. **Auto:** ↗Warnemünde, Parkplätze ausgeschildert. **Rad:** Ostseeküsten-Radweg. **Zeiten:** Mai – Sep 10 – 19 Uhr. **Preise:** 2 €; Kinder 6 – 14 Jahre 1 €; Rentner, Studenten 1 €, Familienkarte (2 Erw, 2 Kinder) 4 €.

▶ 135 Treppenstufen führen vom Eingang hinauf zur Laterne von Warnemündes Wahrzeichen. Da kann man schon mal ins Schnaufen geraten. Oben aber, in etwas über 30 m Höhe, ist die Anstrengung schnell vergessen. Eine bessere Aussicht habt ihr vermutlich von keinem anderen Ort in Warnemünde: über den breiten Sandstrand Richtung *Kühlungsborn*, den *Alten Strom* und die *Hohe Düne* hin zum Ortsteil *Markgrafenheide* reicht der Blick. Die Dächer der Stadt liegen euch ebenso putzig zu Füßen wie die großen Fähren und Dampfer. Der jetzige Leuchtturm stammt aus den Jahren 1897/98. Befeuert wurde die Küste allerdings schon seit dem 13. Jahrhundert, damals allerdings noch mit einer Leuchte aus Kupfer, die in einem hölzernen Gestell befestigt war. Heute wird der Leuchtturm elektrisch betrieben.

Wahrzeichen Nummer 1: Der Leuchtturm von Warnemünde

© pmv, Karolin Küntzel

Das 2. Wahrzeichen des Ortes ist das Gebäude mit dem geschwungenen Dach neben dem Leuchtturm. Es hat den Spitznamen ***Teepott.***

An Bord der MS Dresden: Schifffahrtsmuseum Rostock

Schmarl-Dorf 40, 18106 Rostock. ✆0381/12831366, www.schifffahrtsmuseum-rostock.de. **Lage:** Im IGA-Park. **Bahn/Bus:** Tram 1 – 3 bis Lütten Klein (Eingang Messe), Bus 35 bis Dorf Schmarl (Eingang Warnowufer) oder Bus 31 bis Groß Klein (Eingang Nord – Mecklenburger Hallenhaus). **Auto:** B103 bis HanseMesse Rostock, großer Parkplatz. **Zeiten:** Kasse April – Okt 9 – 18, Nov – März 10 – 16 Uhr. Park schließt bei Einbruch der Dunkelheit, spätestens 22.30 Uhr. **Preise:** Kombiticket Park und Schifffahrtsmuseum 4 €; Kinder 7 – 14 Jahre 2,50 €; Warnowpass-Inhaber, Behinderte mit Merkzeichen B und H im Ausweis, Inhaber Rostock-

Hunger & Durst

Freibeuter Rostock, im IGA Park, Eingang Nord (B), Rostock. ✆0381/2527411. www.freibeuter-rostock.de. 11 – 22 Uhr, Zeiten im Winter erfragen. So ab 10 Uhr Brunch.

Neben der *Dresden* gibt es eine historische **Bootswerft.** Dort könnt ihr zuschauen, wie die typischen Fischer- und Arbeitsboote der Region restauriert werden. In Schauvorführungen werden die Arbeitsschritte erklärt.

Hunger & Durst

Café Kloster, Klosterhof 6, Rostock. ✆0381/3757950. www.wfbm-rowe.de. Mo – Sa 11 – 19 Uhr. Idyllisch gelegenes Café im ehemaligen Damenstift des Klosters zum Heiligen Kreuz. Kaffee, umfangreiche Tee-Karte, Säfte aus der Region, warme Speisen. Kindergerichte 3,50 €.

Card und Mecklenburg-Vorpommern-Ticket der DB Regio AG 2,50 €.

▶ Über 150 m lang ist das ehemalige Frachtschiff *Dresden.* Ihr seht es schon von Weitem, wenn ihr den Park Richtung Fluss quert. Hoch ragt der graue Stahlbau aus dem Wasser. Bestimmt kommt ihr euch neben dem Riesen-Schiff klein vor. An Bord gibt sich das schnell, denn dort ist es manchmal sogar recht eng, zum Beispiel im Maschinenraum. Diesen dürft ihr ebenso besichtigen wie den ehemaligen Frachtraum. In ihm ist heute unter anderem eine **Ausstellung** über die Entwicklung des Schiffsbaus in der DDR zu sehen. Zwar ist die Ausstellung sehr altbacken, Spaß habt ihr aber trotzdem. In einem Wasserbecken könnt ihr euch als Kapitän mit Modellbooten beweisen oder eure Kräfte an der Lastenstation erproben. Über mehrere Decks wandert ihr vom Bauch des Schiffes bis auf das Hauptdeck. Werft einen Blick ins Kapitänszimmer, die Mannschaftskabinen, den Funker- und Sanitätsraum und auf die Brücke.

Museen

Spielzeug im Kloster

Kulturhistorisches Museum Rostock, Klosterhof 7, 18055 Rostock. ✆0381/2035910, www.kulturhistorisches-museum-rostock.de. **Lage:** Im Kloster zum Heiligen Kreuz. **Bahn/Bus:** Tram 1, 2, 5, 6 bis Kröpeliner Tor. **Auto:** Von L22 auf Kanonsberg, links in Lange Straße, Parkhäuser ausgeschildert. **Zeiten:** Di – So 10 – 18 Uhr. **Preise:** kostenlos.

▶ Im Gebäude des mittelalterlichen **Klosters zum Heiligen Kreuz** ist heute das Kulturhistorische Museum untergebracht. So könnt ihr nicht nur eines der besterhaltenen Klöster von Mecklenburg-Vorpommern besichtigen, sondern auch noch zahlreiche Objekte unterschiedlichster Art. Alte Wandgemälde, wuchtige Möbel, eine beeindruckende Münzsammlung, Kirchenschätze, moderne Malerei und Bildhauerei sowie Alltagsgegenstände sind ausgestellt. Anziehungspunkt für Kinder ist die **Spielzeugsammlung.** Eisenbahnen, Puppen, Lauf- und Fahrräder, aber auch Brettspiele findet ihr im Obergeschoss. Auch wenn die Spielzeuge sehr alt sind, werdet ihr manches entdecken, was auch heute noch auf Schulhöfen und in Kinderzimmern so oder so ähnlich zum Einsatz kommt. An der Rätselstation ist euer Wissen gefragt und in der Spielecke warten historische Puzzle und Kreisel auf euch.

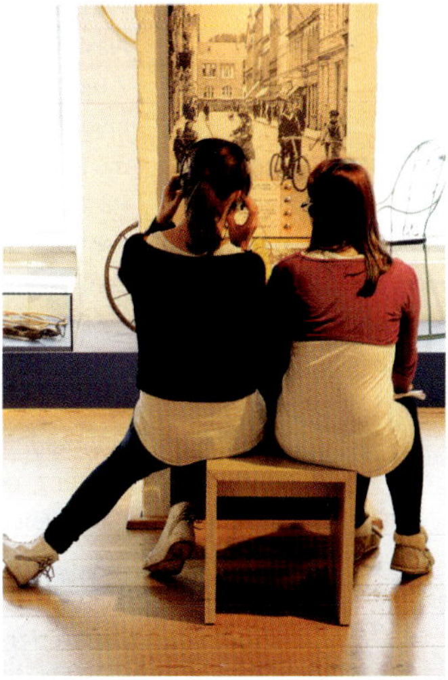

Hört genau hin: Im Kulturhistorischen Museum erfahrt ihr Geschichten von früher

© pmv, Karolin Küntzel

Der Storch mit dem Pfeil: Zoologische Sammlung

Universität Rostock, Universitätsplatz 2, 18055 Rostock. ✆0381/4986261, www.zoologie.uni-rostock.de/sammlung. **Bahn/Bus:** Tram 1, 2, 5, 6 bis Kröpeliner Tor. **Auto:** Über Beim Grünen Tor in die Lange Straße, Parkhäuser ausgeschildert. **Rad:** Ostseeküsten-Radweg. **Zeiten:** Mo – Do 10 – 16, Fr 10 – 14 Uhr. **Preise:** kostenlos.

▶ Die Zoologische Sammlung in Rostock ist berühmt für ihren **Pfeilstorch.** Nie von solch einem Tier gehört? Kein Wunder, denn der Pfeilstorch ist keine eigene Art, sondern ein 1822 bei *Doberan* geschossener gewöhnlicher Storch. Ungewöhnlich und höchst bemerkenswert war jedoch die Tatsache, dass der Zugvogel noch einen vollständigen Pfeil aus Afrika im Hals stecken hatte. Das erlegte Tier wurde damit zum Beweis, dass Störche auf ihrem Vogelzug bis nach Afrika fliegen. Ihr findet den präparierten Storch gleich im Erdgeschoss. Neben ihm gibt es eine Vielzahl anderer **Präparate.** Vögel, Insekten, Säugetiere, Fische, Reptilien und Schnecken seht ihr in den Vitrinen, die sich über mehrere Stockwerke verteilen.

*Unter einem **Präparat** versteht man ein Objekt, das für wissenschaftliche Zwecke oder zur Anschauung aufbereitet wurde. Mit speziellen Verfahren werden so zum Beispiel tote Tiere für lange Zeit haltbar gemacht.*

Heimatmuseum Warnemünde

Alexandrinenstraße 31, 18119 Rostock-Warnemünde. ✆0381/52667, www.heimatmuseum-warnemuende.de. **Bahn/Bus:** ↗Warnemünde. **Auto:** ↗Warnemünde, Parkplätze ausgeschildert. **Rad:** Ostseeküsten-Radweg. **Zeiten:** Mai – Sep Di – So 10 – 18 Uhr, Okt – April Di – So 10 – 17 Uhr, 24. und 31. Dez geschlossen. **Preise:** 3 €, Audioguide 2 €; Kinder 7 – 16 Jahre 1,50 €; Familienkarte (2 Erw und alle eigenen Kinder) 6 €, Schüler, Studenten, Azubis, Arbeitslose 1,50 €.

Ab 7 Jahre könnt ihr an einer Museumsrallye teilnehmen. Die Teilnahmebögen bekommt ihr an der Kasse.

▶ Gemütlich sieht es schon von außen aus. Die Sprossenfenster, das Fachwerk, die Bank neben dem Eingang und die alten Bäume vor dem Haus sind ganz typisch für ein Fischerhaus der damaligen Zeit. Auch innen ist es heimelig. Ihr seht typische Warnemünder Stuben und bekommt einen Einblick in das Leben der Fischerfamilien um 1900. Welches Kochgeschirr benutzte man, welches Werkzeug und Arbeitsgerät brauchte ein Fischer und wie kam es zur Erfindung des Strandkorbs? Antworten auf diese Fragen bekommt ihr in der schönen Ausstellung.

Stadtführungen

Hört, ihr Leut' und lasst Euch sagen ...: Mit dem Nachtwächter durch die Stadt

Rostock Touristik, Schnickmannstraße 15, 18055 Rostock. ✆0381/25222944, www.rostocker-nachtwaechter.de. **Treffpunkt:** Petrikirche, Alter Markt. **Dauer:** 1,5 Std. **Bahn/Bus:** Tram 1 – 4 bis Stadthafen. **Auto:** L22 Am Strande/Rövershäger Chaussee, Parkplätze ausgeschildert. **Zeiten:** Mai – Okt Mo, Fr, So 20 Uhr, Nov – April (nach Anmeldung) Sa, Mo 20 Uhr. **Preise:** 9 €; Kinder bis 12 Jahre frei; mit Kurkarte, Rostock-Card, Erlebnisticket und für Studenten 7,50 €.

Der Beruf des ***Nachtwächters*** *kam im Mittelalter mit dem Entstehen der ersten Städte auf. Er hatte die Aufgabe, die Uhrzeit auszurufen, die Bürger vor Feuer zu warnen und für Ruhe und Ordnung zu sorgen.*

▶ Von der ↗*Petrikirche* bis zum *Steintor* führt euch der **Nachtwächter** durch den ältesten Stadtteil Rostocks, die nördliche Altstadt. Gekleidet in einen langen, dunklen Umhang und mit Hellebarde, Signalhorn und Laterne ausgestattet, schreitet er euch voran. Mit seinem Nachtwächterruf verkündet er, welche Stunde es geschlagen hat. Bleibt ihm schön auf den Fersen, dann erfahrt ihr Allerlei über *liederliche Leut'* und *Böhnhasen*. Wer oder was das sein mag? Das weiß der Nachtwächter!

Geocaching-Stadtrundgang durch Rostock

Stadtabenteuer Rostock, Universitätsplatz 6, 18055 Rostock. ✆0381/3812222, www.rostock.de. **Dauer:** Etwa 2 Std. **Bahn/Bus:** Tram 1, 2, 5, 6 bis Kröpeliner Tor. **Auto:** Von L22 auf Kanonsberg, links in Lange Straße, Parkhäuser ausgeschildert. **Zeiten:** Mai – Sep täglich ab 10 Uhr, Okt – April Mo – Sa ab 10 Uhr. **Preise:** 35 € für 5 Pers, zzgl. 100 € Pfand für GPS-Gerät.

▶ Sicher habt ihr schon einmal den Begriff Geocaching gehört. Dabei handelt es sich um eine Art Schnitzeljagd, bei der ihr den Weg mithilfe von Koordinaten und einem GPS-Gerät findet. In der Tourist-Information könnt ihr euch solch ein Gerät ausleihen und zu eurer Schatzsuche durch die Altstadt starten. Ein sogenanntes Roadbook, das ihr dort ebenfalls erhaltet, bringt euch auf die richtige Fährte. So macht ein Stadtrundgang Spaß. Ehe ihr euch verseht, habt ihr so nicht nur die Sehenswürdigkeiten Rostocks entdeckt, sondern auch noch einen Schatz gehoben.

Hunger & Durst

Vapiano, Neuer Markt 9, Rostock. ✆0831/37577930. www.vapiano.com. Mo – Do 10 – 24, Fr – Sa 10 – 1, So 10 – 24 Uhr. Pizza, Pasta und Salate frisch vor euren Augen zubereitet. Selbstbedienung.

Fiete Fischkopps Fischerrundgang

Am Strom 59, 18119 Rostock-Warnemünde. ✆0381/3812222, Handy 0152/55333929. www.fietefischkopp.de. **Lage:** Ecke Kirchenstraße. **Dauer:** 1,5 Std. **Bahn/Bus:** ↗Warnemünde. **Auto:** ↗Warnemünde, dann links in Am Strom. **Rad:** Ostseeküsten-Radweg. **Zeiten:** Mai – Dez Fr, Sa 20 Uhr, Kinderführung Sa 16 Uhr. **Preise:** 7,50 €; Kinder bis 12 Jahre frei, Kinderführung 5 €.

▶ *Fiete Fischkopp,* ein ehemaliger Hochseefischer, nimmt euch auf einen Rundgang durch Warnemünde

Hunger & Durst

Schusters Strandbar im Teepott, Seepromenade 1, Rostock-Warnemünde. ✆0381/7007835. www.schusters-strandbar.de. Ab 10 Uhr. Kuchen, Eis, Cocktails.

Fischers Fritze fischt frische Fische …

© pmv, Karolin Küntzel

mit. Dabei spinnt er nicht nur Seemannsgarn, sondern berichtet euch auch, wie der Ort früher einmal aussah. Ihr streift durch Straßen, seht den Hafen mit anderen Augen und lauscht den Seemannsliedern, die er auf seinem Akkordeon für euch zum Besten gibt. Doch damit nicht genug: Fiete kann auch zaubern und zeigt euch allerlei Tricks und Kunststücke aus fernen Ländern. Höhepunkt der Tour ist der Erwerb eines *Hochseemolenpatents.* Was das ist? Findet es heraus!

BÜHNE, LEINWAND & AKTIONEN

Theater, Kino & Kindertreff

So ein Theater!

Volkstheater Rostock GmbH, Patriotischer Weg 33, 18057 Rostock. ✆0381/3814600, www.volkstheater-rostock.de. **Bahn/Bus:** Tram 1, 4, 5 bis Volkstheater. **Auto:** Über L22 Warnowufer in Am Kanonsberg, rechts in Patriotischer Weg. **Preise:** Kindertheater ab 5 €, Kinderkonzerte ab 6 €, Weihnachtsmärchen ab 7 €.

▶ Bühne frei für **Kindertheaterstücke.** Jedes Jahr stehen auf dem Spielplan des Volkstheaters verschiedene Stücke für Kinder und in der Adventszeit wird das *Weihnachtsmärchen* aufgeführt. Zusätzlich gibt es **Ballettvorführungen** für die ganze Familie. Wer lieber die Puppen tanzen sieht, ist von den Aufführungen des **Figurentheaters** begeistert. Dort stehen Märchen, Abenteuer und Klassiker auf dem Programm. In den **Kinder- und Jugendkonzerten** wird richtig auf die Pauke gehauen. Ihr erlebt nicht nur den Klang eines großen Orchesters, sondern lernt auch, wie es funktioniert.

Hunger & Durst

Braugasthof Zum Alten Fritz, Warnowufer 65, Rostock. ✆0381/208780. www.alter-fritz.de. 11 – 1 Uhr. Deftiges Essen in rustikalem Ambiente. Kinderkarte, Spielecke.

Trocken auf den Meeresgrund: Kinoerlebnis in 4D

Ostsee-Welten GmbH, Am Leuchtturm 15, 18119 Rostock-Warnemünde. ✆0381/5105044, www.ostsee-welten.de. **Bahn/Bus:** ↗Warnemünde. **Auto:** ↗Warnemünde, Parkplätze ausgeschildert. **Rad:** Ostseeküsten-Radweg. **Zeiten:** ab 10 Uhr. **Preise:** 2D-Film 9 €, 3D-Dokumentation €, 4D-Kino 11 €, 5D-Show 5 €, 4D-Avengers 13 €, Kombitickets ab 10 €, 3D-Brille 1 €.

▶ Taucht ein in die Welt der Ozeane und der Ostsee. Wie sieht es unter Wasser wohl aus? Das zeigt euch der 3D-Film *Blauer Ozean – Grüne Ostsee.* Wenn ihr keine Lust auf den Meeresgrund habt, bietet euch das Kino weitere Streifen in 3D- und 4D-Technik. Im Programm sind zum Beispiel Naturdokus, aber auch aktuelle Kinofilme. Noch eine Dimension gefällig? Bei der 5D-Show wackeln sogar die Sitze.

Fotografieren, jonglieren & basteln

Mehr als Schnappschüsse: Auf Foto-Exkursion

Bianca Werner, Elisabethstraße 25, 18057 Rostock. ✆0381/1274597, Handy 0176/22724336. www.bianca-werner-medien.de. **Treffpunkt:** Bhf Warnemünde bzw. Eingang Zoo. **Bahn/Bus:** Tram 4, 5 bis Kabutzenhof. **Auto:** L22 Lübecker Straße auf Doberaner Straße, rechts in Am Kabutzenhof, rechts in Jahnstraße, rechts in Elisabethstraße. **Zeiten:** nach Anmeldung. **Preise:** Kinder ab 7 Jahre 3 Std 20 €.

▶ Die meisten Fotoapparate sind so einfach zu bedienen, dass auch Kinder viel Spaß am Knipsen haben. Da kann es schon mal passieren, dass die Bilder etwas verwackelt oder zu hell sind. Wenn ihr lernen möchtet, wie eure Bilder auf jeden Fall gelingen, geht mit auf Foto-Exkursion. Sie führt euch entweder an den Strand oder in den Zoo. Unter fachkundiger Anleitung holt ihr das Beste aus eurer Kamera he-

Finnilotta Dänische Kindermode, Am Leuchtturm 3, Rostock-Warnemünde. ✆0381/5109767. www.finnilotta.de. Mo – Fr 10 – 18, Sa 10 – 19, So 13 – 18 Uhr. Farbenfrohe, trendige Kinderklamotten.

Ein großartiges Buch zum Lesen, Basteln, Spielen und Malen über Tiere, Menschen und Gebäude rund um die Ostsee: *Das große Ostseebuch für Kinder,* Claas Janssen und Thomas Gallien, Hinstorff Verlag 2014, ISBN 978-3-356-01830-1, 9,99 €.

raus und schult ganz nebenbei den Blick für Motive und Bildausschnitte. Und dann ist auch der Schwanz vom Tiger mit auf dem Bild und die angeschwemmte Krabbe sieht plötzlich ganz lebendig aus.

Kerzen ziehen und gießen

Kerzenscheune Rövershagen, Niederhagen 10, 18182 Rövershagen. ✆038202/29979, www.kerzenscheune.com. **Dauer:** Etwa 1 Std. **Bahn/Bus:** Bus 18 bis Niederhagen oder Bus 118 bis Hinrichshagen. **Auto:** B105 bis Rövershagen, dort auf L221 bis Kerzenscheune. **Zeiten:** 10 – 18 Uhr. **Preise:** Kerzen ziehen (Paar) ab 2 €, Kerzen gießen ab 2,99 €.

▶ Dicke, dünne, bunte, weiße, lange und kurze Kerzen findet ihr hier nicht nur im **Laden,** ihr könnt sie sogar selbst herstellen. Entscheiden müsst ihr euch nur, ob ihr Kerzen gießen oder ziehen möchtet. Beim *Kerzengießen* wird das heiße Wachs in eine Form gegossen. In ihr ist der Docht bereits befestigt. Um eine *Kerze zu ziehen*, taucht ihr einen Docht so lange in flüssiges Wachs, bis um ihn herum eine Kerze in der gewünschten Stärke gewachsen ist. Eine eigene Kerze herzustellen, gelingt schon den Kleinen und das Ergebnis kann sich sehen lassen. Bis das Wachs trocken ist und ihr die Kerze stolz mit nach Hause nehmt, dauert es ungefähr eine Stunde. Gerade genügend Zeit, um sich im Laden umzuschauen oder im angrenzenden **Café** eine Pause einzulegen.

Hunger & Durst

Kerzencafé, Niederhagen 10, Rövershagen. ✆038202/29979. www.kerzenscheune.com. 10 – 18 Uhr. Kuchen, Imbiss. Wer möchte, kann hier ein Buch aus dem bereitstehenden Regal lesen, gegen eine Spende behalten oder gegen ein mitgebrachtes Urlaubsbuch tauschen.

Circus Fantasia

baf AG, Friedrichstraße 23, 18057 Rostock. ✆0381/4907851, www.baf-rostock.de. **Lage:** Am Stadthafen. **Bahn/Bus:** Tram 1, 2, 5, 6 bis Kröpeliner Tor. **Auto:** L22 Lübecker Straße bis Warnowufer, Parkplätze am Stadthafen. **Zeiten:** Mai – Juli, jeden So 10 – 13 Uhr Mitmachzirkus. **Preise:** Mitmachzirkus und Camp in der Regel kostenfrei, Spende erbeten; Kindergeburtstag 2 – 3 Std (Einüben und Aufführen eines kleinen Programms) max. 10 Kinder 150 €.

▶ Von der Schule in den Zirkus. Das bietet euch der Circus Fantasia an. Jedes Jahr finden mehrere *Projektwochen* statt, in denen ihr Kugellaufen, jonglieren, artistische Kunststücke und lustige Clownerien lernt. Freitags präsentiert ihr Eltern und Geschwistern dann, was ihr gelernt habt. Wer noch nicht genug Zirkusluft geschnuppert hat, kann in den Sommerferien am *Zirkuscamp* teilnehmen und neue Kunststücke einstudieren. Sonntags kann jeder kommen und nach Lust und Laune Zirkuselemente ausprobieren. Ob ihr es wohl schafft, den Teller auf dem Stab zu halten oder über das Drahtseil zu laufen? Mitmachen können auch Kinder mit Behinderung.

Im Zirkus übernachten? Auf dem Gelände stehen Zirkuswagen für euch bereit. Preis pro Nacht 15 €.

Kinderstrand Piratennest

18119 Rostock-Warnemünde. www.rostock.de. **Lage:** Strandzugänge 11 und 12. **Bahn/Bus:** ↗ Warnemünde. **Auto:** ↗ Warnemünde, Parkplätze ausgeschildert. **Rad:** Ostseeküsten-Radweg. **Zeiten:** Sommerferien jeden Tag (Programm im Tourismus-Büro). **Preise:** meist kostenfrei, Gebühr z.B. für die Kapernfahrt.

▶ Der Strand in Warnemünde ist breit und fällt flach in die Ostsee ab. Hier könnt ihr planschen, toben, Burgen bauen oder Drachen steigen lassen. Wenn ihr dies in Gesellschaft machen möchtet, seid ihr im Piratennest richtig. So nennt sich der Kinderstrand in Nähe des *Hotels Neptun*. Dort ist im Sommer immer was los. Zusammen mit einem Piraten hebt ihr einen Schatz oder geht auf **Kaperfahrt.** Nehmt an einem Lagerfeuerkonzert teil oder besucht die Rettungsschwimmer im Turm. Sie kennen alle Baderegeln und erzählen euch gern etwas über ihre Aufgaben.

*Eine **Kaperfahrt** ist eine Seereise mit dem Ziel, ein fremdes Schiff zu überfallen, auszurauben und zu versenken.*

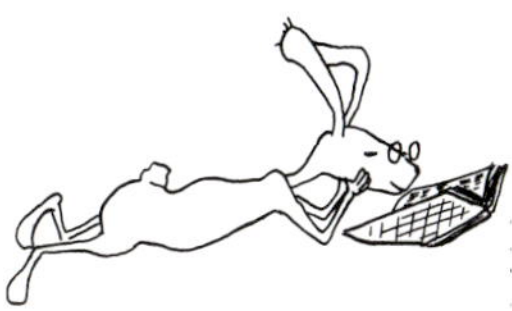

Für Bücherwürmer

Stadtbibliothek Rostock

Kröpeliner Straße 82, 18055 Rostock. ✆0381/381-2840, www.stadtbibliothek-rostock.de. **Bahn/Bus:**

Mehrmals im Monat ist Vorlesezeit in der Bibliothek. Dann lesen Vorlesepaten für euch aus spannenden, lustigen oder fantastischen Büchern vor.

Tram 1, 2, 5, 6 bis Kröpeliner Tor. **Auto:** Über Beim Grünen Tor in Lange Straße, Parkhäuser sind ausgeschildert. **Rad:** Ostseeküsten-Radweg. **Zeiten:** Mo, Di, Do, Fr 10 – 18 Uhr, Mi 12 – 18 Uhr, Sa 10 – 14 Uhr. **Preise:** Büchereiausweise kostenfrei.

▶ In der Stadtbibliothek findet ihr im Obergeschoss die Kinderabteilung mit Kuschel- und Leseecke und vielen tollen Büchern, Spielen und Filmen. Hier macht das Stöbern Spaß. Es kann allerdings passieren, dass euch die Auswahl bei dem guten Angebot nicht leicht fällt. Dann kommt ihr eben einfach wieder.

FESTKALENDER ROSTOCK & WARNEMÜNDE

Januar:	Neujahr: **Warnemünder Turmleuchten,** Lichtershow und Feuerwerk.
Ostern:	Rostock: **Ostermarkt.** Warnemünde: **Osterfeuer** an der Küste.
Mai:	1. Wochenende: **Warnemünder Stromerwachen,** Auftakt in die Strandsaison, zahlreiche maritime Veranstaltungen, alle 2 Jahre mit Drehorgeltreffen.
Juli:	1./2. Woche: **Warnemünder Woche:** Internationale Segelveranstaltung mit umfangreichem Begleitprogramm, www.warnemuender-woche.com.
August:	2. Wochenende: **Hanse Sail,** eins der weltweit größten Treffen von Traditionsseglern und Museumsschiffen. Segelwettbewerbe, Konzerte, Märkte, Bühnenprogramm.
September:	2. oder 3. Wochenende: **Moorfest Graal-Müritz,** Festumzug und Veranstaltung rund um den *Murmann* (ein guter Geist, der Verirrten aus dem Moor hilft) und die Moorgeister, Gruselgeschichten, Nachtwanderungen, Hexentanz und Fackelschein.
Dezember:	**Weihnachtsmärkte** auf dem Neuen Markt (mit Märchenbühne) und im Klostergarten.

FISCHLAND, DARSS, ZINGST

2

ZWISCHEN MEER UND BODDEN

Die Halbinsel Fischland-Darß-Zingst bestand früher aus drei eigenständigen Inseln. Das erklärt auch ihren Namen. Er wurde aus den drei ursprünglichen Bezeichnungen zusammengesetzt, nachdem sich die Landmassen verbunden hatten. Einen eigenen Charakter haben die Inselteile auch heute noch.

Nur auf **Fischland** gibt es ein Hochufer, nur auf dem **Darß** einen großen, alten Wald und die Wiesenlandschaft des **Zingst** fehlt auf den anderen Inselteilen. Bis auf Fischland zählt die Halbinsel zum *Nationalpark Vorpommersche Boddenlandschaft.* Die Natur kann sich dort frei entfalten und genießt besonderen Schutz. Ein Glück, denn dadurch bekommt ihr tiefe Einblicke in die Tier- und Pflanzenwelt und seid immer mittendrin in der Natur. Zwar hat der Bauboom auch die Halbinsel nicht verschont, Hochhäuser und typische Bettenburgen werdet ihr aber nicht finden. Stattdessen dominieren reetgedeckte Ferienhäuser in gewachsenen Fischerorten.

Rad- und Wanderkarte Fischland, Darß, Zingst, 1:30.000, Verlag grünes herz, ISBN 978-3-86636-220-8, 5,50 €.

Kombi-Tipps fürs passende Alter

Die Natur ist das große Kapital der Halbinsel und viele Touristenangebote richten sich darauf aus. Das fängt schon beim guten Radwegenetz an. Das Fahrrad ist Fortbewegungsmittel Nummer eins, denn alle Inselteile lassen sich prima mit dem Drahtesel erkunden. Auch mit kleineren Kindern sind Touren auf der asphaltierten Deichkrone oder durch den Wald ein Vergnügen. Die meisten Wege verlaufen zudem fernab der dicht befahrenen Hauptstraße. Die schönsten Ecken der Halbinsel erreicht ihr ohnehin nur mit dem Rad, zu Fuß oder mit der Kutsche. Ein Erlebnis, schon für die Kleinsten, ist die ↗ *Kutschfahrt zum Leuchtturm* am Darßer Ort mit anschließendem Besuch des Weststrands zum Muschelnsammeln. Auch die Führungen durch die Ranger sind bereits für Kinder **ab 5 Jahre** interessant. Für naturbegeisterte Kinder **ab 8 Jahre** bietet sich eine Radtour nach *Pramort* zur Zeit der ↗ *Kranichrast* an. Und die **Größe-**

Bunt verziert und geschmückt mit Blumen: Darßer Haustür

ren? Sie lernen kiten, gehen paddeln oder experimentieren in Zingst. Für die **ganze Familie** empfiehlt sich ein Besuch im ↗ *Bernsteinmuseum* auf dem Festland in Ribnitz-Damgarten.

TIPPS FÜR WASSER-RATTEN

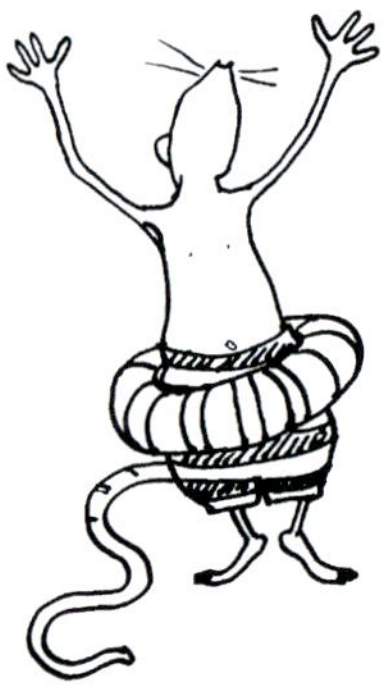

Happy Birthday!
Reserviert einen Tisch im Restaurant für eure Geburtstagsgesellschaft. Das Geburtstagskind hat an diesem Tag freien Eintritt.

Schwimmen & Wassersport

Bodden-Therme Ribnitz-Damgarten

Körkwitzer Weg 15, 18311 Ribnitz-Damgarten. ✆03821/3909961, www.bodden-therme.de. **Bahn/Bus:** Bus 201, 202, 210 bis Bodden-Therme. **Auto:** L22 Rostocker Straße, am Kreisverkehr in Körkwitzer Weg einbiegen. **Zeiten:** Ferien MV: täglich 10 – 22, sonst Mo 14 – 22 (nur Sauna), Di, Mi 14 – 22, Do – So, Fei 10 – 22 Uhr. **Preise:** 3 Std 10 €, Tageskarte 13 €, ab 19 Uhr 9 €, mit Sauna 3 Std 14, Tag 17, ab 19 Uhr 13 €; Kinder bis 1 m Körpergröße 1 €, bis 18 Jahre 3 Std 7 €, Tag 9 €, ab 19 Uhr 6 €, mit Sauna 11, 13 bzw. 10 €; Familientageskarte Bad (2 Erw, 2 Kinder) 36 €, jedes weitere eigene Kind 3 €.

▶ Im **Sport- und Erlebnisbad** stehen euch ein 25-m-Sportbecken mit fünf Bahnen, ein Wellenbecken mit Strömungskanal und ein Kleinkinderbecken mit kuschelig warmem Wasser zur Verfügung. Auf der 60 m langen Rutsche kommt ihr mächtig in Fahrt. Entspannter geht es in einer der drei **Saunen** oder dem Dampfbad zu. Ihr könnt aber auch einen der Ruhebereiche und die Liegen nutzen, um für die nächste Schwimmrunde Kraft zu tanken. Wer hungrig ist, besucht das Restaurant. Auch Schwimmkurse werden angeboten.

Surfschule Barth

Glöwitz 1c, 18356 Barth-Glöwitz. Handy 0179/8384127. www.wassersportzentrum-barth.de. **Lage:** An der Jugendherberge. **Bahn/Bus:** Bhf Barth, 30 Min Fußweg. **Auto:** B105 bis Löbnitz, weiter über L23 bis Barth. **Rad:** Fischland-Darß-Zingst Rundweg, Östlicher

Backstein Rundweg, Ostseeküsten-Radweg. **Zeiten:** März – Okt. **Preise:** Surfen Schnupperkurs 2 Std 35 €, Anfängerkurs 6 Std 90 €, Verleih Surfboard, Jolle oder Ruderboot ab 12 €, Kajak ab 10 €,Katamaran ab 25 €, Mitsegeln 1 Std 35 €, Kajaktour auf der Barthe 4 Std 30 €.

▶ Östlich von Barth, nahe der Jugendherberge, liegt die Surfschule. Ihr unternehmt im flachen **Boddengewässer** die ersten Surfversuche. Bei den Anfängerkursen werden Schulungsmaterial und Neoprenkleidung gestellt. Zusätzlich zu den Kursen verleiht die Schule auch Segel- und Ruderboote und bietet geführte Kajaktouren auf der *Barthe* an.

*Als **Boddengewässer** bezeichnet man flache Küstengewässer, die durch Landzungen vom offenen Meer getrennt sind.*

Kiten lernen

Kiteschule Darß, Bernsteinweg 28, 18375 Ostseebad Prerow. ✆03953/672343, Handy 0170/2712527. www.kiteschule-darss.de. **Bahn/Bus:** Bus 210 bis Prerow Mitte. **Auto:** L21, über Wiecker Weg, Strandstraße und Waldstraße, rechts in Bernsteinweg. **Rad:** Ostseeküsten-Radweg. **Zeiten:** Mai – Sep 9 – 19 Uhr. **Preise:** Schnupperkiten 4 Std 99 €, Anfängerkurs 8 Std 195 €,

Auf Darß fliegen nicht nur Vögel: Kiter bei Ahrenshoop

© pmv, Karolin Küntzel

*SUP ist die Abkürzung für Stand-up-Paddeln. Beim **Street-SUP** steht ihr auf einem Skateboard und bewegt euch mit einem langen Stock (dem Stick) fort. Er dient auch zum Bremsen und Lenken.*

Verleih Kite 4 Std 40 €, Stand-up-Paddel 2 Std 15 €, Longboard 2 Std 6 €; Kinderkurs Stand-up-Paddeln 2 Std 30 €, Street-SUP 2 Std 30 €.

▶ Kiten, Stand-up-Paddeln und sogar **Street-SUP** lernt ihr in der Kiteschule Darß. Sie befindet sich in unmittelbarer Nähe zum Strand. Das Wasser ist hier lange flach, das macht es insbesondere Anfängern leicht, die Grundlagen zu lernen. Material wie Neoprenanzug, Brett, Paddel oder Kite sind im Kurspreis enthalten. Wer sich schon auskennt und Erfahrungen hat, kann sich auch nur die Ausrüstung leihen und auf eigene Faust losziehen.

Zum Tauchen, ist der Nachweis einer aktuellen Tauchtauglichkeitsuntersuchung erforderlich. Sie wird von einem Taucharzt ausgestellt. Infos unter: www.vdst.de

Tauchen in der Ostsee

Andys Tauchschule, Andreas Leitert, Strandstraße 15, 18375 Ostseebad Prerow. Handy 0160/96254721. www.andys-tauchschule.de. **Bahn/Bus:** Bus 210 bis Prerow Mitte. **Auto:** L21, über Wiecker Weg in Strandstraße. **Rad:** Ostseeküsten-Radweg. **Zeiten:** 9 – 17 Uhr. **Preise:** Schnuppertauchen 40 €, Nachttauchen 160 €; Basic Diver Kindertauchen 160 €.

▶ Kopf unter Wasser und los! Klar geht das auch ohne Taucherausrüstung. Mit der richtigen Ausstattung habt ihr aber viel mehr Zeit, die Ostsee aus einer ganz ungewohnten Perspektive zu betrachten. Getaucht wird vor *Ahrenshoop* und an den Seebrücken von *Wustrow, Prerow* und *Zingst.* Die Tauchausbildung findet in kleinen Gruppen oder in Einzelunterricht statt.

Neumanns Fahrradshop, Müggenberg 31, Wieck a. Darß. ✆038233/70536. www.neumann-darss.de. 9 – 19 Uhr. Fahrrad ab 3,50 € pro Tag, Kinderrad ab 3 €, Kinderanhänger 5 €, Reparaturservice.

Auf Paddeltour

darßtour, Henrik Schmidtbauer, Buchenstraße 11a, 18375 Ostseebad Prerow. Handy 0178/1886680. www.darßtour.de. **Lage:** Ab Hafen Wieck oder Prerow. **Dauer:** Etwa 4 Std. **Bahn/Bus:** Bus 210 bis Wieck oder Prerow. **Auto:** L21 bis Wieck oder Prerow. **Rad:** Ostseeküsten-Radweg. **Zeiten:** Mai – Okt. **Preise:** 54 €, Verleih Seekajak pro Tag 28 €; Kinder 8 – 12 Jahre 34 €. **Infos:** Für Kinder 8 – 12 Jahre.

Ihr könnt schwimmen, aber immer nur baden ist euch zu langweilig? Wie wäre es mit einer Halbtagestour im Paddelboot? Zusammen mit den Eltern und unter fachkundiger Leitung besteigt ihr die Boote und bewegt euch über die Ostsee oder den *Bodden* aus eigener Kraft voran. Beim Tempo gebt ihr den Takt vor. Die schilfgesäumte Landschaft des *Prerower Stroms,* der Strand aus der Wasserperspektive, Seevögel und vielleicht sogar Kegelrobben gibt es zu entdecken. Wenn ihr schon Paddelerfahrung habt, könnt ihr auch ein Kajak leihen und allein auf Tour gehen.

Erst links, dann rechts: So kommt ihr mit dem Paddel voran

© pmv, Katja Faby

Schiffsfahrten

Tour mit dem Schaufelraddampfer

18374 Ostseeheilbad Zingst. ✆038234/239, Handy 0171/4100426. www.reederei-poschke.de. **Start:** River Star ab Hafen Zingst, Baltic Star ab Hafen Prerow. **Bahn/Bus:** Bus 9027 bis Zingst Jordanstraße bzw. Bus 210 bis Prerow Hafenstraße. **Auto:** Nach Zingst: N21 auf NVP25 Barther Straße, Ausschilderung Hafen folgen, nach Prerow: L21 Kirchenort bis Hafen, öffentliche Parkplätze an den Häfen vorhanden (gebührenpflichtig). **Rad:** Ostseeküsten-Radweg. **Zeiten:** Zingst: März – Mai, Sep – Nov 11.30, 13.30, 15.30 Uhr, Juni – Aug 11, 13, 15 und 17 Uhr. Prerow: März – Mai, Sep – Nov 11.30, 14.30, 16.30 Uhr, Juni – Aug 11, 14, 16 Uhr, im Juli und Aug zusätzlich 18.30 Uhr. **Preise:** 13 €; Kinder bis 12 Jahre 7 €. **Infos:** Hund 2 €.

Alle Kinder bis 12 Jahre fahren auf der *River Star* um 15 und 15.30 Uhr und auf der *Baltic Star* um 16 und 16.30 Uhr kostenlos mit!

Auf dem *Darß* und dem *Zingst* schippern zwei Schiffe, die jeweils ein großes Schaufelrad als zusätzlichen Antrieb nutzen. Von Deck aus lassen sich Vögel beobachten oder die Büffel auf den Salzwiesen. Kraniche stehen reglos am Ufer und im *Prerower Strom* soll es angeblich sogar zwei Kegelrobben geben. Ob ihr sie zu Gesicht bekommt? Der Kapitän erzählt euch während der Fahrt von den Besonderheiten des Boddens und des Stroms sowie der Inseln, die ihr passiert. Auch auf sehenswerte Bauwerke macht er euch aufmerksam. Von Zingst aus geht es Richtung Meiningenbrücke, über den *Zingster Strom,* an den Vogelschutzinseln *Kirr* und *Barther Oie* vorbei bis in den Bodden. Ab Prerow fahrt ihr über den Prerower Strom bis in den *Bodstedter Bodden* und zurück.

Bomigo Adventure Golf, Boddenweg 13 – 15, Ostseeheilbad Zingst. ✆038232/12200. www.bomigo-zingst.de. 10 – 22 Uhr. 6,50 €, Kinder bis 14 Jahre 4,50 €, Familienkarte (2 Erw, 2 Kinder) 15 €.

Tour mit Rad und Schiff

Reederei Oswald, Mühlenstraße 13, 18374 Ostseeheilbad Zingst. ✆038232/16677, Handy 0170/ 5841644. www.fahrgastschifffahrt-fischland-darss-zingst.de. **Lage:** Fahrten ab Barth, Zingst, Bodtstedt, Born, Ahrenshoop und Ribnitz-Damgarten. **Rad:** Ostseeküsten-Radweg. **Zeiten:** April – Mitte Mai und Mitte Sep – Okt Di, Do, Sa, Mitte Mai – Mitte Sep Mo – Sa, Abfahrten 8.10 Barth (Mai – Sep), 9.30 Zingst, 10.15 Bodstedt, 11.55 Born, 12.05 Ahrenshoop (Althagen), 14.15 Ribnitz-Damgarten, 15.30 Ahrenshoop, 16.40 Born, 17.20 Bodstedt. **Preise:** einfache Fahrt 7,50 – 16 €; Kinder 4 – 11 Jahre 4,50 – 10 €; bei Buchung von Hin- und Rückfahrt 50 % Rabatt auf eine Fahrt. **Infos:** Fahrrad und Hund 1,50 – 4 €.

▶ Mit der *MS Swantevit* kombiniert ihr eure Fahrradtour mit einer Schiffstour. Steigt in einem der Abfahrtshäfen zu, schippert ein Stück und radelt von einem der nächsten Häfen eine Runde. Eine Unterbrechung der Schifffahrt zum Radeln ist an jeder Station möglich. Wenn ihr genügend Bewegung hattet, bringt euch das Schiff ganz entspannt wieder an euren Ausgangspunkt zurück. Mit dieser Kombination erlebt ihr die Natur und Landschaft der Halbinsel und des Boddens aus zwei verschiedenen Blickwinkeln.

Historisch: Zeesboot auf dem Bodden

Mit Marie-Louise über den Bodden

Rudi Hinrich, Bauernreihe, 18375 Wieck a. Darß. Handy 0171/6240973. www.erholungsort-wieck-darss.de. **Start:** Hafen Wieck. **Bahn/Bus:** Bus 210 bis Wieck Prerower Straße. **Auto:** L21 Bäderstraße bis Wieck, dort Ausschilderung Hafen folgen. **Rad:** Ostseeküsten-Radweg. **Zeiten:** Mai – Okt 11, 14 und 16 Uhr. **Preise:** 13 €; Kinder bis 12 Jahre 6 €. **Infos:** Hund 2 €.

▶ *Marie-Louise* ist ein altes *Zeesboot.* 1903 erbaut, diente das Boot mit den charakteristischen braunen Segeln früher zum Fischen. Mit der *Zeese,* einem Schleppnetz, das seitlich am Schiff befestigt wurde, holten die Fischer ihren Fang aus dem flachen Bodden. Heute werden die meisten dieser Boote nicht mehr zum Fischen eingesetzt, sondern sind mit Touristen unterwegs. Wenn ihr eine Tour bucht, segelt ihr mit dem Zweimaster auf den Bodden hinaus. Wer will, darf die Segel bedienen oder kann einfach nur den Erzählungen des Kapitäns lauschen. Er kennt sich nämlich nicht nur mit dem Boot aus, sondern weiß auch einiges über Boddenmonster und Klabautermänner zu berichten.

Bio-Wochenmarkt in Wieck, Bliesenrader Weg, Wieck a. Darß. www.erholungsort-wieck-darss.de. Mi und Sa 9 – 13 Uhr. An der Arche. Bio-Lebensmittel, Keramik und Produkte aus Wolle.

FRISCHE LUFT & SPORT

Radeln & wandern

Radtour zur Kranichbeobachtung nach Pramort

18374 Ostseeheilbad Zingst. **Strecke:** Parkplatz Schlösschen Sundische Wiesen – Nationalparkhaus –

Hier lässt es sich bequem radeln: Auf dem Sundischen Wiesen-Deich

© pmv, Karolin Küntzel

Hohe Düne – Plattform Kranichrast – Schlösschen Sundische Wiesen. **Länge:** 16 km hin und zurück. **Bahn/Bus:** Bus 210 bis Zingst Hängerende, von dort etwa 30 Min Fußweg. **Auto:** NVP25 Am Bahndamm auf Seestraße Richtung Müggenburg, rechts ab in Landstraße, dort bis Parkplatz Sundische Wiesen. **Zeiten:** März, April und Sep – Mitte Nov. **Preise:** ab 15 Uhr 5 € (nur zur Zeit der Kranichrast).

▶ **Pramort** ist der östlichste Zipfel vom Zingst. Von drei Seiten vom Wasser eingeschlossen und von Gräben durchzogen, bietet sich auf der Landzunge im Frühjahr und im Herbst ein großartiges Schauspiel. Die Kraniche kommen! Sie nutzen das unbewohnte Gebiet als Rast- und Schlafplatz während ihres Vogelzuges. Um die scheuen Vögel nicht zu stören, ist die Zahl der Besucher während der **Kranichrast** auf 80 Personen beschränkt. Seid deshalb rechtzeitig vor Ort.

Ihr startet die Radtour am **Parkplatz** am **Schlösschen Sundische Wiesen.** Von dort radelt ihr Richtung Pramort und kommt dabei am ↗ **Nationalparkhaus Sundische Wiesen** vorbei. Haltet euch links und fahrt auf dem neuen Landesschutzdeich nach Osten in Richtung Pramort. Von der Deichkrone habt ihr einen schönen Blick über die weite Landschaft. Allerdings kann es dort auch ganz schön windig sein. In diesem Fall habt ihr die Möglichkeit, den etwas windgeschützteren Plattenweg am Fuß des Deiches zu benutzen. Kurz vor Pramort wechselt ihr auf die Asphaltstraße auf der Boddenseite. Bevor ihr euer Ziel erreicht, fahrt ihr an einem Abzweig vorbei, der zur **Hohen Düne** führt. Hier könntet ihr eine Radelpause einlegen

Hunger & Durst

Schlösschen Sundische Wiese, Landstraße 19, Ostseeheilbad Zingst. ✆038232/8180. www.hotelschloesschen.de. März – Okt Biergarten 10 – 17, Restaurant 12 – 21 Uhr. Einzige Verpflegungsstation am östlichen Zingst. Fahrradverleih in 20 m Entfernung.

und eine kleine Wanderung beginnen. Der Weg zur Hohen Düne ist ab dem Fahrradparkplatz, der sich kurz hinter dem Abzweig befindet, ausgeschildert. Zum Ziel eurer Radtour ist es von diesem Abzweig nur noch ein kurzes Stück. Dann habt ihr die **Plattform** erreicht und einen guten Blick über die schilfumstandenen Inseln und Wiesen. Zurück geht es auf der asphaltierten Straße auf der Boddenseite schnurgerade zurück zum **Parkplatz.**

Packt unbedingt ein Fernglas und einen Fotoapparat ein. Auch etwas Verpflegung kann als Stärkung für unterwegs und für die Zeit der Beobachtung nicht schaden.

Wanderung am Steilufer von Wustrow nach Ahrenshoop

Strandstraße, 18347 Ostseebad Wustrow. **Länge:** Hin und zurück 7 km. **Bahn/Bus:** Bus 210 bis Wustrow Mitte. **Auto:** L21 nach Wustrow, dort in Strandstraße abbiegen, gebührenfreier Parkplatz auf der linken Seite. **Rad:** Ostseeküsten-Radweg.

▶ Auf dieser Wanderung erlebt ihr die Küste einmal von unten und einmal von oben. Ihr startet in **Wustrow** an der **Seebrücke** und geht am **Strand** nach rechts in Richtung Ahrenshoop. Hier ist von einer Steilküste noch nichts zu sehen. Aber nach einer Weile steigt die Dünenreihe zu eurer Rechten an, bis sie sich rund 20 m über eure Köpfen erhebt. Mauersegler nisten in den lehmigen Wänden und zeigen bei gutem Wetter ihre Flugkünste. Der Strand ist hier wesentlich steiniger als noch in Ortsnähe und ihr habt beste Voraussetzungen zum Finden eures Lieblingssteins. Mit etwas Glück ist ein ↗ *Bernstein* darunter, sicherlich aber ein *Hühnergott,* von denen es hier viele gibt. Ungefähr auf halber Strecke nach Ahrenshoop liegen zwei Klötze im Wasser. Es sind zwei alte DDR-Bunker, die vor Jahren noch oben auf dem Hochufer standen. Das Meer hat sich seitdem so weit ins Land gefressen, dass sie erst freigelegt wurden und dann abgestürzt sind. Mit jedem Jahr, das vergeht, »wandern« sie weiter ins Meer hinaus. Das scheint allerdings nur so, denn nicht die Bunker bewegen sich, sondern die Küste bricht jedes Jahr weiter ab.

Achtung! Die Steilküste kann insbesondere nach starken Regenfällen abbrechen. Benutzt deshalb nur die ausgewiesenen Wege, haltet euch von der Kante fern, wandert nicht unter Überhängen und klettert nicht an den Hängen. Nehmt die Warnschilder an den gefährdeten Stellen ernst.

Hunger & Durst

Café Buhne 12, Grenzweg 12, Ostseebad Ahrenshoop. ✆038220/232. März – Okt Di – So 12 – 22 Uhr, Nov – Feb Sa 12 – 22, So 12 – 18 Uhr. Café mit wunderbarem Blick über die Dünen und die Ostsee.

Rund 60 cm Land gehen so jedes Jahr verloren. An den Bunkern vorbei lauft ihr weiter nach **Ahrenshoop.** Ihr habt den Ort erreicht, wenn der Strand eine breite Ausbuchtung bildet und die ersten *Buhnen* (vom Strand ins Meer verlaufende Holzstämme) in Sicht kommen. Dort befindet sich eine Treppe, die auf das **Hochufer** führt. Steigt hinauf und haltet euch rechts Richtung Dierhagen und Wustrow. Ab jetzt könnt ihr den weiten Blick über die Ostsee genießen. Der Weg schlängelt sich dort, wo es möglich ist, an der Kante des Steilufers entlang. Dort, wo es wegen Abbrüchen zu gefährlich wird, ist er ein Stück in das Landesinnere verlegt. Er verläuft dann zwischen einem Gehölzstreifen und Feldern. Folgt ihr dem Weg bis zurück nach Wustrow, erreicht ihr den Ort über die Straße Zur Glippe. An der Kreuzung rechts kommt ihr zurück zur **Seebrücke.**

Reiten, Kutsche fahren & klettern

Auf dem Rücken der Pferde bei den Bernsteinreitern

Tino Leipold, Neuklockenhäger Weg 1a, 18311 Ribnitz-Damgarten-Hirschburg. Handy 0174/8530842. www.bernsteinreiter-hirschburg.de. **Bahn/Bus:** Bus 202 bis Hirschburg Dorf. **Auto:** B105 bis Ribnitz-Damgarten, dort auf L21 Bäderstraße, dann links auf L22 Zum Wallbach bis Reitschule. **Zeiten:** Ponyreiten 10 – 17, Kinderferienbetreuung 10 – 15 Uhr. **Preise:** Kinder bis 11 Jahre Longenunterricht 15 Min 14 €, Ponyreiten 30 Min selbst geführt 10 €, Reiterferien 5 Tage ab 300 €, Kutsch- und Kremserfahrten ab 12 € pro Std, Ausritte ab 25 €.

▶ Die Bernsteinreiter bieten Pferdefreunden und denen, die es noch werden wollen, viele Möglichkeiten, in Kontakt mit den Reittieren zu kommen. Die Kleinsten machen erste Erfahrungen beim geführten **Ponyreiten,** größere Kinder dürfen an der Longe trainieren

Happy Birthday!

Geburtstag bei den Bernsteinreitern: Übernachtung in der Pippi-Langstrumpf-Box und Ponyreiten kosten jeweils 10 € pro Kind.

Das Glück der Erde liegt auf dem Rücken der Pferde

oder an Ausritten teilnehmen. Weil viele Kinder sich gar nicht von ihrem Pferd trennen können, bietet die Reitschule eine tageweise **Kinderferienbetreuung** an. Dann seid ihr den ganzen Tag mit den Pferden zusammen. Ihr helft beim Füttern und im Stall und bekommt zwei Reitstunden. Oder ihr bucht gleich eine Woche Reiterferien, eine Übernachtung im Stall oder in der Ferienwohnung.

Reitsportfachgeschäft, Zum Wallbach 7, Hirschburg. ✆03821/2233. www.dassow-reitsport.de. Mo, Di, Do Fr 8 – 12, 15 – 18, Mi, Sa 8 – 12 Uhr. Alles rund ums Pferd.

Kutschfahrt mit dem Esel

Eselhof I-aah, Am Tannenberg 7, 18311 Ribnitz-Damgarten-Klockenhagen. ✆03821/390951, www.eselhof-klockenhagen.de. **Lage:** Im Gewerbegebiet Tannenberg. **Bahn/Bus:** Bus 202 bis Klockenhagen Eselhof. **Auto:** B105 auf L21 Bäderstraße, dann rechts in Am Tannenberg. **Zeiten:** 28. März – 1. Nov 10 – 18 Uhr, letzter Einlass 17 Uhr. **Preise:** Eintritt 3,50 €, Kutschtour 45 Min 20 €; Kinder 3 – 14 Jahre Eintritt 2 €, Eselreiten 45 Min 10 €. **Infos:** Hund 0,50 €.

▶ Rund 30 Esel leben auf dem Eselhof und warten darauf, gestreichelt zu werden oder einen kleinen Ausflug zu machen. Dann führen die Eltern das Langohr und ihr genießt von oben die Aussicht. Mögt ihr es bequemer, leiht ihr euch eine Kutsche und macht gemeinsam eine Fahrt. Verirren könnt ihr euch dabei nicht, denn die Esel kennen den Weg sehr gut. Ihr

Radcenter Heß, Fritz-Reuter-Straße 1b, Ribnitz-Damgarten. ✆03821/479933. www.radcenter-hess.de. April – Aug Mo – Fr 9 – 18, Sa, So 9 – 13 Uhr. Radverleih 4,50 €. Bollerwagen und Hundeanhänger. Verkauf und Reparatur.

müsst euch nur darauf einigen, wer zuerst der Kutscher sein darf. Beim Hof-Imbiss **Tischlein deck dich** bekommt ihr Snacks, Eis und Souvenirs.

Mit dem Kremser zum Leuchtturm

Kutsch- und Kremserfahrten Bergmann, Bogislav-Rosen-Weg 3, 18375 Ostseebad Prerow. ✆038233/70277, Handy 0171/6041651. www.kutschfahrten-bergmann.de. **Start:** Bernsteinweg. **Bahn/Bus:** Bus 210 bis Prerow Mitte. **Auto:** L21 bis Prerow, über Wiecker Straße in Waldstraße, weiter in Bernsteinweg. Gebührenpflichtige Parkplätze am Ende der Straße. **Rad:** Ostseeküsten-Radweg. **Zeiten:** Mai – Okt 10 – 15 Uhr zu jeder vollen Std, Rückfahrt ab Leuchtturm 12 – 16 Uhr zu jeder vollen Std. **Preise:** 4,50 €; Kinder 2 €.

Kremser ist ein anderes Wort für Planwagen.

▶ Vom Bernsteinweg bis zum Leuchtturm und zurück fährt euch die Kutsche im Linienverkehr. Über sandige Wege zuckelt ihr gemütlich durch den Darßer Wald. Besonders bei Touren mit kleineren Kindern bietet sich an, wenigstens eine Strecke mit dem Pferdetaxi zurückzulegen, da der Weg für die kurzen Beine doch recht weit ist. Am **Leuchtturm** angekommen, könnt ihr das ➚ *Natureum* besuchen oder ein paar Stunden am Weststrand spielen und faulenzen, bevor ihr euch auf den Rückweg macht. Im Hochsommer kann es sein, dass die Plätze in der Kutsche heiß begehrt sind und der Andrang auf die letzte Fahrt groß ist. Plant deshalb großzügig.

Am Leuchtturm gibt es außer dem Café im ➚ *Natureum,* das den Museumsgästen vorbehalten ist, keine Verpflegungsmöglichkeiten. Packt deshalb ein Picknick und ausreichend Getränke ein.

Neben der Tour zum Leuchtturm werden zwei weiteren Fahrten angeboten. Die **Förstertour** führt vom Neudarß zum Altdarß, zum ➚ *Förstergrab* und dem Meeresufer mitten im Wald. Die **Wald- und Wiesentour** schlägt einen Bogen bis nach Wieck an den schilfgesäumten Bodden und führt zurück durch den Wald.

Ab in die Bäume: Kletterwald Gut Darß

Gut Darß GmbH & Co. KG, Am Wald 26, 18375 Born a. Darß. ✆038234/5060, www.gut-darss.de. **Bahn/Bus:**

Bus 210 bis Born Mitte. **Auto:** L21 Bäderstraße, in Chausseestraße abbiegen, rechts in Am Wald. **Rad:** Ostseeküsten-Radweg. **Zeiten:** März – Mitte Juni Mi – So 11 – 17 Uhr, Mitte Juni – Ende Aug täglich 9 – 19 Uhr, Sep – Okt Mi – So 11 – 17 Uhr. **Preise:** 20 €; Kinder bis 17 Jahre 15 €; Studenten, Azubis 18 €, Familienkarten 1 Erw, 2 Kinder 45 €, 2 Erw, 2 Kinder 50 €, jedes weitere Kind 10 €.

▶ Acht spannende Parcours mit insgesamt 70 Kletterelementen warten auf geschickte und mutige Hangelkünstler (Mindestgröße 110 cm). In einer Höhe 1,5 – 8 m klettert ihr über, unter und auf Netzen, Balken, Wippen und Leitern, schwingt euch wie Tarzan von Ast zu Ast oder rauscht mit der Seilbahn im Nu zurück in Bodennähe. Das alles geht natürlich nur mit einer fachkundigen Einweisung und der vorgeschriebenen Sicherheitsausrüstung, die ihr vor Ort bekommt. Kinder unter 12 Jahren klettern dabei immer in Begleitung eines Erwachsenen.

Natur und Tiere entdecken

Erlebnishof Gut Darß

Gut Darß GmbH & Co. KG, Am Wald 26, 18375 Born a. Darß. ✆038234/5060, www.gut-darss.de. **Bahn/Bus:** Bus 210 bis Born Mitte. **Auto:** L21 Bäderstraße, in Chausseestraße abbiegen, rechts in Am Wald. **Rad:** Ostseeküsten-Radweg. **Zeiten:** Besichtigung jeweils 11 Uhr ab Hofcafé Mai – Juni Mo, Fr, Juli und Aug Mo, Mi, Fr, Sep und Okt Mo, Fr (ab Gutsmarkt), Kinderführung Juli und Aug ab Hofcafé Di, Do 16 Uhr. **Preise:** 5 €; Kinder bis 16 Jahre 2,50 €.

▶ Das Gut Darß ist ein Betrieb, der ökologische Landwirtschaft betreibt. Auf den Weiden stehen Rinder und Büffel, aber auch Pferde, Schafe und Ziegen. Die auf dem Gut hergestellten Fleisch-Produkte werden im **Hofladen** verkauft. Regelmäßig werden Hofführungen angeboten, bei denen ihr viel Wissenswer-

Adventure Golf, Am Wald 26, Born a. Darß. ✆038234/5060. www.gut-darss.de. 9 – 19 Uhr. 18-Loch-Gelände-Minigolfanlage auf dem Gut. 7,50 €, Kinder bis 17 Jahre 5,50 €.

UMWELT ERFORSCHEN

Hunger & Durst

Hofcafé Gut Darß, Am Wald 26, Born a. Darß. ✆038234/5060. www.gut-darss.de. Mai – Juni 11 – 17, Juli – Aug 10 – 19 Uhr. Kuchen, hofeigene Bio-Produkte, Wildschwein aus heimischen Wäldern, überdachte Terrasse.

tes über die Technik, die Tiere und das Hofleben erfahrt. Für Kinder gibt es einen **Spielplatz** und einen **Streichelzoo.**

Schaut vorwitzig aus seiner Höhle: Der Specht

© pmv, Martina Seidenschnur

Dem Specht auf der Spur: Infozentrum Wald und Moor

Stadtforst Ribnitz-Damgarten, Ribnitzer Landweg 3, 18311 Ribnitz-Damgarten-Neuheide. ✆038206/77389, www.ribnitz-damgarten.de. **Bahn/Bus:** Bus 202 bis Klein Müritz. **Auto:** L21 Bäderstraße Richtung Fischland, hinter Klockenhagen links auf Ribnitzer Landweg. **Zeiten:** Naturpfad ganzjährig frei zugänglich, Ausstellung April – Okt 10 – 17 Uhr. **Preise:** 2 €; Kinder ab 7 Jahre 1 €.

▶ Im Stadtforst von Ribnitz-Damgarten befindet sich eins der größten **Regenmoore** in Mecklenburg-Vorpommern. Seit 1939 steht es unter Naturschutz. Das ist ein Glück, denn so habt ihr die Gelegenheit, diese einmalige Landschaft zu erkunden. Ein **Naturpfad** leitet euch sicher durch das wasserreiche Gebiet. Auf 35 Schautafeln erfahrt ihr dabei eine Menge über die Pflanzen und Bäume, die dort wachsen und die heimischen Tierarten. Ihr lernt, welche Waldfrüchte essbar sind und dass es Giftpflanzen gibt, die aus gutem Grund geschützt sind. Im Infozentrum könnt ihr die **Ausstellung** besuchen und viel über das Moor lernen. Wie entsteht es, wie wurde früher im Moor gearbeitet und warum ist es so wichtig, dass Moore erhalten bleiben und nicht austrocknen? Außerdem gibt es Tierpräparate, Aquarien und Terrarien. Wenn ihr zur richtigen Jahreszeit da seid, könnt ihr einen Blick auf die Jungen im Vogelnest werfen.

***Regenmoore** oder Hochmoore beziehen ihr Wasser ausschließlich aus Niederschlägen wie Regen und Schnee.*

Nationalpark-Infozentrum Sundische Wiese

18374 Ostseeheilbad Zingst. ✆038234/5020, www.nationalpark-vorpommersche-boddenlandschaft.de. **Bahn/Bus:** Bus 210 bis Zingst Hängerende, 30 Min. Fußweg. **Auto:** NVP25 Am Bahndamm auf Seestraße Richtung Müggenburg, rechts in Landstraße bis Parkplatz Sundische Wiesen. **Zeiten:** April – Sep 10 – 17 Uhr, Okt – März 10 – 16 Uhr. **Preise:** kostenlos, Spende erbeten.

Na, was habt ihr heute schon erlebt?

▶ Die *Sundischen Wiesen* sind ein ganz besonderer Landstrich. Seit 1937 nutzte das Militär das ursprünglich wenig besiedelte Gebiet. Bauern wurden umgesiedelt und das Gelände diente der Wehrmacht als Übungsplatz für Bombenabwürfe. Auch nach dem Zweiten Weltkrieg wurde das Gebiet weiter für militärische Zwecke genutzt. Erst 1990, mit der Gründung des **Nationalparks Vorpommersche Boddenlandschaft,** wurden die Sundischen Wiesen unter Naturschutz gestellt. Bombenkrater wurden verfüllt, Blindgänger – also Bomben, die nicht explodiert sind – entschärft und Gebäude abgerissen. Die Natur erobert sich seitdem ihren Raum zurück. Über die Geschichte der Sundischen Wiesen, die Besonderheiten ihrer Natur und der dort lebenden Vögel sowie über die ↗ *Kranichrast* bekommt ihr im **Nationalparkhaus** Informationen. Zu sehen sind Schautafeln und Tierpräparate. An einigen Stationen ist eure Mitarbeit gefragt. Was fühlt ihr in den Kästen, wie verändert sich die Landschaft, wenn ihr die Tafeln am Fototisch bewegt? Probiert es aus!

Natureum Darßer Ort

Darßer Ort 1 – 3, 18375 Born a. Darß. ✆038233/304, www.meeresmuseum.de. **Lage:** Im Darßer Wald. Das Natureum ist nur zu Fuß, per Rad oder Kutsche zu erreichen. **Zeiten:** Mai, Sep, Okt täglich 10 – 17 Uhr, Juni – Aug täglich 10 – 18 Uhr, Nov – April Mi – So 11 – 16 Uhr. **Preise:** 5 €; Kinder 4 – 16 Jahre 3 €; Schüler, Studenten, Azubis, Bufdis, Arbeitslose, Schwerbehinderte 4 €.

Leiht euch für 1 € einen Multimediaguide. Damit bekommt ihr spannende Zusatzinformationen zum Nationalpark und zum Natureum.

Das Natureum am Darßer Ort ist so abgelegen wie sonst kein Ort auf Fischland-Darß-Zingst. Zu Fuß seid ihr von *Prerow* aus ungefähr eine Stunde unterwegs, mit dem Rad oder der Kutsche (↗ *Mit dem Kremser zum Leuchtturm*) geht es entsprechend schneller. Doch die lange Anreise lohnt sich. Euch erwartet vom **Leuchtturm** nicht nur eine wunderbare Aussicht, sondern auch eine **Ausstellung** über die Tiere der Darßlandschaft. Ihr seht heimische Wasservögel und Säugetiere und könnt im **Ostseeaquarium** verschiedene Bewohner der Ostsee bestaunen. Außerdem erhaltet ihr Informationen über die Küstenlandschaft und ihre Veränderungen und bekommt Einblicke in die Geschichte des Leuchtfeuers. Im **Museumscafé** gibt es Getränke und kleine warme Speisen.

Mit den Rangern durch den Nationalpark

Waldstraße 42, 18375 Ostseebad Prerow. ✆038234/5020, www.nationalpark-vorpommersche-boddenlandschaft.de. **Treffpunkt:** Kulturkaten Kiek In, Prerow. **Dauer:** 2,5 Std. **Bahn/Bus:** Bus 210 bis Prerow Mitte. **Auto:** L21 bis Prerow, über Wiecker Straße in Waldstraße. **Rad:** Ostseeküsten-Radweg. **Zeiten:** Juli – Sep Mo 11 Uhr. **Preise:** kostenfrei, Spende erbeten. **Infos:** Für Kinder ab 5 Jahre.

Abenteuer auf Fischland-Darß-Zingst, Steffi Bieber-Geske und Sabrina Pohle, Biber & Butzemann Verlag 2014, ISBN 978-3-942428-28-6, 9,95 €.

Die Ranger des **Nationalparks Vorpommersche Boddenlandschaft** bieten in der Sommersaison jeden Mo die Familienführung *Der Natur auf der Spur* an. Ihr taucht in den **Darßer Urwald** ein, hört Geschichten zum Wald, den Tieren, die in ihm wohnen und erfahrt, wie die Vogelbeere zu ihrem Namen kam. Dabei beantworten die Ranger gern und geduldig eure Fragen. Neben der Familienführung bietet das Nationalparkamt zahlreiche weitere Wanderungen an. Sie führen zum Beispiel zum Kliff im Darßwald, zum Leuchtturm, an den wilden Weststrand oder zur Kranichbeobachtung. Infos und Termine aller Veranstaltungen für das ganze Jahr sind auf dem Handzettel *Unterwegs im Nationalpark* zusammengefasst. Er liegt in den Tourismus-Büros aus.

Wie für Zwerge gemacht: Die Schautafeln sind extra niedrig für euch

© pmv, Karolin Küntzel

Die Darßer Arche

Nationalpark- und Gästezentrum Wieck, Bliesenrader Weg 2, 18375 Wieck a. Darß. ✆038233/201, www.darsser-arche.de. **Bahn/Bus:** Bus 210 bis Wieck Prerower Straße. **Auto:** L21 Bäderstraße bis Wieck, über Hauptstraße bis Arche. **Rad:** Ostseeküsten-Radweg. **Zeiten:** Juni – Sep täglich 9 – 17 Uhr, Mai, Okt 10 – 17 Uhr, Nov – April Do – Mo 10 – 16 Uhr. **Preise:** 4,50 €; Kinder bis 16 Jahre frei; Schüler ab 17 Jahre, Studenten, Azubis, Schwerbehinderte, Kurkarteninhaber 3,50 €.

▶ In der Darßer Arche seht ihr eine Ausstellung zum **Nationalpark Vorpommersche Boddenlandschaft.** Ein Film zeigt euch die Ostsee von oben. Mithilfe von kurzen Texten und anschaulichen Objekten lernt ihr die Vielfalt dieser Landschaft kennen: den ursprünglichen Wald, die sich stetig verändernde Küste, die Gewässer und das für die Region so wichtige Schilf. Wofür braucht man das denn? Findet es heraus. Kleiner Tipp: Lauft durch den Ort und schaut euch die Häuser einmal genauer an!

Hunger & Durst

Bio-Café Fernblau, Bliesenrader Weg 2, Wieck a. Darß. Handy 0151/ 53763417. www.darsser-arche.de. Geöffnet wie Darßer Arche. Kuchen, Tee in Bio-Qualität. Schöne Terrasse.

Kranich-Informationszentrum

Lindenstraße 27, 18445 Groß Mohrdorf. ✆038323/ 80540, www.nabu-wwf-kranichzentrum.de. **Bahn/Bus:** Bus 304 bis Groß Mohrdorf. **Auto:** L21 auf L213, über Buschenhagen, Günz und Klein Mohrdorf bis Groß Mohrdorf. **Zeiten:** März – Mai täglich 10 – 16 Uhr, Juni, Juli Mo – Fr 10 – 16 Uhr, Aug täglich 10 – 16.30 Uhr,

Sep – Okt täglich 9.30 – 17.30 Uhr, Nov Mo – Fr 10 – 16 Uhr. **Preise:** kostenfrei.

▶ Viele Kraniche kommen zur Zeit des Vogelzuges im Frühjahr und im Herbst in der so genannten *Rügen-Bock-Region,* dem Gebiet zwischen Barth, Fischland-Darß-Zingst und der Westküste Rügens, vorbei. Sie versorgen sich tagsüber auf den Feldern mit Nahrung und verbringen die Nacht geschützt im Flachwasser. Bis zu 70.000 Vögel sind dann über mehrere Wochen vor Ort, bevor sie zum Überwintern nach Spanien, Südfrankreich, Portugal oder Nordwestafrika aufbrechen. Im Kranich-Informationszentrum seht ihr eine **Dauerausstellung** über die faszinierenden Vögel. Schautafeln, Präparate und Hörstationen vermitteln euch einen Einblick in den Vogelzug und das Leben der Tiere. *Führungen* und *Veranstaltungen* sind ergänzend im Programm.

HANDWERK UND GESCHICHTE

*Ein **Baldachin** wird auch Himmel genannt. Er kann so aussehen, wie ihr ihn von einem Himmelbett kennt, oder wie ein schwebendes Dach.*

Kirchen besichtigen

Mit Mini durch die St.-Marien-Kirche

Papenstraße 7, 18356 Barth. ✆038231/2783, www.ev-kirche-barth.de. **Bahn/Bus:** Bhf Barth. **Auto:** L21 Barthestraße in Dammstraße, öffentliche Parkplätze sind ausgeschildert. **Rad:** Ostseeküsten-Radweg. **Zeiten:** Mai – Okt Mo – Fr 10 – 18, Sa 10 – 17, So 11 – 13 Uhr, Nov – April Mo – Fr 10 – 16, Sa 10 – 15 Uhr. **Preise:** kostenfrei; Kinder-Kirchenführer 2,50 €.

▶ Die St.-Marien-Kirche stammt aus dem 13. Jahrhundert. Ihr 80 m hoher Kirchturm ist von vielen Orten der Altstadt aus zu sehen. Wenn ihr Lust habt, könnt ihr die 180 Stufen im Turm bis auf Höhe der Turmuhr hinaufsteigen. Von dort habt ihr eine wunderbare Aussicht über die Stadt und das Wasser. Auch innen ist die Kirche sehenswert. Es gibt einen Altar, der mit einem **Baldachin-Häuschen** geschützt ist, schöne Buntglasfenster und ein großes altes Taufbecken. Für Kinder liegt in der Kirche ein *Kinder-*

Kirchenführer aus. Mit ihm könnt ihr die Kirche aus Sicht der Katze *Mini* erkunden. Sie erzählt euch auch, dass in der Außenmauer der Kirche eine Kanonenkugel steckt. Sie stammt aus einem der vielen Kriege, die das Gebäude nahezu unbeschadet überstanden hat.

Reich verziert und mit Baldachin-Häuschen: Altar der Marien-Kirche

© pmv, Karolin Küntzel

Baumelnde Schiffe: Seemannskirche Prerow

Kirchenort, 18375 Ostseebad Prerow. ✆038233/69133, www.kirchengemeinde-prerow.de. **Bahn/Bus:** Bus 210 bis Prerow Hafenstraße. **Auto:** L21 Kirchenort, öffentliche Parkplätze am Hafen und an der Kirche (gebührenpflichtig). **Rad:** Ostseeküsten-Radweg. **Zeiten:** Mo – Sa 10 – 18, So 12 – 18 Uhr.

▶ Die Seemannskirche ist die älteste Kirche auf dem *Darß* und eines der ältesten Baudenkmäler der Region. Gebaut wurde sie im 18. Jahrhundert, genauer gesagt zwischen 1726 und 1728. Damals sah sie allerdings noch ganz anders aus. Den Backsteinbau, den ihr heute seht, gibt es nämlich erst seit 1830. Vorher war die Kirche im Stil eines Fachwerkbaus errichtet worden. Auf dem Kirchhof stehen eine Reihe alter Grabkreuze. Wenn ihr sie genau anschaut, fallen euch bestimmt die Seemannsmotive, zum Beispiel Schiffe in wogenden Wellen, auf. Auch innen wird die Kirche ihrem Namen gerecht, denn von der Decke hängen viele alte *Schiffsmodelle.* Gebaut wurden sie von Seeleuten, die sie der Kirche spendeten. Noch eine Besonderheit könnt ihr bei der Kirche entdecken. Es ist eine kleine Markierung, die aussieht wie ein Knopf. Sie befindet sich in der Außenmauer am Eingang zum Kirchhof und markiert den Pegel des Hochwassers der großen Sturmflut von 1872. Sie war der Grund dafür, den Durchgang vom *Bodden*

Hunger & Durst

Fischpavillon, Am Hafen, Ostseebad Prerow. ✆038233/60261. www.fischraeucherei-rennhack.de. Mo – Fr 9 – 19 Uhr. Fangfrischer Fisch aus dem Buchenrauch, Fischbrötchen, Fischspezialitäten.

über den *Prerower Strom* zur Ostsee mit einem Deich zu schließen und so die Insel *Zingst* an den Darß anzubinden.

Mitmach- und Freilichtmuseen

Reise in die Vergangenheit: Freilichtmuseum Klockenhagen

Mecklenburger Straße 57, 18311 Ribnitz-Damgarten-Klockenhagen. ✆03821/2757, www.freilichtmuseum-klockenhagen.de. **Bahn/Bus:** Bus 202 bis Klockenhagen Kindergarten. **Auto:** B105 bis Ribnitz-Damgarten, dort auf L21 Bäderstraße, links auf L22 Zum Wallbach bis zum Museum. **Zeiten:** April – Mai, Okt täglich 10 – 17 Uhr, Juni – Sep Mo – Sa 10 – 18 Uhr. **Preise:** 6 – 8 €, Jahreskarte 15 €; Kinder 7 – 16 Jahre 3 €, Jahreskarte 6 €, Mitmach-Kurse 1 – 25 €; Studenten, Azubis, Schwerbehinderte 4 €, Jahreskarte 8 €, Familienkarte (2 Erw mit Kindern unter 16 Jahre) 16 €, Jahreskarte 25 €, Inhaber Kurkarte (Fischland-Darß-Zingst, Graal Müritz) und Einwohner von Ribnitz-Damgarten jeweils 1 € weniger. Kombiticket für Freilichtmuseum, Deutsches Bernsteinmuseum und Schaumanufaktur Ostsee-Schmuck 12 €. **Infos:** Hund 2 €.

▶ Wie sahen Bauernhäuser früher aus? Welche Arbeiten fielen auf einem Hof an und wie unterschied sich das damalige Leben von eurem heute? All das lässt sich wunderbar im Freilichtmuseum Klockenhagen nachvollziehen. Ihr seht nicht nur Gebäude aus 18 verschiedenen Mecklenburger Dörfern, sondern auch eine originalgetreue Ausstattung und authentische Umgebung mit Feldern, Gärten und Haustiergehegen. In den Häusern sind Ausstellungen und Werkstätten untergebracht. In vielen von ihnen gibt es tolle **Mitmachangebote:** Ihr könnt Brot backen, filzen, schmieden, Körbe flechten, an Kräuterführungen durch den Garten oder an einer *Kremserfahrt* teilnehmen, spinnen lernen oder Holzspielzeug schnitzen.

Hunger & Durst

Up dei Däl, Mecklenburger Straße 57, Ribnitz-Damgarten-Klockenhagen. ✆03821/2275. www.freilichtmuseum-klockenhagen.de. Geöffnet wie Museum. Rustikale Gaststätte auf dem Museumsgelände. Mecklenburgische Spezialitäten, Wildschwein am Spieß. Spielplatz nebenan.

Täglich um 13 Uhr werden die Tiere des Museums (Hühner, Enten, Ziegen, Schafe, Schweine, etc.) gefüttert.

TONNENABSCHLAGEN

▶ Wisst ihr, was ein Tonnenkönig ist? Eine große Ehre und hohe Auszeichnung für den besten Reiter beim jährlichen Tonnenfest! Und was ist das? Ein alter Brauch, der in den Orten entlang der Küste noch heute gepflegt wird. Das **Tonnenfest** oder das **Tonnenabschlagen** stellt einen Höhepunkt der jährlich wiederkehrende Feste statt. Der Ort wird mit bunten Fähnchen geschmückt und Einheimische wie Touristen zieht es auf die Festwiese, wo die Wettkämpfe stattfinden. Der Wettstreit findet in der Regel zu Pferd statt. Ziel ist es, einem frei hängenden und mit Bändern verzierten Holzfass den Boden und die Stäbe auszuschlagen. Dazu reitet ein Wettkämpfer unter dem Fass hindurch und versucht, es mit einem Knüppel zu treffen. Natürlich wird er dabei begeistert von den Zuschauern angefeuert. Gekämpft wird um die Titel des *Bodenkönigs, Stäbenkönigs* und *Tonnenkönigs*. Bodenkönig wird, wer das letzte Stück Boden aus der Tonne schlägt, Stäbenkönig, wer das letzte Stück Stäbe abschlägt. Wem es gelingt, das letzte Stück Holz abzuschlagen, darf sich Tonnenkönig nennen und gebührend feiern lassen. Neben dem Wettkampf gibt es Musik und am Abend wird auf dem **Tonnenball** das Tanzbein geschwungen.

Die Eidechse im Bernstein: Deutsches Bernsteinmuseum

Im Kloster 1, 18311 Ribnitz-Damgarten. ✆03821/4622, www.deutsches-bernsteinmuseum.de. **Bahn/Bus:** Bhf Ribnitz-Damgarten-West. **Auto:** B105 auf L22 Rostocker Straße/Lange Straße, dort in Neue Klosterstraße abbiegen. **Zeiten:** März – Okt täglich 9.30 – 18 Uhr, Nov – Feb Di – So 9.30 – 17 Uhr, 26. – 30. Dez 9.30 – 17 Uhr, 31. Dez 9.30 – 13 Uhr, 1. Jan 13 – 17 Uhr. **Preise:** 8,50 €, Audio-Führung 3 €; Kinder 4 – 16 Jahre 4 €; Familienkarte (2 Erw, eigene Kinder) 18,50 €, Schüler, Studenten 6 €, Senioren und mit Kurkarte 7,50 €.

▶ Im **Bernsteinmuseum** erfahrt ihr alles Wissenswerte über den gelben Stein, der eigentlich gar keiner ist. Besonders beeindruckend sind die Einschlüsse. Wie kamen wohl die Eidechse oder der Skorpion in

Hunger & Durst

Café im Bernsteinmuseum, Im Kloster 1, Ribnitz-Damgarten. ✆03821/2219. www.deutsches-bernsteinmuseum.de. Geöffnet wie Museum. Kuchen, Eis, Snacks.

Schau doch mal, was da drin ist: Manchmal sind kleine Tiere im Bernstein eingeschlossen

© Bernsteinmuseum

Wollt ihr euch auch das ↗ *Freilichtmuseum Klockenhagen* und die *Schaumanufaktur Ostsee-Schmuck* in Ribnitz-Damgarten anschauen, kauft ein Kombiticket. Für alle Besichtigungen zahlt ihr dann nur 12 €.

den Bernstein? Im **Kinderbernsteinland** bietet das Museum zahlreiche Aktionen für Kinder an. An den Mitmachstationen könnt ihr zum Beispiel Bernstein schleifen (5 €), malen und experimentieren oder Einschlüsse unter dem Mikroskop anschauen. Wie sieht das Insekt im Baumharz wohl vergrößert aus? Wenn ihr an der *Wissensrallye* teilnehmt, winkt euch ein Bernstein als Gewinn. Auch euer selbst gestaltetes Bernstein-Mosaik dürft ihr anschließend mit nach Hause nehmen. Für eine Verschnaufpause zwischen all den Aktivitäten bietet sich das *Bernsteinzimmer* an. Dort gibt es eine Märchenstunde.

Technik-Museum Pütnitz

Technikverein Pütnitz e.V., Flugplatzallee, 18311 Ribnitz-Damgarten. ✆ 03821/Handy 0171/7667726. www.technikmuseum-puetnitz.de. **Bahn/Bus:** Bus 201 bis Damgarten Wendeplatz. **Auto:** B105 bis Damgarten, über Barther Straße und Saaler Chaussee links in Flugplatzallee. **Zeiten:** Ostern 10 – 16 Uhr, Mai – Mitte Juni, Mitte Sep – Mitte Okt Mi – So 10 – 16 Uhr, Mitte Juni – Mitte Sep täglich 10 – 16 Uhr. **Preise:** 6 €; Kinder 7 – 16 Jahre 3 €.

▶ Alles was fährt – egal, ob auf der Straße, unter Wasser oder in der Luft – ist hier in drei großen Flugzeughallen versammelt. Wasser-, Ketten-, Tauch- und

Panzerfahrzeuge sowie Motorräder und ein Hubschrauber warten auf Technikfreunde. Unter den mehr als 750 Fahrzeugen der ehemaligen Ostblockländer sind viele noch fahrtüchtig. Einige dürft ihr sogar selbst ausprobieren, zum Beispiel könnt ihr als Beifahrer im großen Geländewagen mitfahren.

Mit Paul Palette durchs Kunstmuseum

Kunstmuseum Ahrenshoop, Weg zum Hohen Ufer 36, 18347 Ostseebad Ahrenshoop. ✆038220/66790, www.kunstmuseum-ahrenshoop.de. **Bahn/Bus:** Bus 210 bis Ahrenshoop Mitte. **Auto:** B105 auf L21 bis Ahrenshoop Althäger Straße. **Rad:** Ostseeküsten-Radweg. **Zeiten:** April – Okt täglich 11 – 18 Uhr, Nov – März Di – So 10 – 17 Uhr, Führung für Kinder ab 5 Jahre Di 14.30 – 16 Uhr. **Preise:** 8 €, Führung 5 €, Familien-Samstag zzgl. zum Eintritt 4 € für Materialkosten; Kinder 7 – 17 Jahre 3 €, Führung 3 €, Gute-Nacht-Geschichten 3 €, Familien-Samstag zzgl. zum Eintritt 4 € für Materialkosten; Studenten 4 €, Behinderte 6 €, Familienkarte (2 Erw, 3 eigene Schulkinder) 18 €.

▶ *Paul Palette* kennt sich aus im Kunstmuseum. Er nimmt euch mit in die Welt der Bilder und Gemälde. Jeden Abend erzählt er euch zum Beispiel eine *Gute-Nacht-Geschichte* zu einem anderen Bild der Ausstellung. Was es darauf wohl zu entdecken gibt? Welches Geheimnis verbirgt sich darin? Paul wird es euch berichten. Ebenso spannend ist die *Dienstags-Führung,* denn Paul weiß viel über den Maler und die Technik, mit der das Bild gemalt wurde. Im Anschluss an die Führung könnt ihr eure eigenen Kunstwerke gestalten. Zweimal im Monat veranstaltet das Kunstmuseum *Familien-Samstage,* an denen ihr eurer Fantasie und Kreativität freien Lauf lasst und eigene Bilder malt, klebt oder zeichnet.

Barther Puppen- und Spielzeugmuseum

Markt 5, 18356 Barth. Handy 0163/3655914. www.barther-puppenmuseum.de. **Bahn/Bus:** Bus 210

Fahrradverleih Pantel, Wallstraße, Barth. ✆038231/400222. www.fahrradverleih-pantel.de. April – Okt Mo – Fr 9 – 19, Sa, So, Fei 9 – 12, 16 – 19 Uhr. Rad ab 5 € pro Tag, Kinderrad 4 €, auch Reparatur und Ersatzteile.

Nur anschauen: Teddy aus Urgroßmutters Zeit
© pmv, Karolin Küntzel

bis Barth Hafen. **Auto:** L21 Barthstraße über Dammstraße bis Markt. **Rad:** Ostseeküsten-Radweg. **Zeiten:** täglich 10 – 18 Uhr. **Preise:** 3,50 €; Kinder (Laufalter – 16 Jahre) 2,50 €.

▶ Im Museum könnt ihr die Privatsammlung der begeisterten Puppensammlerin *Heidi Becker-Weishaupt* bestaunen. Wertvolle Puppen, die früher eher ein Statussymbol waren als ein Spielzeug, große Teddys, Pferdekutschen, Puppenstuben und Kaufmannsläden drängen sich in den Räumen hinter dem Café. Die Ausstellungsstücke stammen aus den Jahren 1880 – 1980. Ihr unternehmt bei eurem Besuch also eine Zeitreise durch die Puppen- und Spielzeuggeschichte. Im **Museumscafé** könnt ihr anschließend hausgemachte Kuchen und Torten mit Blick auf den Markt genießen.

Museumshof Zingst

Strandstraße 1 – 3, 18374 Ostseeheilbad Zingst. ✆038232/15561, www.museumshof-zingst.de. **Bahn/Bus:** Bus 210 bis Zingst Zentrum. **Auto:** L21 auf NVP25, dann über Barther Straße in Strandstraße. **Rad:** Ostseeküsten-Radweg. **Zeiten:** Mai – Okt täglich 10 –18 Uhr, Nov – April Di – So 10 – 16 Uhr. **Preise:** 5 €, mit Kurkarte 4 €; Kinder bis 18 Jahre frei.

▶ Seit 1987 beherbergt das alte **Kapitänshaus** auf dem Museumshof das Zingster Museum. Zu sehen sind Ausstellungen über die Zingster Geschichte vom Mittelalter bis ins 19. Jahrhundert. Die Fischerei, der Schiffbau und die Seefahrt spielen dabei eine große Rolle. Ihr seht Schiffsmodelle unterschiedlicher Bauart, zum Beispiel einen *Teeklipper,* das ist ein sehr schneller Fracht-Segler aus dem 19. Jahrhundert. Da-

Hunger & Durst

Museumsbäckerei und Café Alt-Zingst, Strandstraße 1 – 3, Ostseeheilbad Zingst. ✆038232/18253220. www.museumshof-zingst.de. 7 – 18 Uhr. Handwerklich gutes Bäckerbrot, Frühstück, Kuchen.

neben gibt es zahlreiche Dokumente, Gemälde und maritime Gegenstände. Neben dem Museum stehen auf dem Hof weitere Gebäude. In der **Pommernstube** könnt ihr euer eigenes Souvenir aus Filz, Stoff oder Bernstein herstellen. In der **Bernsteinwerkstatt** sind Schmuckstücke aus dem fossilen Harz und aus Strandgut zu bewundern. Stattet auch dem **Bauern- und Kräutergarten** einen Besuch ab und nehmt euch Zeit für eine Schnupperrunde. Mai – Okt wird eine **Führung** durch das Museum angeboten.

Jeden Do ist ab 10 Uhr *Bio- und Erlebnismarkt* auf dem Museumshof. April – Okt spielt 11 – 13 Uhr die Musik dazu.

Darß-Museum Prerow

Waldstraße 48, 18375 Ostseebad Prerow. ✆038233/69750, www.ostseebad-prerow.de. **Bahn/Bus:** Bus 210 bis Prerow Mitte. **Auto:** L21, über Wiecker Weg und Strandstraße in Waldstraße. **Rad:** Ostseeküsten-Radweg. **Zeiten:** Mai – Okt Di – So 10 – 18 Uhr, Nov – März Fr – So 13 – 17 Uhr, April Mi – So 10 – 17 Uhr. **Preise:** 3 €; Kinder 6 – 17 Jahre 1,50 €; mit Kurkarte 2 €, Azubis, Schwerbehinderte 1,50 €.

▶ Die bunten Haustüren im Ort sind euch bestimmt schon ins Auge gefallen. Im **Museum** erfahrt ihr mehr über sie, aus welcher Zeit sie stammen und vor allem, was die Motive bedeuten. Ihr werdet in eine typische Darßer Stube eingeladen und seht, wie anders die Zimmer damals eingerichtet waren. Viele maritime Ausstellungsstücke spiegeln wider, welche Bedeutung Seefahrt und Fischerei für die Halbinsel hatten. In der **Pflanzenausstellung** könnt ihr heimische Blumen, Kräuter und Sträucher erschnuppern.

Forst- und Jagdmuseum Ferdinand von Raesfeld

Chausseestraße 64, 18375 Born a. Darß. ✆038234/30297, www.darss.org. **Bahn/Bus:** Bus 210 bis Born Mitte. **Auto:** L21 bis Born, über Hauptstraße bis Parkplatz an der Kurverwaltung. **Rad:** Ostseeküsten-Radweg. **Zeiten:** Mai – Okt Di – So 10 – 16 Uhr. **Preise:** 3 €; Kinder 6 – 16 Jahre 1,50 €; Erw mit Kurkarte 2 €.

Hunger & Durst

Café Tonart, Chausseestraße 58, Born a. Darß. ✆038234/55957. www.cafe-tonart.de. Di – So 10 – 18 Uhr, Juni – Aug 10 – 20 Uhr. Selbst hergestellte Keramik und hausgemachter Kuchen im gemütlichen Ambiente des kleinen Hauses oder im schönen Garten.

Auf die Plätze, fertig – los: Im Darßer Wald lässt es sich prima radeln

© pmv, Karolin Küntzel

Ferdinand von Raesfeld (1855 – 1929) war preußischer Forstmeister, Jäger und Autor vieler Bücher, die sich mit der Jagd und dem Wild befassten. 1891 – 1913 war er für das Darßer Revier zuständig, welches er sehr liebte. Das ist auch der Grund dafür, dass man das **Grab des Försters,** das ursprünglich am Chiemsee war, in den Darßer Wald verlegte. Ihr könnt es besuchen. Es befindet sich nahe der Kreuzung Müllerweg und k-Gestell. Im **Museum** erfahrt ihr Wissenswertes aus seinem Leben und viel über seine Vorstellungen vom Hegen des Wildes und Pflegen des Waldes. Für euch sind aber sicher die Geweihsammlung und die Präparate einheimischer Tiere am interessantesten. Ihr seht unter anderem einen weißen Maulwurf und zwei ineinander verkeilte Damwildmännchen.

BÜHNE, LEINWAND & AKTIONEN

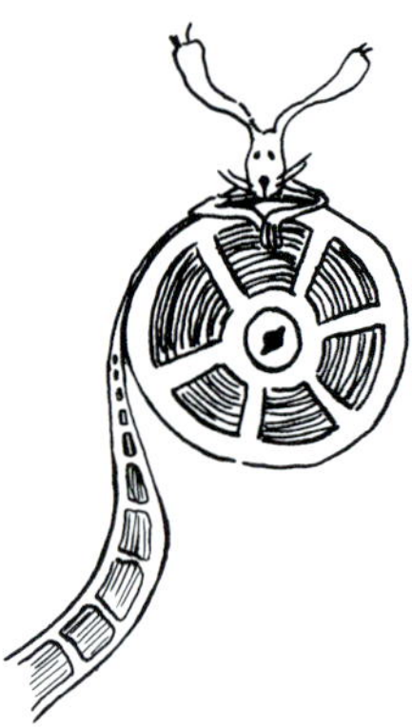

Basteln, Filme schauen & lesen

Cinema Prerow

Waldstraße 5, 18375 Ostseebad Prerow. ✆ 038233/60141, www.kino-prerow.de. **Bahn/Bus:** Bus 210 bis Prerow Mitte. **Auto:** L21, über Wiecker Weg und Strandstraße in Waldstraße. **Rad:** Ostseeküsten-Radweg. **Zeiten:** täglich Vorstellungen, Einlass 30 Min vor Vorstellungsbeginn. **Preise:** 7 €, Mi Kinotag 5 €, 3D-Film zzgl. 2 € für Film, 1 € pro Brille; Kinder bis 12 Jahre und Vorstellungen vor 18 Uhr 4 €, Mi 3,50 €.

Das Prerower Kino sieht von außen eher klein aus, bietet aber immerhin 152 Plätze. Gezeigt werden Filme in 2- und 3D, die auch in den großen Kinos auf dem Festland im Programm sind.

Tüfteln im Experimentarium Zingst

Seestraße 76, 18374 Ostseeheilbad Zingst. ✆038232/84678, www.experimentarium-zingst.de. **Bahn/Bus:** Bus 210 bis Zingst West. **Auto:** L21 auf NVP25 Am Bahndamm, weiter in Seestraße. **Rad:** Ostseeküsten-Radweg. **Zeiten:** Jan – März und Sep – Dez Di – So 10 – 16 Uhr, April – Juni Di – So 10 – 17 Uhr, Juli – Aug täglich 10 – 18 Uhr. **Preise:** 6 €, mit Kurkarte 5 €; Kinder 3 – 4 Jahre 2 €, ab 5 Jahre 4,50 €; Studenten, Schwerbehinderte 5 €, Familienkarte 2 Erw, 2 Kinder 18 €, mit Kurkarte 16 €.

▶ Im Experimentarium ist, je nach Wochentag, eine andere Bastelaktion angesagt. Ob ihr aus Specksteinen Kunstwerke herstellt oder dem Raketenantrieb auf den Grund geht, entscheidet ihr nach Lust und Laune. Habt ihr Donnerstag noch an Strandfund-Collagen gefeilt, könnt ihr am Freitag Solarmodelle konstruieren und bauen. Auch für Unterhaltung ist gesorgt, denn montags kommt der *Ostseekasper* und erzählt euch Grimm'sche Märchen. Donnerstags gibt es Theatervorführungen. Dann begegnen euch *Der Grüffelo* oder *Wickie und die starken Männer.*

Kinder- und Jugendbibliothek im Max-Hünten-Haus

Schulstraße 3, 18374 Ostseeheilbad Zingst. ✆038232/165113, www.zingst.de. **Bahn/Bus:** Bus 210 bis Zingst Zentrum. **Auto:** L21 bis Zingst, auf Waldwiese abbiegen, dann links in Eicheneck und rechts in Schulstraße. **Rad:** Ostseeküsten-Radweg. **Zeiten:** 10 – 18 Uhr. **Preise:** kostenfrei.

▶ Zingst ist ein Zentrum für Fotografie. Deshalb gibt es im *Max-Hünten-Haus* eine sehr gut ausgestattete Bibliothek mit Fotobänden und Biografien berühmter Fotografen. Den zweiten Schwerpunkt bildet die **Kinder- und Jugendbibliothek.** Hier werden auch regelmäßig Veranstaltungen angeboten: Leseförderung, Bilderbuchkino, Autorenlesungen, Vorlesestunden Bastel- und Ferienangebote.

Hunger & Durst

Café Rosengarten, Strandstraße 12, Ostseeheilbad Zingst. ✆38232/84704. www.caferosengarten.net. Di – So ab 14 Uhr. Café im ältesten Haus des Ortes. Außenbereich im idyllischen Rosengarten, hausgemachte Kuchen und Torten, ab 18 Uhr warme Gerichte.

Bibliothek Barth, Am Markt 3 – 4, Barth. ✆038231/2001. www.stadt-barth.de. Mo, Di, Do 10 – 13, 14 – 18 Uhr, Fr 10 – 13 Uhr. Kinder- und Jugendbücher, Hörbücher, Veranstaltungen, Leihgebühr: 12 € im Jahr, Kinder ab 1. Schuljahr 3 €.

FESTKALENDER FISCHLAND, DARSS, ZINGST

Januar: 1., Prerow: **Anbaden.**

April: Ostersamstag, Wustrow: **Fischländer Strandgaloppрennen.**

Mai: 1., Zingst: **Anbaden.**
Ribnitz-Damgarten: **Tonnenabschlagen.**
Prerow: **Seebrückenfest,** Volksfest mit Aktionen für Kinder.

Juni: Anfang, Ribnitz-Damgarten: **Bernsteinfest:** Auf dem Umzug wird die längste Bernsteinkette der Welt präsentiert. Außerdem Bernsteinfischen und -tauchen.
Barth: **Tonnenabschlagen.**
Letzter So, Wieck: **Tonnenabschlagen.**
Zingst: **Hafenfest** mit Netz- und Zeesbootregatta, letzter So, **Deichlauf** (4, 8 und 15 km).
Born: Traditionelles **Kinderfest** mit Festumzug, Wettkämpfen und Spielen.

Juli: 1. Sa, Wustrow: **Zeesbootregatta,** Fischländer Hafen. Dierhagen: **Zeesbootregatta,** Hafen Dierhagen Dorf. Barth: **Zeesbootregatta,** Hafen Barth.
3. So, Ahrenshoop: **Tonnenabschlagen.**
Klockenhagen: **Tonnenabschlagen.**
Vorletztes Wochenende, Prerow: **Hafenfest,** mit Drachenbootrennen, Kunsthandwerkermarkt.
Letzter So, Prerow: **Tonnenabschlagen.**
Born: **Hafenfest** mit Kinderprogramm.

August: Born und Dierhagen: **Tonnenabschlagen.**
Letzter So, Wustrow: **Seebrückenfest.**

September: Hafen Bodstedt: **Große Bodstedter Zeesenbootregatta.**
3. Wochenende, Ahrenshoop: **Althäger Fischerregatta,** Hafen Althagen.

Oktober: **Darßer Naturfilmfestival:** In Wieck, Prerow, Born und Zingst werden nominierte Natur- und Tierfilmproduktionen gezeigt.

Dezember: **Weihnachtsmarkt** im Darß-Museum.

STRALSUND – GREIFSWALD

ROTER BACKSTEIN UND MEER

Die beiden Hansestädte Stralsund und Greifswald haben nicht nur ihre Lage am Wasser gemeinsam. Ungefähr zur selben Zeit gegründet – Greifswald 1199, Stralsund 1234 – erlebten sie in der Zeit der Hanse einen enormen wirtschaftlichen Aufschwung. Zwischen dem 12. und dem 17. Jahrhundert verbündeten sich Kaufleute, um ihre Fahrten über die Meere und den Handel mit dem Ausland sicherer zu machen. Diesen Zusammenschluss nennt man Hanse.

Bei einem Gang durch die Altstädte könnt ihr die einstige Macht und den Reichtum heute noch sehen. Überall leuchten euch die roten Backsteine entgegen. Giebelhäuser, in denen Kaufleute arbeiteten, Rathäuser, Klöster und Kirchen wurden aus diesem Stein gebaut. Einige der Gebäude, die ihr bei euren Stadterkundungen seht, sind mit einem Schild gekennzeichnet, das sie als zugehörig zur *Europäischen Route der Backsteingotik* ausweist. Diese Route verläuft durch Deutschland, Skandinavien und die baltischen Länder. Stralsund und Greifswald zählen zu den bedeutendsten Städten entlang diesem Weg, ↗ *Backsteingotik.*

Wanderkarten Stralsund – Greifswald – Grimmen, 1:50.000, Kompass-Karten 2011, ISBN 978-3-85026-126-5, 6,95 €.

Kombi-Tipps fürs passende Alter

Neben dem Backstein dominiert das Wasser. Kleine und große Wasserratten werden nicht nur in den Strand- und Hallenbädern, sondern auch bei Ausflügen auf dem Wasser ihren Spaß haben. Segelkurse eignen sich für Kinder **ab 8 Jahre.** Ebenfalls für diese Altersgruppe interessant ist ein Besuch im ↗ *Caspar-David-Friedrich-Museum* in Greifswald. **Für alle** empfehlenswert sind die Stralsunder Museen ↗ *Ozeaneum* und ↗ *Meeresmuseum.* Vom Knirps bis zum Teenager lieben alle die großen Seebecken mit Hai und Schildkröte. Auf der ↗ *Gorch Fock* bekommt ihr einen Einblick in die Welt der Seemänner und dürft sogar selbst in der Knotenschule echtes Seemannshandwerk lernen.

So bunt geht es unter Wasser zu: Korallenmodell im Ozeanum

TIPPS FÜR WASSER-RATTEN

Happy Birthday!
Geburtstagskinder haben an ihrem Ehrentag freien Eintritt ins Freizeitbad.

Schwimm- & Strandbäder

Freizeitbad Greifswald

Pappelallee 3 – 5, 17489 Greifswald. ✆03834/ 532711, www.freizeitbad-greifswald.de. **Bahn/Bus:** Bus 3 bis Freizeitbad. **Auto:** Über Anklamer Straße in Karl-Liebknecht-Ring, rechts in Pappelallee. **Zeiten:** Mo 12 – 21, Di – Sa 10 – 21, So 10 – 20 Uhr, Sauna in der Regel 1 Std länger. **Preise:** Bad Mo – Fr 7,70 €, Sa, So, Fei 8,50 €, Sauna 10,30 – 11,10 €, Kombikarte Bad und Sauna 13,50 – 14,30 €; Kinder bis 15 Jahre Bad Mo – Fr 5,60, Sa, So, Fei 6,40 €, Sauna 8,50 – 9,30 €, Kombikarte 10,60 – 11,40 €; Familienkarte (2 Erw, 2 Kinder) Bad Mo – Fr 18,60, Sa, So, Fei 21 €, Sauna 25 – 27,40 €, Kombikarte 30,10 – 32,50 €.

▶ Das **Bad** verfügt über ein 25-m-Sportbecken und ein Sprungbecken mit 1- und 3-m-Sprungbrett. Außerdem gibt es ein kuschelig warmes Kinderbecken, ein Außenbecken sowie ein Spaßbecken mit Sprudelbad, Massagedüsen und Wasserfall. Zum Aufwärmen geht es in die **Sauna.** Hier könnt ihr zwischen Biosauna, Dampfbad und finnischer Sauna wählen. Und wenn ihr vom vielen Wasser schon ganz schrumpelig seid, habt ihr vielleicht Lust, die Sommerkegelbahn oder das Beachvolleyballfeld auszuprobieren.

Hansedom Stralsund

Grünhufer Bogen 18 – 20, 18437 Stralsund. ✆03831/ 37330, www.hansedom.de. **Bahn/Bus:** Bus 6 bis Hanse Dom. **Auto:** Rostocker Chaussee auf Grünhufer Bogen. **Zeiten:** So – Do 9.30 – 21, Fr, Sa 9.30 – 23 Uhr. **Preise:** Sportbad 5,70 €, Erlebnisbad 2 Std 12 €, 4 Std 14 €, Tageskarte 19 €; Kinder 4 – 15 Jahre Sportbad 4,10 €, Erlebnisbad 2 Std 9,50 €, 4 Std 11,50 €, Tag 16,50 €; Erlebnisbad-Familienkarte 2 Erw, 1 Kind 4 Std 33,50, Tag 39,50 €, 2 Erw und alle eigenen Kinder 4 Std 37,50, Tag 44,50 €.

Im Hansedom lernen alle Kinder schwimmen. Von der Wassergewöhnung (ab 3 Monate, 65 €) bis zum Schwimm-Camp in den Ferien (6 – 14 Jahre, 130 €) reicht das Angebot.

▶ Das **Sportbad** bietet ein 25-m-Sport-Schwimmbecken mit 1-, 3- und 5-m-Sprungtürmen. Im **Erleb-**

nisbad gibt es Wellenbecken, Wildwasserkanal, Rutschen, eine subtropische Whirlpoollandschaft, ein Kinderbecken mit Wasserspielplatz und ein beheiztes Außenbecken. Draußen könnt ihr euch auf dem Spielplatz austoben, Tischtennis oder Boccia spielen. Auch ein Grillplatz ist vorhanden.

Strandbad Greifswald-Eldena

Yachtweg, 17493 Greifswald-Wieck. ✆03834/830811, Handy 0171/5542980. www.greifswald.de. **Lage:** Südmole. **Bahn/Bus:** Bus 2, 3 bis Wieck Brücke. **Auto:** Wolgaster Straße auf An der Mühle, öffentlichen Parkplatz hinter der Mühle nutzen. **Rad:** Ostseeküsten-Radweg. **Zeiten:** 15. Mai – 15. Sep 8.30 – 20 Uhr. **Preise:** 2 €; Kinder 6 – 16 Jahre 1 €; Rentner, Schüler, Studenten, Azubis, Schwerbehinderte, Asylbewerber 1,50 €, Familienkarte (2 Erw und eigene Kinder bis 16 Jahre 5 €.

Das Strandbad verleiht Strandkörbe, Sonnenschirme, Liegen und mobile Grills.

▶ An der Mündung des *Ryck* in den *Greifswalder Bodden* liegt das Strandbad Eldena. Der feinsandige Sandstrand und die breite Flachwasserzone sind für Familien mit kleinen Nichtschwimmern ideal. Während der Öffnungszeiten haben die Rettungsschwimmer ein wachsames Auge auf die Badenden. Kleine Speisen und Erfrischungen gibt es am Kiosk.

Ist es schon warm genug fürs Baden? Zuerst wird vorsichtig mit den Füßen getestet

Strandbad Stralsund

Stralsunder Innovations Consult GmbH, Sundpromenade, 18437 Stralsund. ✆03831/46120, www.sic-hst.de. **Bahn/Bus:** Bus 4 bis Klinikum am Sund. **Auto:** Über Knieperdamm in Große Parower Straße, rechts in Ernst-Moritz-Arndt-Straße, dann links in Friedrich-Naumann-Straße. **Rad:** Ostseeküsten-Radweg. **Zeiten:** 15. Mai – 15. Sep 9 – 18 Uhr. **Preise:** kostenfrei. **Infos:** Kostenfreies WLAN vorhanden.

▶ Obwohl das Baden im Fluss seit 1819 in Mode kam und immer mehr Fluss- und Strandbäder eröffneten, dauerte es noch etwas mehr als 100 Jahre, bis das Seebad in Stralsund seine Pforten öffnete. Auf alten Fotos ist bereits die Seebrücke zu sehen und am Strand liegen zu einer Mauer aufgetürmte Steine. Das neue Bad gibt es erst seit 2011 und von Steinen ist weit und breit keine Spur mehr. Feiner Sandstrand zum Buddeln erwartet euch. Während eure Eltern im Strandkorb ausspannen, tobt ihr auf dem **Abenteuerspielplatz** oder testet die Wassertemperatur. Während der Öffnungszeiten ist die DLRG vor Ort. Sanitäreinrichtungen und Imbiss sind vorhanden. Außerdem Verleih von Fahrrädern, Spielen und Büchern.

Segeln

Kinder an der Pinne

Segelschule Greifswald, Yachtweg 3, 17493 Greifswald-Wieck. ✆ 03834/830541, Handy 0173/30303796. www.segelschule-greifswald.de. **Bahn/Bus:** Bus 2, 3 bis Wieck Brücke. **Auto:** Wolgaster Straße auf An der Mühle, öffentlicher Parkplatz kurz hinter der Mühle. **Rad:** Ostseeküsten-Radweg. **Zeiten:** März – Sep. **Preise:** Katamaran- oder Jollen-Grundschein 220 € (15 Std), Surfkurs 170 € (12 Std), Schnupperkurs 45 € (2 – 4 Std); Kinder 8 – 12 Jahre Opti-Kurs 170 € (12 Std), bis 16 Jahre Katamaran- oder Segel-Grundschein 180 € (15 Std), Surfkurs 150 € (15 Std).

*Der Ausdruck **Pinne** stammt aus der Seemannssprache. Er bezeichnet den Stab, mit dem beim Segelboot das Ruder bewegt wird.*

▶ Unweit des malerischen Fischerdörfchens *Wieck,* das an der Mündung des *Ryck* liegt, lernt ihr surfen und segeln. Das Revier ist wunderbar für Anfänger geeignet, da es gut geschützt in einer Bucht liegt und das Wasser flach ist. Ihr lernt in Gruppen von erfahrenen Lehrern. Und wenn ihr die Grundlagen beherrscht, bucht ihr entweder gleich den nächsten Kurs oder leiht euch Board (ab 9 € pro Std) und Boot (Preise auf Anfrage) aus, um auf eigene Faust den *Bodden* zu erkunden. Beides verleiht die Segelschule gegen Vorlage des entsprechenden Segel- oder Surfscheins.

Optimistische Farben: Optimisten werden diese Segelboote genannt

© pmv, Karolin Küntzel

Unter vollen Segeln: Auf dem Segelschulschiff Greif

Am Hafen 3, 17493 Greifswald. ✆03834/841424, Handy 0171/6393149. www.sssgreif.de. **Lage:** Südmole. **Bahn/Bus:** Bus 2, 3 bis Wieck Brücke. **Auto:** Wolgaster Straße auf An der Mühle, öffentlichen Parkplatz kurz hinter der Mühle nutzen. **Rad:** Ostseeküsten-Radweg. **Zeiten:** Juni – Okt, aktueller Törnplan für Tagesfahrten ↗ Internetseite. **Preise:** Fahrten ab Greifswald entlang der Küste 75 € für 6 Std, nach Sassnitz auf Rügen und nach Swinemünde 55 € (4 Std).

▶ Seit 1951 ist die *Greif* Segelschulschiff. Sie ist stolze 41 m lang und verfügt über rund 570 qm Segelfläche. Übrigens hieß das Schiff nicht immer so. Noch bis 1991 fuhr es unter dem Namen *Wilhelm Pieck* über die Meere. Nach dem Fall der Mauer und dem Sturz der DDR-Regierung beschloss die Greifswalder Bürgerschaft die Umbenennung. Bis heute gehört die Greif der Stadt Greifswald und ist nicht mehr nur mit Segelschülern unterwegs. Wer mag, bucht einen (Mehr-)Tagesausflug oder segelt nur ein paar Stunden mit. Ihr dürft sogar mit anpacken und helfen, die Segel zu setzen oder zu einzuholen.

Radeln & spazieren

Mit dem Rad nach Eldena

Hansering, 17489 Greifswald. **Strecke:** Museumshafen Greifswald – Wieck – Eldena. **Länge:** Hin und zurück 12 km, etwa 2 Std Fahrzeit. **Bahn/Bus:** Bus 2, 3 bis Marienkirche. **Auto:** Anklamer Straße auf Hansering, öffentliche Parkplätze. **Rad:** Ostseeküsten-Radweg.

▶ Auf dieser schönen Radtour, einem Teilstück des *Ostseeküsten-Radwegs,* nutzt ihr einen alten Treidelpfad entlang dem *Ryck.* Ihr startet am ↗ **Museumshafen Greifswald.** Haltet euch rechts vom Fluss und fahrt durch das Hafengebiet am ↗ *Fangenturm* vorbei auf den Treidelpfad. Nun geht es immer den Fluss entlang bis nach **Wieck,** wo der Ryck in die *Dänische Wiek* fließt. Kurz bevor ihr den Ort erreicht, seht ihr auf eurer rechten Seite eine alte *Bockwindmühle.* Dann seid ihr auch schon an der alten ↗ **Holz-Zugbrücke** angekommen, die über den Fluss in das Fischerdorf führt. Biegt kurz vor der Brücke in den Studentensteig ab. Er führt zur Wolgaster Landstraße. Links von euch liegt das Klostergelände **Eldena.** Nach einer Verschnauf- und Essenspause tretet ihr den Rückweg an. Nehmt die gleiche Strecke wie auf der Hinfahrt.

© pmv, Karolin Küntzel

Auf dem Treidelpfad: Schiffe ohne Motor wurden von Pferden gezogen, die auf Pfaden zu beiden Seiten des Flussufers liefen

Hunger & Durst

Ristorante il Ponte, An der Mühle 6, Wieck. ✆03834/830024. www.ristorante-il-ponte.de. Mo – Fr 11.30 – 14, 17 – 22, Sa, So 11 – 22 Uhr. Pasta, Pizza.

Spaziergang durch das Arboretum Greifswald

Friedrich-Ludwig-Jahn-Straße, 17491 Greifswald. ✆03834/861130, www.uni-greifswald.de. **Bahn/Bus:** Bus 2, 3 bis Volksstadion. **Auto:** Über Wolgaster Straße in Walther-Rathenau-Straße, links in Friedrich-Ludwig-Jahn-Straße. **Zeiten:** April – Okt 9 – 18 Uhr. **Preise:** frei.

▶ Wart ihr schon einmal in einem *Arboretum?* Zugegeben, der Name klingt etwas merkwürdig, bedeutet aber nichts anderes als eine Sammlung von Gehölzen, also Bäumen und Sträuchern. Das Greifswalder Arboretum gehört zum **Botanischen Garten** der Universität Greifswald. Bei einem Spaziergang durch die 8000 qm große Anlage durchquert ihr mit wenigen Schritten ganze Kontinente. Alle Wege sind bequem mit dem Kinderwagen oder dem Laufrad zu befahren. Findet heraus, welche Bäume in Asien, welche in Amerika wachsen! Damit ihr euch gut zurechtfindet, sind neben den großen Abteilungen auch die einzelnen Gehölze gekennzeichnet. So wisst ihr immer, womit ihr es zu tun habt. An die 1400 Arten wachsen hier. Diejenigen, die zurzeit am schönsten blühen oder besonders bemerkenswert sind, haben eine rote Kennzeichnung. Auf einer Schautafel am Eingang zum Gelände findet ihr zusätzliche Informationen.

Botanischer Garten, Soldmannstraße 15, Greifswald. ✆03834/861130. www.uni-greifswald.de. Dez – Feb Mo – Fr 9 – 15.45, Sa, So, Fei 13 – 15 Uhr, März, April, Okt, Nov Mo – Fr 9 – 15.45, Sa, So, Fei 13 – 16 Uhr, Mai – Sep Mo – Fr 9 – 15.45, Sa, So, Fei 13 – 18 Uhr. Große Anlage mit historischen Gewächshäusern.

Drinnen spielen

Hüpfen und rutschen im Kunti-bunt

An der Thronpost 12, 17489 Greifswald. ✆03834/8309865, www.kunti-bunt.de. **Bahn/Bus:** Linie 12 bis Am Gorzberg. **Auto:** Schönwalder Landstraße auf An der Thronpost. **Zeiten:** Mi – Fr 14 – 19, Sa, So 10 – 19, Ferien MV zusätzlich Mo, Di ab 10 Uhr. **Preise:** 4,90 €; Kinder 1 – 14 Jahre 7,90 €; Mi Familientag 3 bzw. 4 €.

▶ Das Kunti-bunt rühmt sich damit, die längste zusammenhängende Hüpfburgen-Landschaft Europas zu besitzen. Wie groß mag das wohl sein? Findet es heraus! Neben der Mega-Hüpfburg gibt es Trampoline, Klettergerüste, Rutschen, Airhockey, Tischtennis, Billard, eine Kartbahn und Tischfußball. Kleinkinder haben einen separaten Spielbereich mit Soft-Elementen und Bällebad.

Happy Birthday!
Im Kunti bunt könnt ihr ab 8,90 € pro Kind und 6,90 € pro Erw Geburtstag feiern.

Tiere an Land und im Wasser beobachten

Zwischen Waschbär und Erdmännchen

Heimattierpark Hansestadt Greifswald e.V., Anlagen 3, 17489 Greifswald. ✆03834/502279, www.tierpark-greifswald.de. **Bahn/Bus:** Bus 2, 3 bis Tierpark. **Auto:** Über Bahnhofstraße rechts in Karl-Marx-Platz, dann links in Hans-Fallada-Straße. **Zeiten:** Nov – März 10 – 16 Uhr, April, Okt 9 – 17 Uhr, Mai – Sep 9 – 18 Uhr. **Preise:** 5 €; Kinder 3 – 17 Jahre 2,50 €; Rentner, Studenten 3 €, Familienkarte (2 Erw und Kinder) 12 – 18 €. **Infos:** Hund 1 €.

▶ Im Heimattierpark leben Erdmännchen, Wasch- und Nasenbären, Lisztäffchen, Alpakas, Stachelschweine, Dingos, Sumpfbiber, Meer- und Hängebauchschweine, Ziegen, Kängurus, Schafe, Eulen, Pfaue, Kronenkraniche und, und, und … Einige der Gehege dürft ihr sogar betreten. Mit etwas Glück seht ihr im Kükenhaus, wie ein Küken aus dem Ei schlüpft. Lauscht dem Vogelstimmensimulator, tobt auf dem Abenteuer- und Wasserspielplatz oder nehmt im *Tierparkcafé* eine Auszeit. Regelmäßig veranstaltet der Tierpark Familien- und Kinderfeste.

Minigolfanlage Greifswald, Am Gorzberg 19a, Greifswald. www.minigolf-greifswald.de. Di – Do 14 – 18, Fr 14 – 20, Sa, So, Fei 10 – 20 Uhr. Minigolf mit begehbaren Bahnen und unter Schwarzlicht. Unbedingt etwas Weißes anziehen oder Zähne zeigen.

Löwenberg und Bärenwald: Zoo Stralsund

Zoo der Hansestadt Stralsund, Grünhufer Bogen 2, 18437 Stralsund. ✆03831/293033, www.stralsund.de. **Bahn/Bus:** Bus 3 – 6, 30, 41 bis Strelapark-Zoo. **Auto:** Rostocker Chaussee auf Grünhufer Bogen, Hinweisen zum Freizeitpark folgen, kostenfreie Parkplätze. **Zeiten:** März – Okt 9 – 18.30, Nov – Feb 10 – 16 Uhr, 24. und 31. Dez 10 – 14 Uhr. **Preise:** März – Okt 7, Nov – Feb 5 €; Kinder 3 – 16 Jahre 3 bzw. 2 €; Schüler, Studenten, Azubis, Bundesfreiwilligendienstler, Inhaber des Strela-Passes, Schwerbehinderte mit Merkzeichen B, Arbeitslose 4 bzw. 3 €, Familienkarten (1 Erw, 2 Kinder) 10 bzw. 7 €, (2 Erw, 2 Kinder) 17 bzw. 12 €.

Im Sommerhalbjahr gibt es jeden Mi und So um 14.30 Uhr eine Show mit verschiedenen Tieren.

▶ Tiere von flauschig bis stachelig wohnen im Stralsunder Zoo. Besucht das Polarwolfsrudel, den Löwenberg oder den Bärenwald. Schaut den Affen bei ihren Späßen zu, staunt über die weißen Esel oder schmust mit den Ziegen im **Streichelgehege.** Das ausgedehnte Gelände mit seiner Teichanlage, der Streuobstwiese und dem Bauerngarten ist auch ein wunderbarer Ort zum Spazierengehen. Unternehmt einen Waldrundgang oder schaut euch den geologischen Pfad an. Auf dem **Spielplatz** gibt es ein Karussell, auf dem auch Kinder fahren können, die sonst im Rollstuhl sitzen.

Hier sitzt ihr in der ersten Reihe: Der Falkner erklärt euch Interessantes zu den Vögeln

Hunger & Durst

Zoobistro Delikater, Grünhufer Bogen 2, Stralsund. ✆03831/ 470167. www.stralsunder-werkstaetten.de. Geöffnet wie Zoo. Täglich wechselnder Mittagstisch, Kuchen.

Ozeaneum Stralsund

Hafenstraße 11, 18439 Stralsund. ✆03831/ 2650210, www.ozeaneum.de. **Lage:** Besuchereingang an der Hafenseite. **Bahn/Bus:** Bus 6, 7 bis Ozeaneum. **Auto:** Vom Rügenzubringer Abfahrt Ozeaneum/Hafen nehmen, nächste Ampel links bis Parkhaus am Ozeaneum. **Rad:** Ostseeküsten-Radweg, Hamburg-Rügen-Radweg. **Zeiten:** Juni – Sep täglich 9.30 – 20 Uhr, Okt – Mai 9.30 – 18 Uhr (außer 24. Dez), 31. Dez 9.30 – 15 Uhr. **Preise:** 17 €, Audioguide 1 €; Kinder 4 – 16 Jahre in Begleitung eines Erw 7 € pro Person; Schüler ab 17 Jahre, Studenten, Azubis, Arbeitssuchende, FÖJler/ FSJler, Bufdis, Schwerbehinderte 12 €, Kombiticket für Meeresmuseum und Ozeaneum 23 €, Kinder 11 €.

▶ Die Giganten des Meeres sind hier in Originalgröße zu bestaunen. Riesige Walskelette und Modelle von Mördermuscheln und Riesenkalmaren beeindrucken nicht nur durch ihre Größe, sondern auch durch die Legenden, die sich um sie ranken. Verschluckt die riesige Muschel tatsächlich Taucher und sind Kalmare in der Lage, Schiffe in die Tiefe zu ziehen? Antworten bekommt ihr im Ozeaneum. Die Welt der Giganten macht aber nur einen kleinen Teil der Sehenswürdigkeiten aus. In den großen **Aquarien** ziehen Schwärme von Fischen und Haie an euch vorbei, Quallen schweben elegant durchs Wasser. Die 50 teils riesigen Becken beherbergen Bewohner aus drei unterschiedlichen Lebensräumen: Atlantik, Nord- und Ostsee. Hier lebt der Sandtigerhai, der zwar gefährlich aussieht, aber ganz harmlos ist. Der Name der Fischart Petermännchen klingt dagegen lustig, die Stacheln der Tiere sind aber hochgiftig. Im Ausstellungsbereich *Meer für Kinder* ist Mitmachen gefragt. Radelt ihr schneller als Makrele und Delfin? Besucht die Pinguine auf dem Dach an der frischen Luft oder lauscht in der Tiefsee den Walgesängen.

Naturerlebnisparks und -gärten

Tiere, toben, Tonnenabschlagen

Förderverein Naturerlebnispark Gristow e.V., Wiesenweg 18a, 17498 Kowall. ✆038351/240, www.naturerlebnispark-gristow.de. **Bahn/Bus:** Bus 506 bis Kowall. **Auto:** B105 bei Kowall. **Rad:** Ostseeküsten-Radweg. **Zeiten:** Mai – Sep 9 – 18 Uhr, Okt – April 10 – 16 Uhr. **Preise:** 4 €; Kinder 3 – 12 Jahre 2 €; Senioren ab 65 Jahre 3 €, Studenten, Behinderte 2,50 €, Familienkarte (2 Erw, 2 Kinder) 10 €, jedes weitere Kind 0,50 €. **Infos:** Hund 1 €.

▶ In Kowall erwartet euch ein Paradies für

Immer auf der Suche nach Futter: Schafe im Naturerlebnispark

© pmv, Karolin Küntzel

Kinder. Auf rund 70.000 qm sind neben vielen Haustierrassen auch Emus (Straußvögel aus Australien) und Koniks (polnische Wildpferde) zu Hause. Ziegen und Schafe lassen sich gern von euch füttern. Das Futter bekommt ihr für 0,10 € am Automaten oder im großen Beutel für 1 € an der Kasse. Die Ferkel des Hängebauchschweins sind übermütig und büchsen gern mal aus. Schnell finden sich dann andere Kinder, die euch helfen, sie zurück ins Gehege zu treiben. Auch auf den Spielplätzen ist immer was los. Außerdem gibt es im Park Aussichtstürme, einen Verkehrsgarten, Picknickplätze mit Grill und Lagerfeuermöglichkeiten. Auf der großen Festwiese finden das ganze Jahr über Veranstaltungen statt. Höhepunkt ist das traditionelle **Tonnenabschlagen** im Juni. Ebenso im Angebot des Parks für Gruppen ab 10 Personen: **Ponyreiten** und **Kremserfahrten** (zzgl. zum Eintritt 1,50 – 2 € pro Person).

Erlebnisgarten

Stralsunder Innovations Consult GmbH, Rostocker Chaussee 110, 18437 Stralsund. ✆03831/46120, www.sic-hst.de. **Bahn/Bus:** RE 9 bis Stralsund-Grünhufe. **Auto:** B105 auf Rostocker Chaussee. **Zeiten:** Mo – Fr 8 – 17 Uhr, Sa, So nach Absprache. **Preise:** alle Angebote kostenfrei.

▶ Im Erlebnisgarten spaziert ihr durch die Lebensräume verschiedener Pflanzen und Tiere und erkundet sie mit allen Sinnen. Ob am Teich oder im Kräutergarten, bei den Apothekerpflanzen oder den Obstgehölzen, überall gibt es etwas zu entdecken. Durch den Garten werden thematische **Führungen** angeboten und **Aktionstage** durchgeführt. Dann dreht sich zum Beispiel alles um die Kartoffel. Ihr lernt Farben, Formen und Geschmacksunterschiede kennen und stellt Drucke mit der Knolle her. Im Herbst schnitzt ihr Kürbislaternen oder lauscht Märchen, in denen Pflanzen eine Rolle spielen.

Minigolf im Erlebnisgarten, Rostocker Chaussee 110, Stralsund. Handy 0151/59212392. www.sic-hst.de. Mai – Sep Mo – Fr 14 – 19, Sa, So 10 – 19 Uhr. 6 €, Kinder bis 12 Jahre 3 €.

Kirchen & Klöster

In der St.-Marien-Kirche können sich Kinder 10 – 12 Jahre zum Kirchenführer ausbilden lassen. Kontakt über Friederike Creutzburg, ✆03834/775130.

Der Wal in der Kirche: Pfarrkirche St. Marien

Brüggstraße, 17489 Greifswald. ✆03834/2263, www.marien-greifswald.de. **Bahn/Bus:** Bus 2, 3 bis Marienkirche. **Auto:** Anklamer Straße auf Hansering, dort öffentliche Parkplätze. **Rad:** Ostseeküsten-Radweg. **Zeiten:** Sep – Mai Mo – Fr 10 – 18 Uhr, Juni – Aug Mo – Fr 10 – 18, Sa 11 – 15 Uhr. **Preise:** kostenfrei, Spende erbeten; Kinder-Kirchenführer 2,70 €.

▶ Die *dicke Marie* nennen die Greifswalder ihre Pfarrkirche liebevoll. Der gedrungene Turm und der annähernd quadratische Innenraum führten wohl zu diesem Spitznamen. Die Kirche wurde im Jahre 1280 das erste Mal urkundlich erwähnt. Sie ist heute Teil der **Europäischen Route der Backsteingotik.** Für euch viel interessanter ist aber eine Wandmalerei im Inneren. Ihr findet sie in der nördlichen Turmseitenhalle. Zu sehen ist ein Schwertwal. Für eine Kirche eine ziemlich ungewöhnliche Malerei. Sie entstand, weil im Jahr 1545 ein Schwertwal im Greifswalder

NORDDEUTSCHE BACKSTEINGOTIK

▶ Im Stil der Backsteingotik wurde vorwiegend im norddeutschen Raum zwischen dem 12. und 16. Jahrhundert gebaut. Ausschlaggebend dafür war ein Mangel an anderem geeigneten Baumaterial wie leicht zu behauende Steine aus Steinbrüchen. Lehm- und Tonerde, die Grundstoffe für die in Lehmöfen gebrannten Backsteine, gab es dagegen reichlich. Für die Herstellung verwendete man hölzerne Formen, sogenannte Model. So hatten alle Steine die gleiche Größe. Um die Fassaden dennoch variantenreich zu gestalten und mit Schmuckelementen zu verzieren, benutzte man Formsteine. Für sie wurden Model mit Rundungen oder in Kreuzform hergestellt. Typisch ist auch die Verwendung von dunkel glasierten Steinen. Da dieser Arbeitsschritt aufwändig war, glasierte man nur die Seite, die später auch zu sehen sein würde.

Bodden strandete. Die Bewohner sahen in ihm eine Art göttliches Zeichen und verewigten ihn in Originalgröße an der Kirchenwand. Diese und noch andere interessante Geschichten über die Kirche stehen im Kinder-Kirchenführer *Die dicke Marie.* Ihr bekommt ihn am Eingang.

Klosterruine Eldena

Wolgaster Landstraße, 17493 Greifswald-Eldena. **Bahn/Bus:** Bus 2, 3 bis Wieck, Brücke. **Auto:** Wolgaster Straße auf An der Mühle, öffentlichen Parkplatz kurz hinter der Mühle nutzen, zu Fuß über Studentensteig bis Kloster. **Rad:** Ostseeküsten-Radweg. **Zeiten:** ganzjährig frei zugänglich.

▶ Von der Wolgaster Straße führt ein schmaler Durchlass in den Park mit der Klosterruine. Geht hindurch und ihr werdet vermutlich das Gefühl haben, einen magischen Ort zu betreten. Hoch ragen die Reste der imposanten Westfassade in den Himmel. Stellt ihr euch in das Portal, bekommt ihr einen Eindruck von den Ausmaßen des ehemaligen *Zisterzienserklosters Hilda,* später Eldena, das um 1200 gegründet wurde. Bis zum Dreißigjährigen Krieg war die Klosteranlage intakt, dann zerstörten Truppen des böhmischen Feldherrn *Wallenstein* das Gebäude. Viele Steine wurden anschließend in den Greifswalder und Stralsunder Befestigungsanlagen verbaut. Dass die Ruine im Laufe der Zeit nicht gänzlich »verschwand«, ist auch ein Verdienst des Malers *Caspar David Friedrich.* Auf vielen seiner romantischen Gemälde ist die Klosterruine zu sehen. Schaut euch eins dieser Bilder an, besucht die Ruine und versucht herauszufinden, wo der Maler saß, als er das Kloster zu Papier brachte!

Hunger & Durst

Eiscafé Eldena, Wolgaster Landstraße 39, Greifswald-Eldena. ✆03834/840105. 10 – 20 Uhr. Eisdiele direkt neben dem Kloster. **Tipp:** Eis holen und damit in den Klosterpark setzen.

Museumshafen Greifswald

Hafenstraße 31, 17489 Greifswald. ✆03834/512444, Handy 0179/2278805. www.museumshafen-greifswald.de. **Bahn/Bus:** Bus 2, 3 bis Marienkirche. **Auto:**

Anklamer Straße auf Hansering, dort öffentliche Parkplätze. **Rad:** Ostseeküsten-Radweg. **Zeiten:** ganzjährig frei zugänglich.

▶ Holländische Plattbodenschiffe, Zeesenboote und alte Kutter liegen im Museumshafen. Einige von ihnen haben an die 100 Jahre auf dem Buckel, pardon, den Planken. Seit 1994 ist der alte Stadthafen von Greifswald Heimat der Traditionsschiffe. Zumindest im Winter. Im Sommer sind viele von ihnen auf der Ostsee unterwegs und zu Besuch auf Seglerfesten. Dann kann es sein, dass es im Museumshafen ein bisschen leer aussieht. Wenn ihr am Kai entlang schlendert, findet ihr an den Liegeplätzen weitere Informationen zu den Schiffen. Einige von ihnen nehmen Tagesgäste an Bord. Dann schippert ihr über den *Ryck* in den Bodden und lasst euch den Wind um die Nase wehen.

*Der Hafenmeister logiert im **Fangenturm.** Ihr seht den Turm mit seinen Zinnen schon von Weitem. Er war früher Teil der Wehr- und Befestigungsanlage der Stadt. In ihm wurden Gefangene untergebracht. Später diente er auch als Pulverturm und Sternwarte.*

Bockwindmühle, Wolgaster Landstraße 27, Greifswald-Eldena. ✆03834/842380. Mai – Sep 11 – 13 Uhr. Neubau einer Mühle aus dem 16. Jahrhundert in Nähe des Wiecker Hafens.

Wiecker Holz-Zugbrücke

17493 Greifswald-Wieck. www.greifswald.de. **Bahn/Bus:** Bus 2, 3 bis Wieck, Brücke. **Auto:** Wolgaster Straße auf An der Mühle, öffentlichen Parkplatz hinter der Mühle nutzen. **Rad:** Ostseeküsten-Radweg. **Zeiten:** ganzjährig frei zugänglich.

▶ Hier wird noch von Hand gekurbelt. Die alte Holz-Zugbrücke stammt aus dem Jahr 1887 und ist heute

Echte Handarbeit: Die Klappbrücke wird noch mit der Hand hochgezogen

ein Baudenkmal. Den Holländern schaute man ab, wie eine solche Brücke auszusehen und zu funktionieren hat. Regelmäßig wird sie für den Schiffs- und Bootsverkehr geöffnet. Dann schippern die Segel- und Motorboote hinaus auf den Greifswalder Bodden oder von dort über den *Ryck* zurück in die Häfen der Stadt. Heruntergelassen verbindet sie die Ortsteile *Wieck* und *Eldena* miteinander.

An Bord der Gorch Fock (I)

Hafen/Ballastkiste, 18347 Stralsund. ✆0381/666520, www.gorchfock1.de. **Lage:** Stadthafen Stralsund. **Bahn/ Bus:** Bus 6, 7 bis Ozeaneum. **Auto:** Über Frankendamm und Wasserstraße bis Semlower Straße, dort rechts, Parkhaus am Ozeaneum. **Rad:** Ostseeküsten-Radweg. **Zeiten:** April – Okt täglich 10 – 18 Uhr, Nov – März 10 – 16 Uhr. **Preise:** 4,50 €, Riggtraining 12 €, Knotenschule 3 €; Kinder 6 – 17 Jahre 2,50 €; Schüler, Studenten bis 27 Jahre 2,50 €, Familienkarte (2 Erw, 2 Kinder) 10 €.

▶ 1933 lief die von der Reichsmarine in Auftrag gegebene **Bark** in Hamburg vom Stapel. 1945, in den letzten Kriegstagen, wurde sie auf Befehl der Wehrmacht im *Strelasund* versenkt. Das Ende des 82-m-Seglers war damit aber noch nicht besiegelt. Nachdem es zwei Jahre auf Grund gelegen hatte, hob das sowjetische Militär das Schiff, ließ es instand setzen und wieder über die Meere schippern. Nach 1990 fuhr das Schiff zunächst unter ukrainischer Flagge, dann wurde es nach Stralsund gebracht und restauriert. Bei der Besichtigung des Dreimasters bekommt ihr einen guten Eindruck von den Dimensionen des Schiffes. 60 Mann Stammbesatzung und 180 Auszubildende, sogenannte Kadetten, fanden auf dem Schiff Platz. Ein wenig Seehandwerk könnt ihr in der Knotenschule lernen. Ganz Mutige klettern 12 m die **Wanten** hinauf und verdienen sich dadurch ihre **Rigg-Urkunde.** Weil das nicht ganz ungefährlich ist, müsst ihr dafür mindestens 16 Jahre alt sein.

Ein wenig Seemannssprache gefällig? Eine ***Bark*** *ist ein Schiff mit min. 3 Masten und einer bestimmten Art von Segeln.* ***Wanten*** *heißen die Seile, die den Mast spannen.* ***Rigg*** *ist die Gesamtheit der Seile und Drähte, die den Mast halten sowie die Masten selbst.*

Museen & Stadtrundgänge

Pommersches Landesmuseum

Rakower Straße 9, 17489 Greifswald. ✆03834/ 83120, www.pommersches-landesmuseum.de. **Bahn/ Bus:** Bus 3 bis Rathaus. **Auto:** Wolgaster Straße auf Goethestraße, rechts in Fleischerstraße, rechts Rakower Straße, Tiefgarage am Markt unter dem Museum. **Zeiten:** Mai – Okt Di – So 10 – 18 Uhr, Nov – April Di – So 10 – 17 Uhr. **Preise:** 5 €; Kinder 6 – 18 Jahre 3 €; Familienkarte (2 Erw, Kinder) 10 €.

▶ Was erwartet euch im Museum? Der Name verrät darüber nicht sehr viel, dabei ist ein Besuch dort sehr spannend! Im Keller des Hauses tretet ihr eine Reise durch die Erdgeschichte an. Über die Bildung von Bernstein vor 50 Millionen Jahren, riesige Steine, die Findling genannt werden bis hin zu Dinosauriern reicht das Spektrum der Ausstellung. Im oberen Stockwerk bekommt ihr Einblicke in das Leben und die Kultur der Menschen an der südlichen Ostseeküste und lernt Herrscher und ihre Machtbereiche kennen. In der **Gemäldegalerie** sind Werke von *Caspar David Friedrich, Otto Runge* und *Vincent van Gogh* zu bewundern. Auch das Außengelände ist einen Blick wert. Im **Findlingsgarten** an der Südseite sind weitere Steinbrocken zu sehen und im **Klostergarten** wachsen und gedeihen Arzneipflanzen und Kräuter. Bitte schnuppern!

Leiht euch kostenlos einen Audioguide für das Museum aus.

Der Maler und die Kerzen: Caspar-David-Friedrich-Zentrum

Lange Straße 57, 17489 Greifswald. ✆03834/ 884568, www.caspar-david-friedrich-gesellschaft.de. **Bahn/Bus:** Bus 2, 3 bis Tierpark. **Auto:** Anklamer Straße, über Hansering, dort öffentliche Parkplätze. **Rad:** Ostseeküsten-Radweg. **Zeiten:** Di – Sa 11 – 17 Uhr. **Preise:** 3,50 €; Kinder 12 – 17 Jahre 2,50 €; Schüler, Studenten, Azubis bis 27 Jahre, Schwerbehinderte, Arbeitslose 2,50 €.

Caspar David Friedrich lebte 1774 – 1840. Geboren wurde er in Greifswald und deshalb begegnet er euch hier auch auf Schritt und Tritt. Das ist aber nicht der einzige Grund. Viel entscheidender ist, dass er ein weltberühmter Maler war. In der Epoche der Früh-Romantik schuf er viele großartige Gemälde, die heute in den größten und wichtigsten Museen der Welt hängen. Das *Caspar-David-Friedrich-Zentrum* widmet sich seinem Leben und seinen Bildern. Für euch ist aber viel interessanter, dass diese Dokumentationsstätte in einer **Seifensiederei** untergebracht ist. Hier übte die Familie des Malers jahrzehntelang das Handwerk des Seifensiedens und Kerzenziehens aus. In den Gewölben des Hauses sind noch die alten Kessel zu bestaunen, in denen die Seife gekocht wurde. In den historischen Werkstätten könnt ihr selbst Seife herstellen und Kerzen ziehen. Regelmäßig (meistens Sa) werden dazu Workshops angeboten. Bei Bastel- und Zeichenveranstaltungen könnt ihr außerdem eigene Werke nach Motiven des Malers schaffen.

Auf den Spuren des berühmten Malers: Im Caspar-David-Friedrich-Zentrum

So ein berühmter Maler wie *Caspar David Friedrich* hat natürlich auch sein eigenes Denkmal. Ihr findet es etwas versteckt in der Lappstraße.

Deutsches Meeresmuseum

Katharinenberg 14 – 20, 18439 Stralsund. ✆03831/2650210, www.deutsches-meeresmuseum.de. **Lage:** Besuchereingang Mönchstraße/Bielkenhagen. **Bahn/Bus:** Hbf Stralsund, 15 Min Fußweg, Bus 1 bis Knieperwall. **Auto:** Von Knieperwall in Mönchstraße, Parkhaus Am Meeresmuseum. **Rad:** Ostseeküsten-Radweg, Hamburg-Rügen-Radweg. **Zeiten:** Juni – Okt täglich 10 – 17 Uhr, Nov – Mai Di – So 10 – 17 Uhr, 24. Dez. geschlossen, 31. Dez 10 – 15 Uhr. **Preise:** 10 €, Audioguide

Stammt ursprünglich aus tropischen Gewässern: Meeresschildkröte
© pmv, Karolin Küntzel

1 €; Kinder 4 – 16 Jahre 5 €, in Begleitung eines Erw 4 €; Schüler ab 17 Jahre, Studenten, Azubis, Arbeitssuchende, FÖJler/FSJler, Bufdis, Schwerbehinderte 8 €, Kombiticket für Meeresmuseum und Ozeaneum 23 €, Kinder 12 €. **Infos:** Die Stiftung Deutsches Meeresmuseum hat noch 3 weitere Standorte: das *Nautinäum* (Mai – Okt täglich 10 – 16 Uhr), das ↗ *Ozeaneum* und das ↗ *Natureum am Darßer Ort*.

In den Sommerferien bietet das Meeresmuseum beim *Familiensommer* zahlreiche Mitmach-Aktionen an.

▶ Fische im Kloster? Das gibt es im Meeresmuseum, das sich in den ehrwürdigen Mauern des ehemaligen Dominikanerklosters *St. Katharinen* befindet. Ihr erlebt die unwirtliche Tiefsee, in der lausige Temperaturen von wenigen Grad Celsius und tiefste Dunkelheit herrschen. Erst nach und nach wird dieser Lebensraum erforscht und ständig werden neue Arten entdeckt. Einige von ihnen, wie der Anglerfisch, sehen richtig furchterregend aus. Viel liebenswerter erscheinen da schon die Anemonenfische, die ihr im *Tropenaquarium* antrefft. In diesem Teil des Museums sind auch die Bewohner des Mittelmeeres wie Muränen und Langusten zu sehen. In den Schildkröten- und Haibecken wird es besonders bei den **Fütterungen** spektakulär. Die Haie sind Di und Fr um 14 Uhr an der Reihe, die Schildkröten Mi und Fr um 13 Uhr. Do um 11 Uhr findet in ihrem Becken außerdem eine kommentierte Tauchshow statt. Das war aber noch längst nicht alles! Auch über Meereskunde, Fischerei, die Beziehung zwischen Mensch und Meer und die Welt der Korallen und Wale könnt ihr euch informieren. Die Ausmaße dieser Meeressäuger veranschaulicht das Skelett eines 15 m langen Finnwals.

Der Goldschatz im Kulturhistorischen Museum

Kulturhistorisches Museum der Hansestadt Stralsund, Mönchstraße 25 – 28, 18439 Stralsund. ✆03831/ 253617, www.stralsund.de. **Lage:** Katharinenkloster Mönchstraße 25 – 28, Museumshaus Mönchstraße 38, Marinemuseum Insel Dänholm, Sternschanze. **Bahn/ Bus:** Katharinenkloster/Museumshaus: Bus 4 bis Olaf-Palme-Platz, Marinemuseum: Bus 1 bis Dänholm. **Auto:** Katharinenkloster/Museumshaus: Knieperwall, Parkhaus Am Kütertor, Marinemuseum: Über den alten Rügendamm, hinter Ziegelgrabenbrücke rechts abbiegen. **Rad:** Ostseeküsten-Radweg, Hamburg-Rügen-Radweg. **Zeiten:** Katharinenkloster und Museumshaus ganzjährig Di – So 10 – 17, Marinemuseum Mai – Okt Di – So 10 – 17 Uhr. **Preise:** Katharinenkloster, Marinemuseum 6 €, Museumshaus 5 €; Kinder 6 – 18 Jahre 3 bzw. 2,50 €; Azubis, Studenten, Inhaber des Strela-Passes, Schwerbehinderte B zahlen Kinder-Preis, Familienkarte (2 Erw und eigene Kinder) je 14 €.

▶ Die Sammlungen des Kulturhistorischen Museums sind mittlerweile so umfangreich, dass sie an drei verschiedenen Standorten präsentiert werden müssen. Im ehemaligen Dominikanerkloster **St. Katharinen,** im **Museumshaus** (im ehemaligen Krämerhaus) und im **Marinemuseum** auf der Insel *Dänholm.* Das Kulturhistorische Museum ist das älteste Museum Mecklenburg-Vorpommerns. Es geht auf die Sammlung des schwedischen Generalgouverneurs *Axel Graf von Löwen* zurück, der sie der Stadt im 18. Jahrhundert schenkte. Euch erwarten Funde aus der Vor- und Frühgeschichte sowie der Stadtgeschichte. Dazu zählen Schwerter und Waffen, Gemälde und

Im Museumsshop erhaltet ihr Mal- und Bastelmappen zum mittelalterlichen Stralsund, zum Thema Spielzeug aus vergangener Zeit und zur Sammlung des Museums. 1 – 1,50 €.

Möbel, aber auch der legendäre **Hiddenseer Goldschatz.** Er soll von Goldschmieden der Wikinger hergestellt worden sein und ihrem König *Harald Blauzahn* gehört haben. Außerdem: Sonderausstellungen, Lesungen und Veranstaltungen für Kinder.

Stadtrundgang durch Stralsund

Hafenstraße 11, 18439 Stralsund. **Strecke:** Ozeaneum – Altstadtinsel – Bahnhof – Ozeaneum. **Länge:** Rundweg 5 km, Gehzeit etwa 2 Std. **Bahn/Bus:** Bus 6, 7 bis Ozeaneum. **Auto:** Vom Rügenzubringer Abfahrt Hafen, nächste Ampel links bis Parkhaus am Ozeaneum. **Rad:** Ostseeküsten-, Hamburg-Rügen-Radweg.

Hunger & Durst

Bürgergarten Stralsund, Knieperdamm 80b, Stralsund. ✆03831/3047658. www.buergergarten-stralsund.de. April – Okt ab 10 Uhr, Nov – März ab 16 Uhr. Biergarten mit Kinderspielplatz und Ruder- und Tretbootverleih, Preise pro Std: Tretboot 7 €, Ruderboot 5 €.

▶ Auf diesem Stadtrundgang umrundet ihr die Altstadt und kommt dabei an den wichtigsten Sehenswürdigkeiten vorbei. Startet am ↗ **Ozeaneum** und lauft, das Museum im Rücken, an der Kaikante bis zur ↗ *Gorch Fock.* Haltet euch dann links und geht über die Brücke hinüber auf die **Altstadtinsel.** Nach einem kurzen Stück auf der Fährstraße biegt ihr rechts in den Fährwall ab und folgt dem Bogen der Straße bis zum *Johanniskloster.* Von dort geht ihr über die Knieperstraße bis zum **Alten Markt.** Neben dem *Rathaus* steht die *Nikolaikirche.* Biegt in die Ossenreyer Straße ein und folgt ihr am ↗ *Kulturhistorischen Museum* vorbei über die Judenstraße bis zur Langen Straße. Dort biegt ihr links ab, quert den **Neuen Markt** und erreicht über die Tribseer Straße den Tribseer Damm. Folgt ihm bis zum **Bahnhof** und haltet euch anschließend rechts. Auf dem Jungfernstieg geht ihr nun bis zum *Küterdamm,* der über den *Knieperteich* führt. Wieder auf der **Altstadtinsel** wählt ihr vor der Fahrstraße rechts den Sandweg. Überquert den Knieperdamm und geht nach einem kurzen Links-rechts-Schwenk auf einem kleinen Fußgängerweg hinauf zum *Katharinenberg.* Dort biegt ihr links ab und anschließend rechts in den *Apollonienmarkt.* Folgt der Straße an der **Jakobikirche** vorbei bis zu ihrem Ende. Dort biegt ihr rechts in die Badstüberstraße ab und gleich links in die Langenstraße. Immer geradeaus geht es über Am Querkanal zurück zum **Hafen.** Biegt ihr links in die Hafenstraße ab, seid ihr nach wenigen Metern zurück am **Ozeaneum.**

Kino & Kinderbibliothek

Cinestar Greifswald

Lange Straße 40 – 42, 17489 Greifswald. ✆0383/4777912, www.cinestar.de. **Lage:** In der Dompassage. **Bahn/Bus:** Bus 2, 3 bis Dompassage. **Auto:** Über Hansering in Friedrich-Löffler-Straße, Parkhaus Domgarage. **Zeiten:** täglich, Di Kinotag. **Preise:** 6,50 – 8,30 €, 3D-Filme 9,50 – 11,30 €, Kinotag 6,50 €; Kinder bis 12 Jahre 4,50 – 5,50 €, 3D-Filme 7,50 – 8,50 €, Kinotag 4,50 €; Studenten 6 – 7 €, 3D-Filme 9 – 10 €, Happy-Family: alle Familienmitglieder, die Kinder unter 12 Jahren begleiten, zahlen nur den Kinderpreis.

▶ Das Kino verfügt über sechs Säle mit 81 – 266 Plätzen. Im Programm sind die aktuellen Blockbuster. Di ist Kinotag und So schauen Familien für den kleinen Happy-Family-Preis die neuesten Streifen.

Ein Haus für Leseratten

Kinderbibliothek Stralsund, Wasserstraße 68, 18439 Stralsund. ✆03831/253679, www.stralsund.de. **Bahn/Bus:** Bus 6 bis Ozeaneum. **Auto:** Über Frankendamm in Wasserstraße, Parkhaus am Ozeaneum. **Rad:** Ostseeküsten-, Hamburg-Rügen-Radweg. **Zeiten:** Mo – Fr 13 – 18 Uhr. **Preise:** Jahresgebühr 12,27 €; Kinder bis 16 Jahre kostenfrei; Jahresgebühr für Schüler, Studenten, Azubis, Strelapassinhaber 6,14 €.

▶ In Stralsund gibt es für Kinder eine eigene **Bibliothek.** Das Angebot ist vielfältig. Neben Büchern gibt es CDs, CD-ROMs, Spiele, Hörbücher, Filme, Zeitschriften und Comics. Außerdem Lesungen und Lesenächte, in denen ihr die Räume in einem ganz anderen Licht – dem der Taschenlampe – erlebt.

BÜHNE, LEINWAND & AKTIONEN

*Das Gebäude, in dem die **Bibliothek** untergebracht ist, stammt im Kern aus dem Mittelalter. Früher befand sich darin die Stadtwaage. Dort wurden alle amtlichen Maße und Gewichte in der Stadt kontrolliert.*

FESTKALENDER STRALSUND – GREIFSWALD

Ostern: Karsamstag, Greifswald: **Oster- und Blumenmarkt.**

Mai: Mai – Sep, jeden Mi Stralsund: **Stralsunder Mittwochsregatta.**

Greifswald: **Nordischer Klang,** Musik, Bühnenkunst, Ausstellungen, Lesungen, Filme, Kinderprogramm aus den nordischen Ländern.

Greifswald: **Greifswalder Citylauf,** mit Schülerlauf.

Juni: Kowall: **Tonnenabschlagen** im Naturerlebnispark Gristow.

Stralsund, Greifswald: **Ahoi – mein Hafenfestival,** Open-air-Theater.

Juni – Aug, Stralsund: **Ostsee-Festspiele** auf der Seebühne im Hafen.

Greifswald: **Klostermarkt** in der Ruine Eldena.

Greifswald: **Greifswalder Drachenbootfest.**

Juli: Sa Anfang Juli, Stralsund: **Sundschwimmen.**

Stralsund: **Tierparkfest und Wallensteintage,** historisches Volksfest.

Greifswald: **Fischerfest Gaffelrigg** mit Künstlern, Schaustellern und Händlern.

September: Stralsund: **Lange Nacht des offenen Denkmals,** Einblicke in Türme, Kirchen und Gewölbe.

Greifswald: **Greifswalder Kulturnacht,** Lesungen, Konzerte, Bühnenprogramm in der ganzen Stadt.

Oktober: Kowall: **Drachenfest** im Naturerlebnispark Gristow.

Stralsund: **Rügenbrücken-Marathon,** Strecken von 2 km (Kinder) bis zur Marathondistanz.

Stralsund: **Tour d'Allée,** Radrennen von Stralsund über die deutsche Alleenstraße nach Sellin.

November: Greifswald: **Polenmarkt,** Festival polnischer Kultur mit Programm für Groß und Klein.

Dezember: 1. – 4. Advent, Stralsund: **Weihnachtsmarkt** in der historischen Altstadt.

31., Stralsund: **Molenfeuer,** Silvesterfeuerwerk auf der Hafeninsel.

RÜGEN

Hiddensee
Sassnitz
Rügen
Ostsee
Zingst
Darß
Bergen a.R.
1 cm
25 km
Fischland
Barth
Stralsund
DEUTSCHLAND
Ribnitz-
Damgarten
Greifswald
POLEN
Rostock
Wolgast
20
Swine-
münde
Wollin
3
Mecklenburg-
Vorpommern
Anklam
Usedom
19
Ueckermünde

KREIDE-FELSEN UND KLIFFS

Rügen ist die größte Insel Deutschlands und einer der sonnigsten Flecken des Landes. Rund um das Kernland mit dem Zentrum Bergen gruppieren sich mehrere Inseln und Halbinseln, sodass Rügen eigentlich nicht eine große Insel ist, sondern aus mehreren kleinen besteht.

An die Halbinsel *Wittow* im Norden schließt sich, nur durch eine schmale Landzunge verbunden, *Jasmund* an. Im Südosten liegt das *Mönchgut,* im Süden *Zudar* und im Westen *Ummanz.*

Kombi-Tipps fürs passende Alter

Die Inselteile sind landschaftlich sehr verschieden. Auf Wittow, dem Windland, weht immer eine frische Brise über das flache Land, das am ↗ *Kap Arkona* steil zum Meer hin abfällt. Jasmund dagegen ist zu großen Teilen von Wald bedeckt. Anziehungspunkte sind die von der UNESCO ausgezeichneten *Alten Buchenwälder* und die schroffe, aber sehr malerische *Kreideküste.* Auf Mönchgut ist die Landschaft lieblich. Sanfte Hügel, kleine Dörfer und familienfreundliche Seebäder machen den Landstrich zum beliebtesten Feriengebiet von ganz Rügen. Im Süden und Westen der Insel geht es dagegen ruhig zu. Wiesen, Felder und Bodden prägen die Landschaft. Baden könnt ihr hier aber auch. Zwar gibt es keine langen Strände wie auf der Ostseite Rügens, dafür aber malerische, schilfumstandene Buchten mit flachem Wasser. Radeln ist auf dem ausgeschilderten *Ostseeküsten-Radweg,* der einmal rund um die Insel führt, fast überall ein Vergnügen. Auf Mönchgut habt ihr zudem die Möglichkeit, eure Touren mit dem ↗ *Rasenden Roland* zu kombinieren und eine Strecke mit dem Zug zu fahren. Hier sind auch die Wanderwege recht gut ausgeschildert. Viele Routen, zum Beispiel zum ↗ *Nordperd* oder den ↗ *Feuersteinfeldern* sind für Kinder **ab 5 Jahre** gut zu schaffen, erst recht, wenn hinterher ein Bad im Meer lockt. Im Urlaub surfen, segeln oder kiten zu lernen, ist für Kinder **ab 8 Jahre**

ADFC-Regionalkarte Rügen, Fischland-Darß, 1:75.000, BVA Verlag 2010, ISBN 978-3-87073-278-3, 6,80 €.

Wahrzeichen Rügens: Die Kreideküste

möglich. Für sie und ihre älteren Geschwister sind auch die meisten Routen in den Kletterparks zugelassen. Um die Bedürfnisse der **ganzen Familie** unter einen Hut zu bringen, unternehmt ihr Ausflüge auf den ↗ *Baumwipfelpfad* und ins ↗ *Nationalparkzentrum Königsstuhl.*

TIPPS FÜR WASSER-RATTEN

Nov – März ist in der Therme jeden 1. Sa im Monat Familientag. 2 Erw und 2 Kinder zahlen dann für 2 Std zusammen 29 €.

Schwimmbäder

Jasmund Therme

Precise Resort Rügen GmbH, Am Taubenberg 1, 18551 Sagard. ✆038302/97700, www.precisehotel-ruegen.de. **Bahn/Bus:** Bus 13, 14 bis Neddesitz. **Auto:** B96 bis Sagard, weiter auf L30 nach Neddesitz, über Gummanzer Straße bis zum Hotel. **Rad:** Ostseeküsten-Radweg. **Zeiten:** 8 – 22 Uhr, letzter Einlass 21 Uhr. **Preise:** 2 Std 13 €, Tageskarte 19 €; Kinder 4 – 14 Jahre 9 bzw. 13 €; Familientageskarte 2 Erw, 1 Kind 42 €, jedes weitere Kind 6 €.

▶ Das Resort verfügt über einen großen Bade- und Saunabereich, der auch Nicht-Hotelgästen zur Verfügung steht. Im 30 Grad warmen **Innenbecken** ist genügend Platz zum Schwimmen und im Sommer ist zusätzlich der **Außenpool** in Betrieb. Wenn die Kleinen das Kinderbecken gar nicht mehr verlassen wollen, sausen die Großen die Wasserrutsche eben noch einmal hinunter. Außerdem gibt es Schwallduschen, Strömungskanal, Whirlpool und drei verschiedene **Saunen.**

Inselparadies Sellin

Badstraße 1, 18586 Ostseebad Sellin. ✆038303/1230, www.inselparadies.de. **Bahn/Bus:** Rasender Roland bis Sellin Ost. **Auto:** B196 bis Sellin, das Bad liegt direkt an der Straße. **Rad:** Ostseeküsten-Radweg. **Zeiten:** März – Okt 9 – 22 Uhr, Nov – Feb 14 – 21 Uhr. **Preise:** Bad 9 – 14 €, Tageskarte 19 €, mit Sauna 13,50 – 18,50 €, Tageskarte 23,50 €; Kinder bis 3

Jahre Bad und Sauna 2 €, 4 – 14 Jahre Bad 6 – 9 €, Tag 10 €, mit Sauna 10,50 – 13,50, Tag 14,50 €; Familienkarte (1 Erw, 2 Kinder) 26 €, (2 Erw, 2 Kinder) 39 €, Saunazuschlag 4,50 € pro Person.

▶ Das **Bad** bietet das ganze Jahr hindurch Badespaß für Groß und Klein. Es gibt ein Abenteuerbecken mit Wildwasserkanal, Whirlpools, ein Warmwasserbecken (35 Grad), Massage- und Sprudelliegen, Unterwassergeysire, Rutschen und drei Kinderbecken mit Wasserspielzeug. Der **Sauna-** und **Wellnessbereich** sorgt für Entspannung. Im **Restaurant** könnt ihr Hunger und Durst stillen.

1 x im Monat können Kinder 7 – 13 Jahre im Inselparadies übernachten. Zusammen mit den Betreuern wird geplanscht, zu Abend gegessen, übernachtet und gefrühstückt. 20 € pro Kind.

Surfen & Schiff fahren

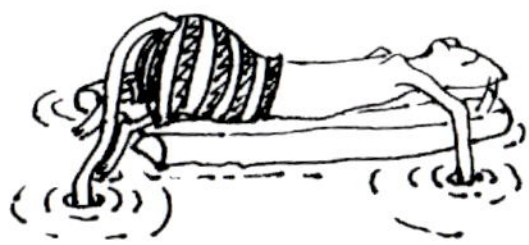

Sail & Surf Rügen

Fährberg 8, 18573 Altefähr. ✆038306/23253, www.sail-surf-ruegen.de. **Bahn/Bus:** Bus 41 bis Altefähr. **Auto:** B96, hinter Rügendamm Richtung Altefähr, dort über Am Bhf und Bahnhofstraße bis Fährberg. **Rad:** Ostseeküsten-Radweg. **Zeiten:** Mai – Sep. **Preise:** Surfkurs 3 Tage, 12 Std 145 €, Kiten Einsteigerkurs 3 Tage, 8 Std 220 €, Katamaran-Einsteigerkurs 1 Tag, 4 Std 120 €, Ausleihe Paddel-Board ab 16 €; Kinder bis 12 Jahre Surfkurs 3 Tage 10 Std 120 €, Segeln 3 – 5 Tage 15 Std 145 €, Feriencamp Surfen oder Segeln 1 Woche (6 Ü) 290 €. **Infos:** Ab 10 Jahre.

▶ Neben Einsteiger- und Fortgeschrittenenkursen im Segeln und Surfen bietet die Schule auch Kinder-Feriencamps an. Zusammen mit anderen Kindern wohnt ihr im Jugendgästehaus, verbringt viel Zeit auf dem Wasser und lernt, mit Wind und Segel umzugehen.

Surfoase Mönchgut

Dörpstraat 2, 18586 Klein Zicker. ✆038308/30360, www.sail-surf-ruegen.de. **Bahn/Bus:** Bus 20, 23, 24 bis Klein Zicker. **Auto:** L292 bis Thiessow, Hauptstraße bis

Dörpstraat. **Rad:** Ostseeküsten-Radweg. **Zeiten:** Mai – Sep. **Preise:** Surfkurs 3 Tage, 12 Std 145 €, Kiten Einsteigerkurs 3 Tage, 8 Std 220 €, Katamaran-Einsteigerkurs 1 Tag, 4 Std 120 €, Leihgebühren Paddle Board ab 16 €; Kinder bis 12 Jahre Surfkurs 3 Tage 10 Std 120 €, Segeln 3 – 5 Tage 15 Std 145 €.

▶ Am südlichsten Zipfel des Mönchguts liegen *Thiessow* und *Klein Zicker.* Die schmale Landzunge ist an drei Seiten von Wasser umgeben, so ist viel Platz, um surfen, kiten oder segeln zu lernen. Neben den Grund- und Einsteigerkursen bietet die Station alle gängigen Ausbildungen für den Erwerb von Segel- und Surfscheinen an. Außerdem Verleih von Material und Mitsegelangebote für alle, die sich noch nicht allein aufs Wasser wagen.

Der Surfoase ist ein **Zeltplatz** angeschlossen. Hier könnt ihr direkt am Wasser preisgünstig übernachten. 4 – 5 €, Kinder 6 – 11 Jahre 1,50 €, 12 – 17 Jahre 3 – 4 €, Zelt ab 7 €, Pkw 2 €.

Mit der MS Lamara um den Vilm

Bollwerkstraße, 18586 Ostseebad Baabe. ✆ 038303/909951, Handy 0160/96677899. www.ms-lamara.de. **Dauer:** 2 Std. **Bahn/Bus:** Rasender Roland bis Baabe, 25 Min Fußweg oder Lütt-Bahn ab Bhf bis Baabe Bollwerk. **Auto:** B196 bis Baabe, dann in Bollwerkstraße, kostenlose Parkmöglichkeiten am Hafen. **Rad:** Ostseeküsten-Radweg. **Zeiten:** Karfreitag – 30. April täglich 11 Uhr, Mai – Sep 11 und 14 Uhr, Juli – Aug Mo, Mi, Fr – So 11 und 14 Uhr, Di, Do 11, 14 und 18 Uhr, Okt 14 Uhr. **Preise:** große Rundfahrt Vilm 14 €, nach Lauterbach 8 €; Kinder 4 – 14 Jahre 8 bzw. 5 €; Familienkarte (2 Erw, 3 Kinder) Rundfahrt Vilm 38 €. **Infos:** Hund 4 €.

▶ Mit dem Motorschiff *Lamara* tuckert ihr gemütlich vom Baaber Bollwerk über die *Having* hinaus auf den Greifswalder Bodden. Ihr umrundet **Vilm** und habt dabei einen wunderbaren Blick auf die einsame Insel mit ihren Kliffs, Lagunen und ihrem alten Baumbestand. Dann geht es zurück nach Baabe. Im Angebot ist ebenfalls eine einstündige Fahrt nach **Lauterbach.** Wer hungrig oder durstig ist, kann das Bord-Restaurant besuchen.

Happy Birthday!

Geburtstagskinder haben freie Fahrt auf der Tour um den Vilm.

Hunger & Durst

Zum Fischer, Bollwerkstraße 6, Ostseebad Baabe. ✆ 038303/86428. www.zum-fischer.de. Fangfrischer Fisch, ab 9 Uhr Verkauf von Fischspezialitäten, ab 12 Uhr warme Gerichte.

Radeln, wandern & spazieren

Radtour durch die Baaber Heide

18586 Ostseebad Göhren. **Strecke:** Bhf Göhren – Baaber Heide – Baabe – Sellin Bhf. **Länge:** 6 km, 1 Std Fahrzeit. **Bahn/Bus:** Rasender Roland bis Göhren. **Auto:** B196 Richtung Göhren, in Bahnhofstraße, gebührenpflichtige Parkplätze am Bhf. **Rad:** Ostseeküsten-Radweg.

▶ Diese Radtour führt euch zuerst durch den Wald und später an der Ostsee entlang. Startet am **Göhrener Bahnhof** und fahrt über die Bahnhofstraße aus dem Ort. Nach einem kurzen Stück, das ihr auf dem Fahrdamm zurücklegen müsst, biegt ihr rechts in einen schmalen Waldweg ein. Dazu müsst ihr die Gleise überqueren. Achtung, erst schauen, ob ein Zug kommt. Folgt dem Pfad und biegt dort, wo er auf einen breiteren Weg mündet, rechts ab. Ab jetzt geht es immer geradeaus durch die **Baaber Heide.** Diese Strecke ist im Sommer besonders schön, weil der Wald dann nach Harz duftet und euch Schatten spendet. Der Waldweg mündet in **Baabe** in den Göhrener Weg und trifft dann auf die Strandstraße. Dort biegt ihr rechts ab und fahrt Richtung Meer. Links geht es vor dem Strand auf die Promenade, die bis nach **Sel-**

Wo bleibst du denn? Mit dem Rad durch die Baaber Heide

Weitere Radtouren und Wanderungen auf Rügen findet ihr hier: *Aktiv-Reiseführer Rügen & Hiddensee,* Karolin Küntzel, Sandra Pixberg, Steffen Verlag 2014, ISBN 978-3-942477-77-2, 14,95 €.

Hunger & Durst

Desperado, Wilhelmstraße 5a, Ostseebad Sellin. ✆ 038303/85183. www.desperado-sellin.de. Ab 17 Uhr. Mexikanisches Steakhaus.

lin führt. Über die Südstrandpromenade und die Straße Weißer Steg erreicht ihr die Ostbahnstraße. Dort wendet ihr euch nach links und kommt so auf direktem Weg zum **Selliner Bahnhof.** Von hier könnt ihr mit dem ↗ *Rasenden Roland* zurück nach Göhren fahren.

Wanderung zu den Feuersteinfeldern

18546 Sassnitz-Neu Mukran. **Lage:** Parkplatz Feuersteinfelder an der L29 zwischen Mukran und Prora. **Länge:** Etwa 2 Std Gehzeit (hin und zurück). **Bahn/Bus:** Bus 20, 23 bis Proraner Heide. **Auto:** Parkplatz (gebührenpflichtig) am Ortsausgang von Neu Mukran, von dort beschildertem Wanderweg folgen. **Rad:** Ostseeküsten-Radweg. **Zeiten:** ganzjährig frei zugänglich.

▶ In den Feuersteinfeldern bei Neu Mukran gibt es Steine wie Sand am Meer. Kein Wunder, entstand das *Steinerne Meer* doch vor mehr als 4000 Jahren durch Sturmfluten, die die Steine weit ins Landesinnere transportierten. 2,5 km lang und rund 300 m breit sind die Felder. Ein Paradies für Kinder, die gern jeden Stein umdrehen. Ihr wandert auf meterdicken Schichten aus Steinen, darunter sind viele **Hühnergötter.** Mit etwas Glück findet ihr sogar **Fossilien.**

Hunger & Durst

Weltenbummler, Strandpromenade 42, Ostseebad Binz. ✆ 038393/131308. www.weltenbummler-ruegen.de. Ab 12 Uhr. Leckeres aus den Küchen der Welt, Kindergerichte ab 5,20 €.

HÜHNERGÖTTER-SCHATZSUCHE

▶ Überall an der Küste findet ihr **Feuersteine.** Einige von ihnen haben ein durchgängiges Loch. Diese speziellen Steine werden **Hühnergötter** genannt. Der Sage nach bringt es Glück, durch das Loch eines Hühnergottes zu schauen. Die geheimsten Wünsche sollen sich dann erfüllen. Ihr Name geht auf die Tataren zurück, die die Loch-Steine an Bändern aufhängten oder sie direkt im Hühnerstall platzierten. Dort sollten sie Krankheiten von den Hühnern fernhalten und dafür sorgen, dass reichlich Eier gelegt wurden. In vielen anderen europäischen Regionen spielt der Stein ebenfalls eine Rolle als Schutz gegen Hexen und böse Geister. Sucht am Strand nach Hühnergöttern. Fädelt sie anschließend auf ein (Leder-)Band. Je nach Größe und Form eignen sich die Steine als Halsschmuck oder zur Dekoration.

So kommt ihr hin: Vom Parkplatz bei **Neu Mukran** nehmt ihr den breiten Wanderweg, der euch durch den Wald bis zu den Bahnschienen führt. Überquert sie an der Brücke und wandert auf der anderen Bahnseite links in das **Naturschutzgebiet Schmale Heide.** Der Weg wird schmaler und führt nun durch Farn und Bruchwälder. An einer Schutzhütte biegt ihr rechts ab, lauft ein kurzes Stück unter Kiefern entlang und steht dann vor den **Feuersteinfeldern.** Sie ziehen sich wie gekieste Wege durch Blaubeeren, Wacholder und unter Vogelbeerbäumen entlang. Bleibt zusammen, denn es ist sehr verlockend, den vielen kleinen Pfaden und Abzweigungen zu folgen, die zu immer neuen Steinfeldern führen. Wenn ihr genügend Steine gewendet und betrachtet habt, tretet ihr über die gleiche Strecke den Rückweg an.

Im Gebiet leben Kreuzottern! Wandert deshalb am besten mit festem Schuhwerk.

Ab in den Urwald: Geführte Wanderung über den Vilm

Fahrgastreederei Lenz e.K., 18581 Putbus. ✆038301/61896, www.vilmexkursion.de. **Lage:** Fahrt ab Lauterbach Hafen. **Länge:** 3 km, 2,5 Std Gehzeit. **Bahn/Bus:** Rasender Roland bis Lauterbach. **Auto:** L29 bis Putbus, dort auf Lauterbacher Straße. **Rad:** Ostseeküsten-Radweg. **Zeiten:** März – Okt 10 Uhr. **Preise:** 18 €; Kinder 4 – 12 Jahre 9 €.

▶ Der **Vilm,** eine kleine Insel im *Rügischen Bodden,* ist nicht frei zugänglich. Nur nach Anmeldung und in der Gruppe dürfen täglich 30 Besucher an einer **geführten Wanderung** auf dem unter Naturschutz stehenden Eiland teilnehmen. Hier wächst ein Urwald heran und es gibt mächti-

Ein richtiger Urwald-Riese: Alter Baum auf Vilm

ge Bäume, knorrige Riesen und wilde Natur zu entdecken. Einst lebten Mönche auf dem Vilm, dann stellten Künstler ihre Leinwände auf, um die Schönheit des Fleckchens festzuhalten. Zu guter Letzt entdeckten die Machthaber und Mächtigen der DDR den Vilm für sich als Sommersitz und sperrten ihn für Besucher. Auch das ist nun Geschichte. Ihr setzt mit dem Motorschiff *Julchen* über und wandert mit fachkundiger Führung über den *Großen Vilm.* Der restliche Teil der Insel, der *Mittelvilm* und der *Kleine Vilm,* dürfen überhaupt nicht betreten werden.

Spaziergang zu den Großsteingräbern

18586 Lancken-Granitz. **Länge:** Rundweg etwa 1 km. **Bahn/Bus:** Rasender Roland bis Garftitz, von dort 20 Min Fußweg. **Auto:** B196 bis Lancken-Granitz, Großsteingräber ausgeschildert, Parkplatz frei. **Rad:** Ostseeküsten-Radweg. **Zeiten:** ganzjährig frei zugänglich.

▶ Südlich von Lancken-Granitz befinden sich mehrere Großsteingräber aus der Jungsteinzeit. Ursprünglich gab es in diesem Gebiet 19 Gräber, sieben sind heute noch erhalten. 1965 fanden Archäologen in einem von ihnen noch Bernsteinperlen, Schmuck und Werkzeug als Grabbeigaben. Auf einem kurzen Rundweg wandert ihr an den Grabanlagen vorbei und habt dabei die Möglichkeit, einen Blick weit zurück in die Geschichte zu werfen. Ihr erkennt die **Hünengräber** gut an den Baumgruppen, die sie umgeben. Einige von ihnen sind gut zugänglich, andere inzwischen reichlich zugewachsen. Lange Hosen sind deshalb empfehlenswert.

Wanderung von Göhren zum Nordperd

18586 Ostseebad Göhren. **Strecke:** Kurverwaltung – Kurpark – Nordperd – Südstrand – Schwedenbrücke – Kurverwaltung. **Länge:** Rundweg 5 km. **Bahn/Bus:** Rasender Roland bis Göhren. **Auto:** B196 bis Göhren, im Kreisel 3. Ausfahrt in Poststraße. **Rad:** Ostseeküsten-Radweg.

Hunger & Durst

Restaurant Kormoran, Am Yachthafen 1, Putbus-Lauterbach. ✆038301/80920. www.im-jaich.de. Do – Di 8 – 11, 12 – 22 Uhr. Frische, saisonale Gerichte, Kaffee, Eis. Terrasse mit schönem Blick über den Bodden und den Hafen, Kinderspielplatz.

***Hünengrab** ist die volkstümliche Bezeichnung für ein Großsteingrab. Wissenschaftler nennen die Grabanlagen entweder Dolmen (bretonisch für Steintisch) oder Megalithgräber (griechisch für groß und Stein).*

Hunger & Durst

Eiscafé Valentino, Strandstraße, Ostseebad Göhren. ✆038303/66540. Mai – Okt ab 10 Uhr. Italienisches Eis aus eigener Herstellung, Kuchen, Terrasse.

Ihr startet an der **Kurverwaltung** Göhren in der Poststraße. Lauft von dort Richtung Strand und nehmt die Treppe hinunter in den **Kurpark.** Unten angekommen haltet ihr euch rechts und folgt der Promenade, die bald darauf in das Waldgebiet übergeht. Der Hochuferweg zum Nordperd, das Kap am östlichsten Punkt Rügens, ist ausgeschildert. Wandert ihr um das **Nordperd** herum, kommt ihr an der Hövtstraße im Süden Göhrens heraus. Geht ein Stückchen die Straße entlang und biegt dann links in den Salzweg ab, der hinunter an den **Südstrand** führt. Haltet euch am Strand rechts. An der **Schwedenbrücke,** einem alten Landungssteg, verlasst ihr den Strand und geht die Treppe hinauf. Wieder auf der Hövtstraße angekommen, geht ihr links und folgt dem Straßenverlauf bis zur Poststraße zurück ins Zentrum. Lauft weiter nach links und ihr gelangt zurück zur **Kurverwaltung.**

Wanderung durch die Granitz

18609 Ostseebad Binz. **Strecke:** Haltestelle Jagdschloss Granitz – Jagdschloss Granitz – Granitzhaus – Grab des finnischen Kriegers – Schwarzer See – Sellin. **Länge:** 6 – 9 km, 2 – 3 Std Gehzeit. **Bahn/Bus:** Rasender Roland bis Jagdschloss Granitz, zurück ab Bhf Sellin-Ost. **Rad:** Ostseeküsten-Radweg.

Burg oder Schloss: Das Jagdschloss Granitz hat von beidem etwas

Speisen auf dem Wasser: Der Weg führt über die Seebrücke in Sellin

© pmv, Karolin Küntzel

▶ Startpunkt eurer Waldwanderung ist der **Haltepunkt Jagdschloss Granitz** des Rasenden Rolands. Allein die Anfahrt dorthin ist ein Erlebnis, denn die betagte Bahn schnauft sich unter gewaltigen Qualmausstößen den Berg hinauf. Von der Bahnstation bis zum Schloss führt ein breiter Weg bergauf. Hier lässt sich die Laufstrecke verkürzen, denn am Bahnhof stehen **Kutschen** bereit, die euch bei Bedarf den 1 km hinauf zum Schloss schaukeln. Das **Jagdschloss,** erbaut im Auftrag von Fürst *Wilhelm Malte I.,* diente den Jagdgesellschaften als Unterkunft. Ziemlich feudal, oder? Heute befindet sich darin ein *Museum.* Der **Turm** lässt sich über eine gusseiserne Wendeltreppe ersteigen. Wenn ihr die 154 Stufen nicht scheut, habt ihr von oben einen wunderbaren Ausblick. Lauft vom Schloss ein paar Stufen hinab zum ↗**Granitzhaus.** Die Kinder haben hier noch Gelegenheit, sich auf dem **Spielplatz** auszutoben und im **Waldbiergarten** nebenan ist noch Gelegenheit für eine Stärkung (April – Okt täglich 10 – 18 Uhr). An der Haltestelle der Bimmelbahn Jagdschlossexpress haltet ihr euch links und lauft ein Stück den Berg hinab. Kurz darauf geht rechts ein Weg ab, der von Fußgängern und Radfahrern genutzt wird. Euer Zielort Sellin ist hier bereits ausgeschildert und ihr folgt den Hinweisen. Nachdem ihr an einem breiten Waldweg nach rechts abgebogen seid, erreicht ihr das **Grab des finnischen Kriegers.** Eine Gedenktafel erzählt die Geschichte des Soldaten, der zu Beginn des 19. Jahrhunderts

*Die **Granitz** ist das größte zusammenhängende Waldgebiet des Biosphärenreservats Südost-Rügen.*

Jagdschloss Granitz, 18609 Ostseebad Binz. ✆038393/66710. Mai – Sep täglich 9 – 18 Uhr, Okt, April täglich 10 – 16 Uhr, Nov – März Di – So 10 – 16 Uhr. 6 €, Kinder bis 18 Jahre frei, Schwerbehinderte, Studenten, Auszubildende 4 €.

an dieser Stelle begraben wurde. Weiter geht es zum **Schwarzen See.** Der Sage nach steht dort eine alte Eiche, die einmal ein Prinz war. Kehrt auf den Hauptweg zurück und folgt der Ausschilderung nach Sellin. An einer Weggabelung müsst ihr euch entscheiden, ob ihr den schmaleren Hochuferweg nehmen möchtet, der tolle Ausblicke auf die Ostsee bietet, oder den etwas kürzeren Waldweg. Über den **Hochuferweg** kommt ihr zur **Seebrücke** und haltet euch dort rechts. Über die Wilhelmstraße, dann links in die Granitzer Straße und wieder rechts in die Ostbahnstraße erreicht ihr den **Bahnhof Sellin-Ost.** Habt ihr euch für den **Waldweg** entschieden, folgt ihr der Verlängerung der Kirchstraße und stoßt dann ebenfalls auf die Ostbahnstraße, die zur Haltestelle des Rasenden Rolands führt. Habt ihr schon müde Füße, bietet sich die Nutzung des Busses ab Seebrücke bzw. Wilhelmstraße bis zum Bahnhof oder zur Unterkunft an.

Hunger & Durst

Restaurant zum Skipper, Wilhelmstraße 31, Ostseebad Sellin. ✆038303/90740. www.skipper-sellin.de. Nov – April 12 – 21 Uhr, Mai – Okt 11 – 21.30 Uhr. Fisch- und Fleischgerichte, Kindergerichte ab 3,90 €.

Reiten & rodeln

Pferdchen, lauf Galopp

Erlebnis-Bauernhof Kliewe, Mursewiek 1, 18569 Ummanz. ✆038305/8130, www.bauernhof-kliewe.de. **Bahn/Bus:** Bus 38 bis Mursewiek. **Auto:** L30 bis Gingst, weiter auf Ummanzer Chaussee, dem Straßenverlauf folgen, rechts zum Hof. **Rad:** Ostseeküsten-Radweg. **Zeiten:** Ponyreiten April – Okt Di, Sa 15 – 16 Uhr. **Preise:** Ponyreiten 1 Runde 1 €, geführte Ponyausritte 15 Min 11 €, 30 Min 22 €, Mutter-Kind-Reitstunde 60 Min ab 25 €, Voltigieren 20 Min 18€, Reitunterricht 30 Min 25 €, Erlebnistag Pferd (Kinder ab 8 Jahre) 50 €.

▶ Auf dem Bauernhof gibt es viele Pferde und Ponys. Sie haben lustige Namen wie *Balou, Mogli* und *Bambi.* Dabei sind sie gar keinem Zeichentrickfilm entsprungen, sondern aus Fleisch und Blut. Seid ihr 4

Hunger & Durst

Bauernhofrestaurant, Mursewiek 1, Ummanz. ✆038305/8130. www.bauernhof-kliewe.de. 9 – 20 Uhr. Gemütliches Bauernhofcafé mit Spielecke, Streichel- und Kükengehege, Spielplatz.

Jahre alt, könnt ihr euren ersten Ponyausritt unternehmen. Die etwas größeren Kinder trainieren an der Longe oder nehmen Reitunterricht. Ponyspiele mit Wettbewerben, Erlebnistage oder gleich ein kompletter Bauernhof-Ponyurlaub sind ebenfalls im Programm.

Rodeln bei jedem Wetter: Inselrodelbahn Bergen

Rugardweg 7, 18528 Bergen auf Rügen. ✆03838/828282, www.inselrodelbahn-bergen.de. **Bahn/Bus:** Bus 32 bis Graskammer. **Auto:** L301 Ringstraße, auf Dammstraße abbiegen, links in Vieschstraße, dieser folgend bis Rugardweg. **Rad:** Hamburg-Rügen-Radweg. **Zeiten:** Juli – Aug 10 – 19 Uhr, Sep – Okt und April – Juni 10 – 18 Uhr, Nov – März 13 Uhr – Einbruch der Dunkelheit. **Preise:** 2 €, 3 Fahrten 5 €, 10 Fahrten 15 €, 20 Fahrten 25 €; Kinder 3 – 14 Jahre 1,50 €, 3 Fahrten 4 €, 10 Fahrten 12 €, 20 Fahrten 20 €.

▶ Keine Rodelbahn liegt nördlicher in Deutschland! Hier saust ihr das ganze Jahr über zu Tal, denn auf Schnee seid ihr nicht angewiesen. Die **Sommer- und Winterrodelbahn** ist 700 m lang. Während der Fahrt überwindet ihr einen Höhenunterschied von 27 m. Rasant geht es durch Steilkurven, über einen Sprung und eine Welle. Das Tempo bestimmt ihr durch Betätigung der Bremse selbst. Der aktuelle Geschwindigkeitsrekord liegt immerhin bei knapp 50 Stundenkilometern! Nach gelungener Fahrt könnt ihr euch am Kiosk neben der Bahn mit einer Limo zuprosten.

Freizeit- & Erlebnisparks

Zurück in die Urzeit: Dinosaurierland Rügen

Am Spyker See 2a, 18551 Glowe. ✆038302/719874, www.dinosaurierland-ruegen.de. **Bahn/Bus:** Bus 12 – 14 bis Spyker. **Auto:** B96 bis Sagard, links auf L30

Richtung Glowe. **Zeiten:** März, Nov Sa – Do 10 – 15 Uhr, April – Mai, Sep – Okt täglich 10 – 17 Uhr, Juni – Aug täglich 10 – 18 Uhr. **Preise:** 8,50 €; Kinder 4 – 12 Jahre 6,50 €. **Infos:** Hund 2 €.

▶ Hat da eben ein Brachiosaurus um die Ecke geguckt und ragt dort nicht ein T-Rex über die Sträucher? Und wer macht eigentlich diese furchterregenden Geräusche? Richtig gesehen und gehört: Das sind die Dinosaurier! Doch keine Angst, auch wenn die Tiere lebensecht aussehen und sich zum Teil sogar bewegen, fressen und beißen können sie euch nicht. Ihr könnt auf dem 1,5 km langen **Erlebnispfad** also ganz entspannt an den Urzeitriesen vorbeilaufen und einiges über sie lernen. Außerdem gibt es Spielplätze, einen **Kletterwald,** ein Steinzeitdorf und viele Mitmachangebote wie ein **Fossiliensuchplatz.**

Happy Birthday!
Geburtstagskinder haben freien Eintritt zu den Dinos. Auf euren Wunsch hin richtet man eine dino-starke Party für euch aus. Fragt nach!

Das Haus Kopf-Über

Pirateninsel Rügen GmbH, Lauterbacher Straße 10, 18581 Putbus. ✆038301/898366, www.pirateninsel-ruegen.de. **Bahn/Bus:** Bus 31 bis Lauterbach. **Auto:** L29 Alleestraße auf Lauterbacher Straße abbiegen, kostenlose Parkplätze am Haus. **Rad:** Ostseeküsten-Radweg. **Zeiten:** Nov – März 12 – 16 Uhr, April – Okt 10 – 19 Uhr. **Preise:** 5,90 €; erstes Kind 2,90 €, jedes weitere Kind 2 €.

▶ Auf zwei Etagen sind Wohnzimmer, Esszimmer, Schlafzimmer, Küche, Bad und Kinderzimmer verteilt. Es gibt einen Eingang, Fenster und innen natürlich die Einrichtung. Hört sich soweit ganz normal an. Trotzdem ist hier alles anders, denn das Haus steht kopfüber. Ihr betretet es durch ein hohes Fenster im 1. Stock und wandert anschließend scheinbar von der Decke hängend durch die Räume. Wo ist nun eigentlich oben? Ist das dort, wo euer Kopf ist oder dort, wo die Füße stehen? Ganz schön verwirrend und sehr lustig!

Freizeit- und Miniaturpark Rügenpark

Sa kann pro Vollzahler ein Kind unter 12 Jahre kostenfrei den Park besuchen.

Mühlenstraße 22b, 18569 Gingst. ✆038305/55055, www.ruegenpark.de. **Bahn/Bus:** Bus 35 bis Gingst Miniaturpark. **Auto:** B196 bis Samtens, L30 bis Gingst, dort links in Mühlenstraße, kostenfreie Parkplätze am Park. **Rad:** Ostseeküsten-Radweg. **Zeiten:** 3. April – 28. Juni Di – So 10 – 18 Uhr, 29. Juni – 30. Aug täglich 10 – 19 Uhr, 31. Aug – 1. Nov Di – So 10 – 17 Uhr. **Preise:** 9,40 €; Kinder 3 – 11 Jahre je nach Größe 2 – 7,40 €; Behinderte, Senioren, Studenten 7,40 €.

▶ Zwischen den Miniaturhäusern im Rügenpark fühlen sich selbst die Kleinen ganz groß. Unter den Modellen im Maßstab 1:25 findet ihr Nachbauten von regionalen Gebäuden wie dem Kurhaus Binz, aber auch von bekannten Bauwerken aus Deutschland und der ganzen Welt. Da schaut ihr dem Dom von Bamberg von oben aufs Dach und spaziert an der chinesischen Mauer und dem Opernhaus von Sydney vorbei. Neben den Miniaturen locken viele Fahrattraktionen wie Achter- und Wasserbahnen, die Parkeisenbahn *Emma,* Scooter und Seilbahnen. Zudem gibt es Hüpfkissen, lange Rutschen und Schaukeln.

Klettern & toben

Kletterwald Rügen

Auf dem Kinderparcours können eure Eltern euch kostenlos begleiten.

Rugardweg 9, 18528 Bergen auf Rügen. ✆03831/207465, Handy 0152/04903263. www.ruegen-kletterwald.de. **Lage:** An der Freilichtbühne. **Bahn/Bus:** Bus 32 bis Graskammer. **Auto:** L301 Ringstraße, auf Dammstraße abbiegen, links in Vieschstraße, dieser folgen bis Rugardweg, kostenlose Parkplätze an der Inselrodelbahn. **Rad:** Hamburg-Rügen-Radweg. **Zeiten:** April – Okt 10 – 18 Uhr. **Preise:** 20 €; Kinder 5 – 7 Jahre 10 €, ab 8 Jahre 14 €; Azubis, Studenten 17 €, Familienkarte 1 Erw, 2 Kinder 43 €, 2 Erw, 1 Kind 48 €, 2 Erw, 2 Kinder 54 €, jedes weitere Kind 11 €. **Infos:** Ab 5 Jahre und 110 cm Körpergröße.

▶ Ihr klettert in Höhen von bis zu 20 m über fünf Parcours mit bis zu 18 verschiedenen Elementen. Die Routen sind der Körpergröße und dem Können angepasst, sodass ihr schon ab 5 Jahre euer Geschick unter Beweis stellen könnt. Bevor ihr euch auf den Weg macht, erhaltet ihr eine Sicherheitseinweisung und Hinweise zu den Routen.

Gut gesichert, aber doch mit mulmigem Gefühl: Im Kletterwald

© pmv, Sandra Pixberg

Wie Tarzan durch die Bäume hangeln: Seilgarten Prora

Objektstraße 52, Block 3, 18609 Ostseebad Binz-Prora. Handy 0152/03647424. www.seilgarten-prora.de. **Bahn/Bus:** Bhf Prora Ost. **Auto:** L29 Richtung Neu-Mukran, rechts in Strandstraße abbiegen, dann gleich links. **Rad:** Ostseeküsten-Radweg. **Zeiten:** April – Mai, Okt Di – So 10 – 17 Uhr, Juni – Sep Di – So 10 – 18 Uhr, letzter Einstieg 2,5 Std vor Schließung. **Preise:** 2 Std 22 €, Schnupperklettern Parcours 1 – 4 13 € pro Person; Kinder 5 – 13 Jahre 15 €, 14 – 17 Jahre 17 €; Studenten, Azubis 19 €, Familientarife 32 – 64 €. **Infos:** Ab 5 Jahre und 110 cm Körpergröße.

▶ Elf Parcours stehen euch zur Verfügung, zwei davon könnt ihr schon ab 5 Jahre (bei einer Schulterhöhe von 110 cm) in Begleitung absolvieren. Immerhin acht Elemente habt ihr dabei zu bewältigen. Größere Kinder dürfen sich etwas höher wagen und an kniffligeren Routen versuchen. Für alle gilt: Sicherheit geht vor. Deshalb gibt es eine Einweisung in die Sicherungstechnik und eine Beschränkung der Parcours nach Alter bzw. Körpergröße. In den Gurt darf dann nur, wer diese Mindestanforderung erfüllt.

Golfcity Rügen, Industriestraße 10, Bergen auf Rügen. ✆03838/8281644. www.golfcity-ruegen.de. Mo – Fr 13 – 19, Sa, So, Fei 12 – 19 Uhr. 3D-Schwarzlicht-Minigolf. 7,50 €, Kinder 4,90 €.

Happy Birthday! Kindergeburtstag auf der Pirateninsel feiern? Verschiedene Arrangements ab 10 € pro Kind inkl. Eintritt.

Durch die Halle toben: Pirateninsel Rügen

Lauterbacher Straße 10, 18581 Putbus. ✆038301/898366, www.pirateninsel-ruegen.de. **Bahn/Bus:** Bus 31 bis Lauterbach. **Auto:** von L29 Alleestraße auf Lauterbacher Straße. **Rad:** Ostseeküsten-Radweg. **Zeiten:** Juni – Aug täglich 10 – 19 Uhr, Sep – Mai Mo – Fr 13 – 19, Sa, So 10 – 19 Uhr. **Preise:** 4,10 €, ab 17.30 Uhr 2,80 €, 10er-Karte 33 €; Kinder 1 – 2 Jahre 3,50 €, 3 – 17 Jahre 7,20 €, ab 17.30 Uhr 4 €, 10er-Karte 60 €.

▶ Erst rennen oder hüpfen? Klettern oder kriechen? Im Hallenspielplatz fällt die Auswahl manchmal schwer. Zu viel gibt es zu entdecken: Wabbelberge, Trampoline, Kletternetze, Rutschen, Fußballfelder und sogar Boote im Außenbereich. Die Krabbelkinder haben einen eigenen Spielbereich. Für die Großen gibt es seit Neuestem eine **Piratenhöhle** mit 3D-Lasershow. Hier könnt ihr eure Geschicklichkeit und eure Verrenkungskünste unter Beweis stellen. Wer schafft es durch die Höhle, ohne die Laserstrahlen zu berühren?

UMWELT ERFORSCHEN

Tiere & Natur erleben

Tierpark Sassnitz

Steinbachweg 4, 18546 Sassnitz. ✆038392/22381, www.tierpark-sassnitz.de. **Bahn/Bus:** Bus 20, 23 bis Abzweig Waldhalle. **Auto:** B96 bis Sassnitz, am Ortsausgang Parkplatz Tierpark am Nationalpark. **Rad:** Hamburg-Rügen-Radweg. **Zeiten:** April – Sep 10 – 18 Uhr, Okt 10 – 17 Uhr, Nov – März 10 – 16 Uhr. **Preise:** 3,50 €; Kinder 3 – 14 Jahre 2 €; Familienkarte 2 Erw und eigene Kinder 8 €, Schwerbehinderte 2 €, mit Kurkarte Sassnitz 1,70 – 6,50 €. **Infos:** Hund 1 €.

Im Tierpark dürft ihr einen Blick hinter die Kulissen werfen und euch als Tierpfleger versuchen. 1 Std, max. 3 Pers 30 € inkl. Eintritt.

▶ Viele Tiere leben in den Buchenwäldern des **Nationalparks Jasmund.** Zu Gesicht bekommt ihr die scheuen Waldbewohner in freier Natur allerdings selten. Deshalb lohnt ein Besuch im Tierpark, denn dort könnt ihr Mufflons, Marder, Waschbär, Rotfuchs und Eule ganz in Ruhe betrachten. Auch Wölfe gibt es zu sehen. Sie sind zwar nicht im Nationalpark heimisch, aber in Deutschland gibt es, nachdem sie dort ausgerottet waren, wieder in Freiheit lebende Wölfe. Im **Streichelgehege** warten Meerschweinchen und Kaninchen auf euch. Auch ein **Spielplatz** befindet sich auf dem Gelände.

Fällt steil ab ins Wasser: Die Küste auf Jasmund

Nationalparkzentrum Königsstuhl

Stubbenkammer 2, 18546 Sassnitz. ✆038392/661766, www.koenigsstuhl.de. **Bahn/Bus:** Bus 20, 23 bis Königsstuhl. **Auto:** Von Sassnitz L303 bis Hagen, Großparkplatz nutzen und Wanderweg folgen oder Shuttlebus nehmen. **Rad:** Ostseeküsten-Radweg. **Zeiten:** Ostern – Ende Okt 9 – 19 Uhr, Nov – Ostern 10 – 17 Uhr. **Preise:** 8,50 €; Kinder 6 – 14 Jahre 4 €; Familienkarte 2 Erw und eigene Kinder 17 €, Rabatte bei Vorlage eines DB-Fernverkehrstickets, der Kurkarte Sassnitz, dem Ostsee-, MV- und SH-Ticket.

▶ Kreidestücke kennt ihr aus der Schule. Hier gibt es Berge davon. Der Kreidefelsen mit dem Namen **Königsstuhl** ist vom Meer weithin sichtbar. Weiß leuchtet er vor dem grünen Wald und dem blauen Himmel. Und auch aus anderer Richtung – vom Felsen auf die Ostsee – ist die Sicht fantastisch. 118 m erhebt sich das Wahrzeichen Rügens über dem Meeresspiegel. Vom Nationalparkzentrum führt ein Weg zur **Aussichtsplattform** am Königsstuhl, von der ihr den besten Blick auf die Kreideküste habt. Auf dem Außengelände gibt es aber noch mehr zu entdecken. Kletterbäume warten auf Kraxelkönige und eine Himmelsschaukel auf Flugbegeisterte. Schaut ihr durchs Welterbe-Fenster, entdeckt ihr einen klitzekleinen Teil

Bei Anreise zum Königsstuhl mit Bus und Bahn gibt es vergünstigte Kombitickets. Sie gelten zum Beispiel für den Shuttle-Bus ab Hafen Sassnitz und den Shuttle ab Hagen sowie in Verbindung mit einer Tagesfahrkarte des Rügener Nahverkehrs. Weitere Infos ↗ Internetseite.

Gespannt lauschen: Im Nationalparkzentrum erfahrt ihr alles über die Fische der Ostsee

des als UNESCO-Weltnaturerbe ausgezeichneten *Alten Buchenwaldes.* Im **Besucherzentrum** erwartet euch eine interaktive Erlebnisausstellung. Auf vier Etagen erfahrt ihr auf einer Zeitreise, wie die Kreideküste entstand, wer das Kreidemeer bewohnte, wie Steine wandern und die Buchenwälder entstanden.

Granitzhaus

Informationszentrum UNESCO-Biosphärenreservat Südost-Rügen, 18609 Ostseebad Binz. ✆038301/ 88290, www.biosphaerenreservat-suedostruegen.de. **Lage:** Unterhalb des Jagdschlosses Granitz. **Bahn/ Bus:** Rasender Roland bis Garftitz oder Jagdschloss, von dort 1 km Fußweg. **Auto:** B196 auf L29 Richtung Binz, Parkplatz auf der rechten Seite, dann 2 km Fußweg. **Rad:** Ostseeküsten-Radweg. **Zeiten:** Mai –Sep 10 – 18 Uhr, Okt 10 – 16 Uhr. **Preise:** Eintritt frei.

▶ Das auffallend rot gestrichene Gebäude unterhalb des ↗ *Jagdschlosses Granitz* ist das ehemalige Forsthaus der *Fürsten zu Putbus.* Während der Jagd brachten sie darin ihre Gäste unter. Heute befindet sich hier eine sehenswerte **Ausstellung** zum *Biosphärenreservat Südost-Rügen,* den Tieren und Pflanzen der Granitz. Außerdem gibt es wechselnde Sonderausstellungen, die sich mit Natur- und Umweltthemen befassen. Die Ranger vor Ort beantworten gern eure Fragen. Außerdem bieten sie geführte Wanderungen und Radtouren an. Informationsmaterial dazu bekommt ihr vor Ort oder bei den Tourist-Infos.

Zweiradhandel Deutschmann, Dollahner Straße 17, Ostseebad Binz. ✆038393/ 32420. www.zweirad-deutschmann.de. Mo – Fr 9 – 18, Sa, So 9 – 12 und 17 – 18 Uhr. Tourenrad ab 6, Pedelecs ab 20 € pro Tag.

Entdeckungen auf Lehrpfaden

Naturlehrpfad rund um den Rugard

18528 Bergen auf Rügen. www.stadt-bergen-auf-ruegen.de. **Länge:** Rundweg 2,5 km, Gehzeit etwa 1 Std. **Bahn/Bus:** Bus 32 bis Graskammer. **Auto:** L301 Ringstraße, auf Dammstraße abbiegen, links in Vieschstraße, dieser folgen bis Rugardweg. **Rad:** Hamburg-Rügen-Radweg. **Zeiten:** ganzjährig frei zugänglich.

▶ Der *Rugard* ist mit etwa 90 m über dem Meeresspiegel die höchste Erhebung Rügens und ein beliebtes Naherholungsziel. Spazierwege führen durch das bewaldete Gebiet, das seit 1830 im Besitz des *Fürsten zu Putbus* war und von ihm aufgeforstet wurde. Der **Naturlehrpfad** führt euch vom ↗ *Ernst-Moritz-Arndt-Turm* in einer Stunde durch den Wald. Am Eingang zum Pfad findet ihr 6 Tafeln, die euch unter anderem einen Einblick in die Geschichte des Ortes geben. An einem 2. Tafel-Standort erfahrt ihr Interessantes zu den Bäumen und Gehölzen der Gegend.

Minigolf am Rugard, Rugardweg 8, Bergen a.R. ✆ 03838/4049944. www.ruegen-minigolf.de. Juni – Aug 10 – 19, April – Mai, Sep – Okt 10 – 18 Uhr. 4,50 €, Kinder bis 16 Jahre 3 €, Gruppenkarte ab 6 Kinder je 2,50 €, Familienkarte 12 €.

Baumwipfelpfad im Naturerbezentrum Rügen

Naturerbe Zentrum Rügen, Forsthaus Prora 1, 18609 Ostseebad Binz-Prora. ✆ 038393/662200, www.nezr.de. **Länge:** 1,25 km. **Bahn/Bus:** Bus 20, 28 bis Prora, Forsthaus. **Auto:** B196 auf L293, kostenpflichtige Parkplätze vor Ort. **Rad:** Ostseeküsten-Radweg. **Zeiten:** Mai – Sep 9.30 – 19.30 Uhr, April und Okt 9.30 – 17.30 Uhr, Nov – März 9.30 – 16.30 Uhr. **Preise:** 10 €; Kinder 6 – 17 Jahre 8 €; Schüler, Studenten, Rentner, Schwerbehinderte 8,50 €, Familienkarte (2 Erw, eigene Kinder) 21 €.

Bis in die Baumkronen hinein: Der Baumwipfelpfad auf Rügen

© pmv, Karolin Küntzel

▶ 40 m über dem Boden führt der **Pfad** durch die Wipfel der Bäume und erhebt sich schließlich über sie. Weht unten noch ein laues Lüftchen, kann es oben ziemlich windig sein. Doch bevor ihr selbst die fantastische Aussicht über Rügen genießen könnt, passiert ihr verschiedene Stationen. Wer möchte, balanciert über wackelige Baumscheiben und probiert die Mitmachelemente aus. Findet ihr heraus, wie viel Kraft nötig ist, um Wasser bis in die Spitze eines Baumes zu befördern? Kennt ihr die Stockwerke eines Waldes und erratet ihr, welcher Vogel welches Nest baut? Zurück auf der Erde lohnt in jedem Fall noch ein Besuch der **Erlebnisausstellung.** Schaut in den Wohnstuben der Tiere vorbei und schlagt Funken mit Steinen. Am Fuß des Baumwipfelpfades gibt es einen großen **Spielplatz.**

Hunger & Durst

Boomhus, Forsthaus Prora 1, Ostseebad Binz. ✆038393/ 662200. www.nezr.de. Café und Restaurant mit Bio-Menüs.

Holt euch an der Kasse die Baumwipfelpfad-Comic-Rallye (1 €). Für die richtigen Lösungen gibt es eine Überraschung.

HANDWERK UND GESCHICHTE

Türme erklimmen

Ein Turm zu Ehren des Dichters: Ernst-Moritz-Arndt-Turm

Rugardweg 10, 18528 Bergen auf Rügen. ✆03838/ 8110, www.stadt-bergen-auf-ruegen.de. **Bahn/Bus:** Bus 32 bis Graskammer. **Auto:** L301 Ringstraße, auf Dammstraße abbiegen, links in Vieschstraße, dieser folgen bis Rugardweg. **Rad:** Hamburg-Rügen-Radweg. **Zeiten:** Ostern – Okt 10 – 18 Uhr, Nov – Ostern 10 – 16 Uhr. **Preise:** 1,50 € pro Person.

▶ Zu Ehren des Dichters *Ernst Moritz Arndt* (1769 – 1860), der auf Rügen geboren wurde, baute man diesen Turm in einen slawischen Burgwall. Sieben Jahre, 1869 – 76, dauerte die Errichtung des 27 m hohen Gebäudes. Das hört sich nicht besonders hoch an. Aber weil er auf dem *Rugard* steht, ist euch ein guter Ausblick aus der Glaskuppel des Backsteinbaus sicher. Insgesamt 80 Stufen sind zu erklimmen. Verschnaufen könnt ihr an einer der drei Aussichtsterrassen.

Hunger & Durst

Am Rugard, Rugardweg 10, Bergen auf Rügen. ✆03838/20190. www.rugard.de. Mo – So ab 11 Uhr. Hotel und Restaurant am Fuß des Aussichtsturms, große Sonnenterrasse.

Die drei Türme auf Kap Arkona

Am Parkplatz 1, 18556 Putgarten. ✆038391/4190, www.kap-arkona.de. **Bahn/Bus:** Bus 11 bis Putgarten. **Auto:** Über Altenkirchen nach Putgarten, ausgewiesenen Großparkplatz nutzen (kostenpflichtig). **Rad:** Ostseeküsten-Radweg. **Zeiten:** ganzjährig, Schinkelturm Juli, Aug 10 – 19 Uhr, Sep 10 – 18 Uhr, April – Juni, Okt 10 – 17 Uhr, Nov – März 11 – 16 Uhr, Neuer Leuchtturm 10 – 18 Uhr, Peilturm April – Juni 11 – 17 Uhr, Juli – Sep 11 – 18 Uhr, Okt 11 – 17 Uhr. **Preise:** Schinkelturm 2 €, Neuer Leuchtturm und Peilturm je 3 €; Kinder 4 – 12 Jahre Schinkelturm 1,50 €, Peilturm 2 €, Neuer Leuchtturm bis 6 Jahre Eintritt frei; Familienkarte (2 Erw und eigene Kinder) 5,50 €.

▶ *Kap Arkona* ist eins der beliebtesten Touristenziele auf Rügen. Kein Wunder, denn das Flächendenkmal ist so etwas wie ein riesiges Museum mit Aussicht. Falls euch der Blick von der Steilküste nicht genügt, geht es ohne Weiteres noch höher hinauf. Zwei ungleiche Leuchttürme bieten sich dafür an. Der viereckige, knapp 20 m hohe **Schinkelturm** ist nach dem Travemünder Leuchtturm der älteste an der deutschen Ostseeküste. Nur seinem berühmten Erbauer und Namensgeber, dem preußischen Baumeister und Architekten *Karl Friedrich Schinkel,* ist zu verdanken, dass der Turm nicht abgerissen wurde, als ein neuer, höherer gebraucht wurde. Der neue, runde **Backsteinleuchtturm** ist 35 m hoch und seit 1905 in Betrieb. Wenn ihr es die 180 Stufen hinauf schafft, werdet ihr mit einem fantastischen Blick über Wittow und Hiddensee belohnt. Der dritte Turm, den ihr auf eurem Fußweg zum Kap rechts

Hunger & Durst

Helene-Weigel-Haus, Dorfstraße 16, Putgarten. ✆038391/431007. www.helene-weigel-haus.de. Mai – Okt So – Fr 13 – 17 Uhr. Das Haus war einst Feriendomizil der Schauspielerin *Helene Weigel* Im traumhaften Garten werden Kuchen und Kaffee serviert.

Könnten ungleicher nicht sein: Leuchttürme auf Kap Arkona

© pmv, Karolin Küntzel

von euch gesehen habt, ist ein ehemaliger **Marinepeilturm.** Wechselnde Kunstausstellungen sind dort zu sehen. Auch zwei alte Bunkeranlagen und die Überreste der slawischen *Jaromarsburg,* einer Tempelanlage aus dem 9. Jahrhundert, sind einen Blick wert. Und dann ist da noch das Fischerdörfchen **Vitt** mit seiner oberhalb des Ortes liegenden weißen Kapelle. Ihr erreicht Vitt, wenn ihr dem Hochuferweg am Peilturm vorbei folgt.

Nicht weit vom Kap Arkona, am *Gellort,* liegt der *Siebenschneiderstein,* ein gewaltiger Findling, am Strand.

Museen

Museumshof Gingst

Karl-Marx-Straße 19 – 20, 18569 Gingst. ✆038305/304, Handy 0152/21559867. www.historische-handwerkerstuben-gingst.de. **Bahn/Bus:** Bus 35, 38, 40, 41 bis Gingst Markt. **Auto:** B196 bis Samtens, weiter auf L30 bis Gingst, der Hof befindet sich auf der rechten Seite. **Rad:** Ostseeküsten-Radweg. **Zeiten:** Mai – Okt täglich 10 – 17 Uhr. **Preise:** 3 €; Kinder 6 – 14 Jahre 2,50 €; Familienkarte (2 Erw und eigene Kinder) 7,50 €.

▶ Zwei Fachwerkhäuschen aus dem 18. Jahrhundert beherbergen die historischen Handwerkerstuben. Betretet ihr sie, seht ihr, wie Schuster, Weber, Schneider und Näher damals arbeiteten und lebten. Eine Schmiede, Küchenutensilien sowie landwirtschaftliche Geräte runden die **Ausstellung** ab. Regelmäßig finden Veranstaltungen und Märkte statt. Auf dem **Grünen Markt** bekommt ihr jeden Sa 10 – 16 Uhr regionale Produkte wie Lebensmittel und Naturkosmetik, aber auch Bücher und Kunsthandwerk.

Hunger & Durst

Museumscafé Gingst, Karl-Marx-Straße 19a, Gingst. ✆038305/539993. www.museumscafe-gingst.de. Täglich 11 – 18 Uhr, Juni – Sep Sa ab 10 Uhr. Hübsches Café mit Terrasse und Laden, antiquarische Bücher zum Schmökern und Kaufen.

Kreidemuseum Gummanz

creta gemeinnützige GmbH Kreidemuseum Rügen, Gummanz 3a, 18551 Sagard. ✆038302/56229, www.kreidemuseum.de. **Bahn/Bus:** Bus 13, 14 bis Neddesitz. **Auto:** B96 bis Sagard, L30 nach Neddesitz, über Gummanzer Straße bis Hotel Steigenberger, dort parken und ausgeschildertem Fußweg folgen. **Rad:** Ostseeküsten-Radweg. **Zeiten:** Ostern – Okt täglich 10 – 17 Uhr, Nov – Ostern Di – So 10 – 16 Uhr. **Preise:** 4,50 €; Kinder 7 – 15 Jahre 2,50 €; Schüler, Studenten, Azubis, Arbeitslose, Schwerbehinderte 2,80 €, Familienkarte (Eltern mit eigenen Kindern bis 16 Jahre) 9,50 €.

▶ *Weißes Gold* wird die Rügener Kreide genannt. An einem der Originalschauplätze des Kreideabbaus, in der ehemaligen Werkshalle, befindet sich das **Museum.** Bis 1962 waren dort noch Arbeiter mit dem Abbau beschäftigt. Heute unternehmt ihr hier eine Zeitreise in die Geschichte der Kreide von ihrer Entstehung bis hin zu ihrem Abbau. Ihr seht **Fossilien,** Feuersteine und Arbeitsgeräte für den Kreideabbau und erfahrt, was sie mit der Kreide zu tun haben bzw. wie sie genutzt und eingesetzt wurden. Auf dem Freilichtgelände erobert sich die Natur den aufgelassenen Kreidebruch zurück. Dort ist ein **Kreidelehrpfad** eingerichtet.

***Fossilien** sind Abdrücke oder Versteinerungen von Lebewesen aus vorgeschichtlicher Zeit.*

Mit dem Griffel in der Hand: Schulmuseum Middelhagen

Dorfstraße 1, 18586 Middelhagen. ✆038308/2478, www.middelhagen.de. **Bahn/Bus:** Bus 20, 24 bis Middelhagen. **Auto:** B196 auf L292 Richtung Thiessow, in Middelhagen rechts in Dorfstraße. **Rad:** Ostseeküsten-Radweg. **Zeiten:** April, Okt Di – So 11 – 15 Uhr, historische Schulstunde Mi 11 Uhr, Mai, Sep Di – So 10 – 16 Uhr, Schulstunde Mi 10 Uhr, Juni – Aug Di – So 10 – 17 Uhr, Schulstunde Mi 10 Uhr, Juli, Aug auch Di 10 Uhr. **Preise:** Museum 3 €, mit Schulstunde und Zeugnis 7 €; Kinder bis 6 Jahre Schulstunde und Zeugnis 1,50 €, Schüler, Studenten Museum 1,50 €, mit Schulstunde und Zeugnis 3 €; Erw mit Kurkarte 2,50 bzw. 6 €.

▶ Welchen Grund sollte es für euch geben, ausgerechnet an den freien Tagen ein Schulmuseum zu besuchen? In die Schule geht ihr doch auch sonst und

Hunger & Durst

Zum Froschkönig, Dorfstraße 24, Middelhagen. ✆038308/25663. Di – So 12 – 18 Uhr. Hausgemachte Torten werden im schönen Garten des Cafés serviert.

wisst, wie es dort zugeht! Hier ist aber alles anders. Das Schulhaus, in dem sich heute das Museum befindet, stammt aus dem Jahr 1825 und wurde rund 150 Jahre tatsächlich als Schule genutzt. In einer Klasse unterrichtete der Dorfschullehrer alle Kinder des Ortes gemeinsam. Wie der Unterricht damals ablief, erlebt ihr in der **historischen Schulstunde.** Dort quetscht ihr euch nicht nur in alte, viel zu enge Bänke. Ihr müsst dem Lehrer auch noch gehorchen, mit Tinte und Griffel schön schreiben und ziemlich verschnörkelte Schrift, genannt *Sütterlin,* entziffern. Na, ob das gut geht? Das Zeugnis, das ihr für eure Leistung bekommt, wird es zeigen.

Mit etwas Glück findet ihr an Rügens Küsten Fossilien. Wie ihr sie erkennt, zeigt euch das Buch *Rügens Schätze am Kreidestrand.* Biber & Butzemann Verlag, ISBN 978-3-942428-07-1, 3,99 €.

Museum Seefahrerhaus

Seestraße 17b, 18586 Ostseebad Sellin. ✆038303/371105, www.ostseebad-sellin.de. **Bahn/Bus:** Rasender Roland bis Sellin. **Auto:** B196 bis Sellin. **Rad:** Ostseeküsten-Radweg. **Zeiten:** März – Okt täglich 10 – 16 Uhr, Nov – Feb Di – Sa 10 – 16 Uhr. **Preise:** Eintritt frei.

▶ Das Seefahrerhaus, ein Neubau nach altem Vorbild, liegt direkt am *Selliner See.* Ihr erkennt es an dem reetgedeckten Dach und dem alten Fischerboot, das vor dem Haus auf dem Rasen gestrandet ist. Innen bekommt ihr einen Einblick in die Welt der Fischer und Seefahrer. Wie lebten sie früher, welche Geräte benötigten sie für ihre Arbeit, wie fanden sie auf See den Weg und wie waren ihre Boote gebaut? Auf alle diese Fragen gibt es in der Ausstellung Antworten. Sehr interessant ist auch die **Fossiliensammlung,** die sich im oberen Stockwerk befindet.

Ständiger Begleiter der Seefahrer: Möwe im Wind

© pmv, Karolin Küntzel

Lotsenturm Thiessow

Kurverwaltung Ostseebad Thiessow, Lotsenberg 1, 18586 Ostseebad Thiessow. ✆038308/8280, www.ostseebad-thiessow.de. **Bahn/Bus:** Bus 20, 24 bis Thiessow Wendeplatz. **Auto:** L292 bis Thiessow, ausgeschilderte Parkplätze an Haupt- oder Strandstraße, Fußweg etwa 20 Min. **Rad:** Ostseeküsten-Radweg. **Zeiten:** Ausstellungen im Lotsenturm und Historische Lotsenwache April – Okt täglich 9 – 18 Uhr. **Preise:** Aussichtsplattform 1 €, Museum kostenfrei.

▶ Von der **Aussichtsplattform** des Lotsenturms auf dem 36 m hohen *Lotsenberg* habt ihr einen guten Ausblick auf den Greifswalder Bodden und die Ostsee. Dies nutzten auch die Lotsen, zu deren Aufgabe es gehörte, Schiffe sicher in den Bodden hinein und wieder auf die Ostsee hinaus zu geleiten. Diese Aufgabe wurde ab dem 17. Jahrhundert zuerst von ortsansässigen Fischern und Kapitänen übernommen und später von fest angestellten Lotsen fortgeführt. Im Turm befindet sich ein kleines **Museum,** in dem ihr mehr über das Lotsenwesen erfahrt.

Rügen-Markt, Hafen Thiessow, Ostseebad Thiessow. www.ruegen-markt.com. Mai – Okt Di, Do 9 – 16 Uhr. Regionaler Markt mit Rügener Produkten wie Seife, Wolle, Kunsthandwerk, Schmuck, Mode, Honig, Wildspezialitäten, Fisch.

Museum zum Mitmachen: Experimenta

Prorarer Chaussee/Gewerbegebiet 1, 18609 Ostseebad Binz-Prora. ✆038393/131318, www.experimenta-ruegen.de. **Bahn/Bus:** Bhf Prora. **Auto:** L29 von Binz Richtung Prora bis Einmündung L293. **Rad:** Ostseeküsten-Radweg. **Zeiten:** 1. – 15. Feb täglich 10 – 16 Uhr, 28. – 31. März, Sep 10.30 – 17 Uhr, Mai, Juni, Okt 10 – 17 Uhr, Juli – Aug 10 – 18 Uhr. **Preise:** 6,50 €; Kinder 4 – 17 Jahre 5,50 €; Senioren, Studenten 6 €.

▶ Kann man ein Boot mit Wasser antreiben, wie baut sich eine Welle auf und hat das **Möbius-Band** nur eine Seite? Wie rollen Kugeln bergauf und warum sind Kinder plötzlich größer als ihre Eltern? Wie fühlt sich ein Erdbeben an und ist es möglich, in eine Seifenblase zu steigen? Im Museum oder besser gesagt im **Forschungslabor** könnt ihr diesen Fragen selbst auf den Grund gehen. Dann ist anfassen, ausprobieren und staunen angesagt. Physik ist plötzlich kinderleicht und auch eure Eltern werden verblüfft sein. Nehmt an einer Ausgrabung teil und findet Edelsteine oder wascht im Goldgräber-Camp das begehrte

Schneidet einen 30 cm langen und 2 cm breiten Streifen aus Papier. Verdreht den Streifen in der Mitte um 180 Grad und klebt dann die Enden zusammen. Die verschlungene Form, die dabei entsteht, nennt man ***Möbius-Band.*** *Fahrt mit dem Finger das Band entlang. Wie viele Seiten hat eure Möbius-Schleife?*

Edelmetall aus dem Wasser. Weil es so viel zu entdecken gibt, plant für euren Besuch 2 Stunden ein.

Eisenbahn- und Technikmuseum Rügen

18609 Ostseebad Binz-Prora. ✆038393/2366, www.etm-ruegen.de. **Bahn/Bus:** Bhf Prora. **Auto:** L29 Richtung Neu-Mukran, in Höhe Prora rechts abbiegen, Bahn überqueren, links in Mukraner Straße. **Rad:** Ostseeküsten-Radweg. **Zeiten:** April – Okt täglich 10 – 17 Uhr. **Preise:** 10 €; Kinder 5 €.

▶ Ob kleine Feldbahn oder Riesenlokomotive, grüner Trabbi oder rotes Feuerwehrfahrzeug, vieles, was mal auf den Schienen oder den Straßen unterwegs war, ist hier versammelt. Selbst so kuriose Fahrzeuge wie eine Dampfschneeschleuder sind zu besichtigen. Eine Ausstellung, die vor allem Jungs- und Männeraugen zum Leuchten bringt. Da die gesamte Ausstellungsfläche überdacht ist, bietet sich ein Besuch auch bei Regenwetter an.

BÜHNE, LEINWAND & AKTIONEN

Kino, Theater & Kindertreff

Piraten auf dem Bodden: Störtebeker Festspiele

Störtebeker Festspiele GmbH & Co. KG, Am Bodden 100, 18528 Ralswiek. ✆03838/31100, www.stoertebeker.de. **Bahn/Bus:** Bus 39 bis Naturbühne Ralswiek. **Auto:** B96 bis Ralswiek, Parkleitsystem folgen. **Rad:** Hamburg-Rügen-Radweg. **Zeiten:** Mitte Juni – Anfang Sep Mo – Sa 20 Uhr. **Preise:** 22 – 34 €; Kinder bis 15 Jahre 13 – 25 €.

Sitzkissen, Decke und Regenjacke nicht vergessen. Auch ein Mückenschutz kann nicht schaden.

▶ Jedes Jahr im Sommer läuft der legendäre Piratenhauptmann *Klaus Störtebeker* mit seinem Freund *Goedeke Michels* und seiner Mannschaft die **Naturbühne Ralswiek** im *Großen Jasmunder Bodden* an. Dann ist es Zeit für eine neue Episode aus dem Leben des berühmt-berüchtigten Mannes. Rund 150 Mitwirkende bevölkern die Szenerie, landen mit Schiffen an oder reiten zu Pferde durch die Arena. Es wird gekämpft und miteinander gerungen, gesungen, getrunken, geritten und sogar geflogen. Diesen Part übernimmt ein Greifvogel, der dicht über die Köpfe der Zuschauer hinweg segelt und zielgenau auf dem ausgestreckten Arm des Freibeuters landet. Waghalsige Stunts und laute Explosionen fehlen ebenso wenig wie das Höhenfeuerwerk über dem Bodden als krönender Abschluss der Veranstaltung.

UC Kino Bergen

Ringstraße 140, 18528 Bergen auf Rügen. ✆ 03838/ 202122, www.uc-kino-ruegen.de. **Lage:** Im Rügencenter Bergen. **Bahn/Bus:** Bhf Bergen. **Auto:** B96 bis Bergen, auf Gingster Chaussee abbiegen, links in Ringstraße. **Rad:** Hamburg-Rügen-Radweg. **Zeiten:** Vorstellungen 13 – 20.15 Uhr. **Preise:** 8 – 10,20 €, 3D-Filme 11 – 13,20 €; Kinder bis 11 Jahre 6,50 – 7,50 €, 3D-Filme 9,50 – 10,50 €; Erw unter 25 Jahre 8,20 – 11,20 €, Schüler und Studenten unter 25 Jahre 8 – 12,20 €.

▶ In sechs Kinosälen mit maximal 184 Sitzplätzen seht ihr die neuesten Streifen, viele auch in 3D. Die Hälfte der Säle verfügt über Doppelsitze, in denen ihr euch wunderbar zusammenkuscheln könnt, wenn es mal zu spannend wird.

Sportstrand Tiki Beach

Nordstrand 5, 18586 Ostseebad Göhren. Handy 0179/4499600. www.tiki-beach.de. **Lage:** Strandzugang 12. **Bahn/Bus:** Rasender Roland bis Göhren, Ortsbus bis Göhren Campingplatz. **Auto:** B196 Richtung Göhren, in Bahnhofstraße, gebührenpflichtige Parkplätze am Bhf. **Rad:** Ostseeküsten-Radweg. **Zeiten:** Juli – Aug. **Preise:**; Kinderbetreuung 2 Std 7 €, Beachvolleyball- oder Skimboardkurse 2,5 Std 15 €, 1 Std Miete Beachvolleyballfeld 8 €, Verleih Skimboard 1 Std 4 €, Volley-, Feder- oder Fußball 2 € pro Std.

▶ Am Sportstrand von Göhren erwartet euch ein buntes Sportprogramm. Wollt ihr mit dem Skimboard (ein

Dünengolf Göhren, Promenade, Strandzugang 10, Ostseebad Göhren. Handy 0170/8018691. www.golf-goehren.de. 28. März – Okt 10 – 18 Uhr, bei schönem Wetter bis 21 Uhr. Anlage mit 2 Routen an der Promenade. Ab 5 €, Kinder bis 16 Jahre ab 4 €.

leichtes, kleines Surfboard) auf den auslaufenden Wellen gleiten? Oder lieber einen Beachvolleyball-Wettkampf austragen? Das entscheidet ihr jeden Tag aufs Neue und ganz spontan. Eine Anmeldung ist nicht erforderlich. Ihr könnt an Sportkursen teilnehmen, euch Geräte und Material ausleihen oder einfach nur in den Liegestühlen am Strand relaxen. Jeden Fr ab 18 Uhr startet die **Tiki-Beach-Party.**

FESTKALENDER RÜGEN

Januar: 1., Göhren: **Traditioneller Neujahrsspaziergang** rund um Göhren.

Ostern: Binz: **Osterfeuermeile** mit Musikprogramm.

Juni: Juni – Sep, Ralswiek: **Störtebeker-Festspiele.**

Binz: **Blue Wave Festival,** Musik unterschiedlicher Stilrichtungen überall im Ort (Do – So).

Juli: Altefähr: **Sundschwimmen** von Altefähr nach Stralsund.

Lauterbach: **Drachenbootrennen.**

August: **Vilm-Schwimmen:** Die Schwimmer starten auf der Insel Vilm und schwimmen 2,5 km bis nach Lauterbach.

Göhren: **Seebrückenfest** mit Musik und Markt.

Göhren: **Buskamfest** mit buntem Familienprogramm.

Sellin: **Seebrückenlauf** für große und kleine Sportler, Hafenfest Seedorf.

Sassnitz: **Sail Sassnitz** im Fährhafen Sassnitz-Mukran, Windjammer, Regatten, Mitsegeln, Kinder- und Bühnenprogramm.

September: Kap Arkona, Rügenhof: **Erntefest.**

Oktober: Rügendammbrücke: **Rügenbrückenmarathon** mit Kinderlauf.

Tour d'Allée Rügen, Radrennen durch die schönen Alleen der Insel.

Binz: **Drachenfest** mit Kinderschminken, Drachenwerkstatt und Prämierung der Drachen.

Dezember: In den Seebädern: **Silvesterfeuerwerk** am Strand.

HIDDENSEE

Hiddensee
Sassnitz
Rügen
Ostsee
Zingst
Darß
Bergen a.R.
Barth
Fischland
Stralsund
1 cm
25 km
DEUTSCHLAND
Ribnitz-Damgarten
Greifswald
POLEN
Rostock
Wolgast
Swine-münde
Wollin
20
3
Mecklenburg-Vorpommern
Anklam
Usedom
19
Ueckermünde

ZWISCHEN HEIDE UND HUCKE

Dass Wolken manchmal wie Tiere aussehen, ist euch bestimmt schon aufgefallen. Aber Inseln? Hiddensee sieht aus der Luft betrachtet aus wie ein Seepferdchen. Der Kopf, gebildet von den Nehrungshaken Alter und Neuer Bessin, streckt sich Richtung Bug auf Rügen und wird vielleicht irgendwann mit dieser Landzunge zusammenwachsen.

Wie das? Die Insel wächst – jedes Jahr um ein paar Meter. Wind und Wellen tragen Land am *Dornbusch* ab und mit der Strömung gelangt es auf die windabgewandte Seite. Dort bildet es die typischen Nehrungshaken, das neue Land. Es gehört wie die gesamte Insel und das Wasser um sie herum zum *Nationalpark Vorpommersche Boddenlandschaft.* Besonders schützenswerte Bereiche wie der *Neue Bessin* oder der *Gellen* im Süden dürfen nicht betreten werden. Sie gehören ganz den Vögeln, die dort brüten. Alle anderen Inselteile, von der schönen *Dünenheide* südlich von *Vitte* bis zum Hochland Dornbusch mit dem Steilufervorsprung *Hucke,* stehen euch für Ausflüge zur Verfügung.

Rad- und Wanderkarte Hiddensee, Ummanz, 1:30.000, 6. Auflage, Verlag grünes herz 2015, ISBN 978-3-86636-205-5, 4,75 €.

Kombi-Tipps fürs passende Alter

Touren unternehmt ihr zu Fuß, mit dem Rad oder mit zwei Kutschpferde-Stärken, denn auf Hiddensee gibt es keinen Autoverkehr. Radtouren mit kleinen Fahranfängern sind deshalb entspannt möglich. Da die Insel von der Größe her überschaubar ist, seid ihr auch nie weit vom nächsten Ort entfernt. Ein Muss ist die Tour zum Wahrzeichen der Insel, dem ↗ *Leuchtturm Dornbusch.* Besucht ihr auch seinen »kleinen Bruder« im Süden, habt ihr die Insel schon einmal in Längsrichtung durchquert. Mit **Kleinkindern** ist es am Strand am schönsten. Oder sie gehen im Buggy mit auf Tour. Auf den breiten Wegen ist das kein Problem. Kinder **ab 8 Jahre** können surfen lernen und gehen sicher auch gern ins ↗ *Zeltkino* mit seinem ausgefallenen Programm. Sehenswert sind die Aufführungen des ↗ *Figurentheaters Seebühne* in Vitte.

Fast höher als Finja: Findling am Strand von Hiddensee

TIPPS FÜR WASSER-RATTEN

Habt ihr eine Muschel oder einen besonderen Stein am Strand gefunden? Dieses Buch hilft beim Bestimmen: *Strandfunde für Kids. Sammeln & Bestimmen von Pflanzen und Tieren an der Nord- und Ostseeküste,* Frank Rudolph, Wachholtz Verlag 2010, ISBN 978-3-529-05426-6, 9,90 €.

Baden, segeln & surfen

Baden am Weststrand

Von *Kloster* im Norden bis zum *Gellen* im Süden zieht sich der Weststrand auf ganzer Insellänge entlang. Baden ist außer im Bereich des Steinwalls bei Kloster überall erlaubt. Ob ihr dabei mit oder ohne Badekleidung ins Meer hüpft, spielt keine Rolle, denn Hiddensee hat eine lange Fkk-Badetradition. Das ist ziemlich praktisch, wenn ihr mal ohne Badehose oder Badeanzug unterwegs seid und euch trotzdem erfrischen möchtet. **Überwachte Strände** (Mitte Mai – Mitte Okt) befinden sich in Nähe der Orte *Kloster, Vitte* und *Neuendorf.* Dort gibt es DLRG-Stationen und Sanitäranlagen und es ist möglich, Strandkörbe zu mieten. Hunde sind dort nicht erlaubt. Am weitestgehend naturbelassenen Strand könnt ihr herrlich nach Steinen, Muscheln und **Fossilien** suchen, Flohkrebse beim Weghuschen beobachten oder Seegras und Algen untersuchen. Wenn ihr ausgiebig gebadet und Strandfunde gesammelt habt, kann eine zünftige Mahlzeit sicher nicht schaden. An den Stränden in Ortsnähe stehen euch dafür **Grillplätze** zur Verfügung, die ihr nach Belieben nutzen dürft.

Riesensandkiste: Am Weststrand könnt ihr toben, rennen, baden

Segeln und Surfen auf Hiddensee

Wassersportcenter Hiddensee, Norderende 163, 18565 Vitte. ✆038300/60525, Handy 0170/ 8325285. www.surfundsegelhiddensee.de. **Lage:** Hinter der Mühle am Strand. **Bahn/Bus:** Inselbus bis Vitte Wiesenweg. **Zeiten:** April – Okt 10 – 18 Uhr. **Preise:** Surfen Anfängerkurs 10 Std 145 €, Fortgeschrittene 3 Std 100 €, Katamarankurs Anfänger 10 Std 200 €, Jollensegeln 10 Std 170 €, Stand-up-Paddeln 1,5 Std 35 €; Kindersurfkurs 9 Std 145 €.

▶ In der Windsportschule lernt ihr surfen oder segeln auf Jolle und Katamaran. Oder ihr probiert die neue Trendsportart Stand-up-Paddeln aus. Vom Anfänger bis zum Fortgeschrittenen findet hier jeder den passenden Kurs. Kinder lernen den Umgang mit Brett und Segel auf speziellen, für ihre Größe und Kraft zugeschnittenen Boards. Alle Sportbootführerscheine (SBF, SKS) können erworben werden. Außerdem Verleih von Booten, Boards und Neoprenanzügen.

In Vitte gibt es einen Rasenfußballplatz (zwischen Norderende und Deich) und ein Minifußballfeld, das ihr für ein Spiel nutzen dürft.

FRISCHE LUFT & SPORT

Radeln & wandern

Radtour von Vitte nach Kloster

18565 Vitte. **Start:** Hafen Vitte. **Länge:** Rundweg 8 km. **Bahn/Bus:** Hafen Vitte.

▶ Auf dieser kleinen Rad-Rundtour radelt ihr gemütlich auf dem Deichweg bis nach Kloster und auf der Ostseeseite der Insel wieder zurück. Startet am **Hafen Vitte** und haltet euch hinter dem Feuerwehrhaus rechts. Auf dem gepflasterten Deichweg fährt es sich prima und ihr habt einen weiten Blick über die Wiesen, den Dornbusch mit dem Leuchtturm und den Vitter Bodden. Wenn ihr möchtet, macht ihr in Höhe des Seglerhafens einen kleinen Abstecher nach links. In der Straße Zum Seglerhafen befindet sich das **Karussel.** Das Häuschen mit den abgerundeten Ecken war das Sommerhaus des dänischen Stummfilmstars *Asta Nielsen* (1981 – 1972) und Künstlertreffpunkt

Hunger & Durst

Café Norderende, Norderende 80, Vitte. ✆038300/679802. www.hiddensee-norderende.de. Ab 8 Uhr, Frühstück 8 – 10 Uhr nach Anmeldung. Auch Frühstückspension (Zimmer 2 Pers ab 60 €).

An heißen Tagen lohnt die Mitnahme von Badesachen. Dann könnt ihr den Strandübergang am Heimatmuseum nutzen und zum Abkühlen in die Ostsee hüpfen.

in den 1920er-Jahren. Kehrt zum Deich zurück und radelt links weiter bis zum **Hafen von Kloster.** Dort nehmt ihr den Hafenweg bergauf und biegt dann links in den Kirchweg ein. Er ist die Hauptstraße des Ortes. Hier findet ihr kleine Läden und Geschäfte, Kirche und Friedhof sowie das ↗ *Gerhart-Hauptmann-Haus* und ↗ *Heimatmuseum.* Vor dem Heimatmuseum biegt die Straße nach links ab und führt nun parallel zur Ostsee zurück nach Vitte. Auf eurem Weg kommt ihr am ↗ *Nationalparkhaus* vorbei. Falls ihr es noch nicht besucht habt, bietet sich hier ein Zwischenstopp an. In Vitte angekommen biegt ihr am Rathaus links in den Wiesenweg ein und radelt zurück zum **Hafen.**

Auf dem Hochuferweg zum Leuchtturm

Im Dornbuschwald 1, 18565 Kloster. www.seebad-hiddensee.de. **Strecke:** Heimatmuseum Kloster – Hochuferweg – Zum Klausner – Leuchtturm Dornbusch – Heimatmuseum Kloster. **Länge:** Rundweg 6 km, 2 Std Gehzeit. **Bahn/Bus:** Inselbus bis Kloster Weißer Weg.

▶ Auf dieser kleinen Wanderung erlebt ihr die Küste mit dem Steilufer ebenso wie das Hochland Dornbusch mit dem gleichnamigen ↗ *Leuchtfeuer.* Ihr startet eure Tour am ↗ **Heimatmuseum** in Kloster. Nehmt dort den Strandübergang und haltet euch dann rechts. Ihr lauft ein Stück am Meer entlang, dann erreicht ihr eine Treppe, die hinauf ins Hochland führt. Oben angekommen folgt ihr dem Sandweg nach Norden. Auf den Wegweisern ist die Himmelsrichtung angegeben und der **Hochuferweg** ausgewiesen. Er zählt zu den schönsten Wander- und Spazierwegen der Insel und verläuft parallel zur Küstenlinie. Dort, wo sich der Weg gabelt und nach links abzweigt, könnt ihr ihm folgen und ein Stückchen näher an die Steilküste herankommen. Schöne Ausblicke sind die Belohnung für diesen kleinen Umweg. Am Wegweiser **Zum Klausner** biegt ihr ab und folgt dem Weg bis zur Gaststätte. Legt eine Rast ein oder nehmt gleich den brei-

Hunger & Durst

Zum Klausner, Im Dornbuschwald 1, Kloster. ✆038300/6610. www.klausner-hiddensee.de. Feb – Okt, Silvester 11 – 21 Uhr. Fischgerichte, deutsche Küche.

ten Weg am Restaurant vorbei. Nach kurzer Zeit biegt links der Weg zum **Leuchtturm** ab. Eine kleine Anhöhe später ragt der Turm vor euch in die Höhe. Klettert hinauf und umrundet ihn, bevor ihr auf dem breiten Weg (Leuchtturmweg), am Inselblick vorbei zurück nach Kloster lauft. Biegt ihr am Kirchweg rechts ab, erreicht ihr den Ausgangspunkt am **Heimatmuseum.**

Wanderung zum Süder-Leuchtturm

18565 Neuendorf. **Start & Ziel:** Hafen Neuendorf. **Länge:** Rundweg 5,5 km, 2 – 3 Std Gehzeit. **Bahn/Bus:** Hafen Neuendorf, Inselbus bis Neuendorf Hafen.

▶ Im Süden Hiddensees gibt es einen zweiten Leuchtturm. Er ist das Ziel eurer Wanderung. Startet in Neuendorf am **Hafen.** Von dort, mit dem Wasser im Rücken, haltet ihr euch halb links und lauft durch den Ort. Ihr könnt dafür die breiten Wege Königsbarg und Pappelallee wählen oder einen der Trampelpfade nehmen, die zwischen den Häusern hindurchführen. Fast auf der Ostseeseite angekommen haltet ihr euch wieder links und wandert die Straße Grumkiel Richtung Süden. Sie führt nach wenigen Metern aus dem Ort hinaus. Nun geht es immer parallel zur Küste durch den Küstenwald bis zum **Leuchtturm.** Das **Quermarkenfeuer Gellen,** so der offizielle Name, dient den Schiffen zur Ansteuerung des Fahrwassers *Gellenstrom.* Ihr entdeckt ihn erst spät, denn der Turm ist mit 12 m Höhe kein Riese. Legt eine Picknickpause ein, bevor ihr euch auf den Rückweg macht. Diesmal lauft ihr am Strand entlang. Wenn ihr vorher noch keine Badepause eingelegt habt, ist jetzt dafür sicher Zeit. Sam-

Hunger & Durst

Café Rosi, Pappelallee 11, Neuendorf. ✆038300/50168. www.cafe-rosi.de. Di – So ab 11 Uhr. Restaurant, Café, Biergarten. Fisch, regionale und mediterrane Küche, hausgemachte Spinatspätzle.

Am Süder-Leuchtturm gibt es keine Verpflegungsmöglichkeit. Packt deshalb Getränke und eine Kleinigkeit zu essen ein.

Hübsch anzuschauen: Leuchtturm Gellen

© pmv, Karolin Küntzel

melt Steine und Muscheln und schlendert dabei zurück in den Ort. Wenn ihr den Strandübergang Pluderbarg am Ende von Neuendorf wählt, kommt ihr an einem **Spielplatz** heraus. Von dort ist es bis zur Hauptstraße des Ortes nicht weit. Rechts kommt ihr zurück zum **Hafen.**

Kutsche fahren

Unterwegs mit Kutsche und Planwagen

Fuhrmannshof Neubauer, Hafenweg 10a, 18565 Kloster. Handy 0171/1892807. www.hiddensee-kutschfahrten.de. **Lage:** Abfahrten ab Häfen Vitte und Kloster. **Preise:** Kutschfahrt für Familien bis 6 Pers 50 € pro Std, Planwagenfahrt ab 7 Pers 8 € pro Person pro Std.

▶ Pferdekutschen sind auf Hiddensee allgegenwärtig. Die Kutschen und Planwagen vom Fuhrmannshof fahren regelmäßig zwischen *Vitte* und *Kloster* oder sind im Rahmen einer Inselrundfahrt bis nach *Neuendorf* und *Grieben* unterwegs.

Der Fuhrmannshof bietet auch Ausritte über die Insel an. 20 € pro Std.

Rundfahrten mit der Kutsche

Fuhrmannshof & Fahrradverleih Hiddensee GBR, Achtern Diek 27, 18565 Vitte. ✆038300/68015, www.pferdundfahrrad.de. **Zeiten:** ganzjährig. **Preise:** Rundfahrten mit dem Kremser 1 Std 8 €, 1,5 Std 13 €, Kutschfahrten für bis zu 6 Pers 50 €.

▶ Angeboten werden Kutsch- und Kremserfahrten über die Insel sowie Charterfahrten von den Häfen in die Orte. Von *Kloster* aus könnt ihr eine Rundfahrt über *Grieben* bis zur Steilküste oder vorbei an der Dünenheide nach *Neuendorf* unternehmen.

Pferdekutsche als Fortbewegungsmittel: Hiddensee ist autofrei

Der Natur auf der Spur

UMWELT ERFORSCHEN

Nationalparkhaus

Norderende 2, 18565 Vitte. ✆038300/68041, www.nationalpark-vorpommersche-boddenlandschaft.de. **Bahn/Bus:** Inselbus bis Vitte Wiesenweg oder Kloster Weißer Weg, 15 Min Fußweg. **Zeiten:** April – Okt 10 – 16 Uhr, Nov – März 10 – 15 Uhr. **Preise:** alle Angebote kostenfrei, Spende erbeten.

▶ Im Nationalparkhaus zwischen Vitte und Kloster seht ihr eine ständige **Ausstellung** über die Pflanzen und Tiere der Insel sowie die Veränderungen, die Wind und Wetter mit sich bringen. Wo wird Land abgetragen, wo wird es angeschwemmt? Wusstet ihr

Fahrradverleih, Süderende 4, Vitte. ✆038300/68015. www.pferdund-fahrrad.de. 9 – 17 Uhr. Im ehemaligen Hotel Ostsee.

VORSICHT, KREUZOTTERN!

▶ Neben den harmlosen *Ringelnattern* und *Schlingnattern* ist auch die geschützte **Kreuzotter** auf Hiddensee heimisch. Bei euren Spaziergängen und Wanderungen in der Dünenheide sind euch vielleicht schon die Warnschilder aufgefallen. Dort und in den Dünen hält sich die giftige Kreuzotter nämlich gern auf. Die Schlange wird maximal 1 m lang, hat eine bräunliche bis graue Farbe (seltener kupferrot oder schwarz) und ein gut zu erkennendes Zickzackmuster auf dem Rücken. Ihr Biss ist schmerzhaft und kann zu starken Schwellungen führen. Lebensgefahr besteht in der Regel nicht, da das Reptil nur wenig Gift abgibt. Trotzdem sollte nach einem Biss ein Notarzt verständigt werden. Die Kreuzotter ist nicht aggressiv, sodass es zu Bissen in der Regel nur kommt, wenn die Schlange gereizt und bedrängt wird. Seid deshalb bei Wanderungen durch die Heide und abseits ausgebauter Wege immer achtsam und tragt festes Schuhwerk und lange Hosen.

© pmv, Karolin Küntzel

zum Beispiel, dass Hiddensee im Norden, am *Bessin,* jedes Jahr deutlich wächst? Hier ist die Entfernung zur Nachbarinsel Rügen so gering, dass Wildschweine von dort bis nach Hiddensee schwimmen. In der Ausstellung gibt es viele Mitmachelemente. Auf dem Außengelände könnt ihr einem **Erlebnispfad** folgen. Dabei könnt ihr Vögel kennen lernen und beobachten und die Ziegen streicheln, die im Sommer das Gehege dort bewohnen. Das Nationalparkhaus bietet regelmäßig naturkundliche **Führungen** an.

Vogelperspektive: Von hier oben könnt ihr leicht Vögel beobachten

© pmv, Karolin Küntzel

Selbst das Wetter moderieren: Freiluft-Wetter-Ausstellung

Leuchtturmweg, 18565 Kloster. www.wetterstudio-hiddensee.de. **Lage:** Am Weg hinauf zum Dornbusch. **Bahn/Bus:** Inselbus bis Kloster Hafenweg. **Zeiten:** ganzjährig frei zugänglich.

▶ Das Wetter kommt von Hiddensee. Zumindest in der ARD, die seit 1998 das Wetterstudio *ARD-Nord* dort betreibt. Die Verbundenheit der Insel mit ihrem Wetterbericht und *Wetterfrosch,* derzeit *Stefan Kreibohm,* zeigt sich in einer Freiluft-Wetter-Ausstellung. Schon von Weitem, beim Aufstieg zum Dornbusch über den Leuchtturmweg, seht ihr merkwürdige Gebilde am **Inselblick.** An diesem Aussichtspunkt sind mehrere hölzerne Skulpturen versammelt, die alle mit dem Wetter zu tun haben. Neben einem Wetterhäuschen und einer riesigen Sonnenuhr findet ihr das Puschelmikrofon des Wettermoderators. Wenn das nicht die Aufforderung ist, einen eigenen Wetterbericht hineinzusprechen. Wie wird denn das Wetter?

Kirchen & Türme

HANDWERK UND GESCHICHTE

Rosen zählen in der Inselkirche Kloster

Kirchweg 42, 18565 Kloster. ✆038300/328, www.kirche-hiddensee.de. **Bahn/Bus:** Inselbus bis Kloster Hafenweg. **Zeiten:** tagsüber und für Veranstaltungen geöffnet.

▶ 1296 gründeten Zisterziensermönche ein Kloster auf Hiddensee. Außer der kleinen **Inselkirche,** dem ältesten Gebäude Hiddensees, ist heute davon nichts mehr zu entdecken. Früher kamen Bauern und Fischer in die Pfarrkirche, inzwischen sind es vor allem Touristen, die einen Blick auf die wunderbare Decke werfen möchten. Die himmelblau gestrichene **Holzdecke** ist über und über mit Rosen bemalt. Über 1000 sollen es sein. Wollt ihr nachzählen? Wie weit kommt ihr? Wunderschön ist auch der schwebende Taufengel, der von oben auf die Gemeinde blickt. Neben der Kirche befindet sich ein kleiner **Friedhof.** Macht einen kleinen Spaziergang entlang der alten Steine und Kreuze. Zwei bedeutende Künstler sind hier begraben. Es sind der Dichter *Gerhart Hauptmann* und die Tänzerin *Gret Palucca.* Findet ihr sie?

*Die **Holzdecke** stammt aus dem Jahr 1922. Der Berliner Maler Nikolaus Niemeier hat sie gemalt.*

Leuchtfeuer Dornbusch

Im Dornbuschwald 1, 18565 Kloster. ✆038300/608684, www.seebad-hiddensee.de. **Bahn/Bus:** Inselbus bis Kloster Hafenweg. **Zeiten:** April Di – Sa 10.30 – 16 Uhr, Mai – Okt täglich 10.30 – 16 Uhr, Nov – März eingeschränkt, Aushänge beachten. **Preise:** 3 €; Kinder 6 – 17 Jahre 1,50 €; Familienkarte (2 Erw, 2 Kinder) 7,50 €. **Infos:** Kinder unter 6 Jahre dürfen aus Sicherheitsgründen nicht auf den Leuchtturm. Ab Windstärke 6 ist die Plattform gesperrt.

▶ Der Leuchtturm Dornbusch ist das Wahrzeichen von Hiddensee. Seit 1888 steht er auf dem 72,5 m hohen Hügel *Schluckswiek.* Der **Turm** selbst ist 27,5 m hoch. Um die Aussichtsplattform zu erreichen, müsst ihr 102 Stufen steigen. Gerade im oberen Teil ist die Treppe sehr steil. Das geht ganz schön in die Beine, lohnt sich aber. Von oben habt ihr eine wunderbare Rundumsicht über die Insel, die Boddenlandschaft und die Ostsee bis nach Møn. Von diesem erhöhten Standort ist auch der Landzuwachs am Bessin gut zu sehen. Im Inneren des Turmes befindet sich eine kleine **Ausstellung** zur Geschichte und Technik des Leuchtfeuers.

Museen

Heimatmuseum Hiddensee

Kirchweg 1, 18565 Kloster. ✆038300/363, www.heimatmuseum-hiddensee.de. **Bahn/Bus:** Inselbus bis Kloster Hafenweg. **Zeiten:** Jan – März Do – Sa 11 – 15 Uhr, April – Okt täglich 10 – 16 Uhr, Nov – Dez Do – Sa 11 – 15 Uhr, Mai – Okt Mi 13 Uhr Kinderführung (ab 5 Jahre). **Preise:** kostenfrei.

▶ Eines der ältesten Häuser in Kloster ist das heutige Heimatmuseum. Früher befand sich in dem Gebäude die Seenotrettungsstation. Heute seht ihr darin eine Ausstellung über das Leben der Menschen auf Hiddensee, die vielen Künstler, die auf die Insel kamen und die Entwicklung des Tourismus. Und natürlich darf auch der berühmte **Hiddenseer Goldschatz** im Heimatmuseum nicht fehlen. Ihr seht hier allerdings nur eine Nachbildung, das wertvolle Original befindet sich im ↗*Kulturhistorischen Museum Stralsund.* Die ständige Ausstellung wird jedes Jahr um eine Sonderausstellung zu einem Hiddenseer Thema ergänzt. Sehr interessant ist auch die Pflanzensammlung, der zurzeit blühenden Arten auf Hiddensee. Schaut nach, welche Blumen heute in den kleinen Vasen stecken. Mai – Okt findet jede Woche eine **Kinderführung** statt. Lebendig und anschaulich präsentiert, erfahrt ihr dabei viel Interessantes aus der Inselgeschichte.

Nach schweren Sturmfluten zwischen 1872 und 1874 wurde bei Neuendorf ein ***Goldschatz*** *an Land gespült. Er bestand aus 16 sehr fein gearbeiteten Schmuckstücken, die nicht nur aus der Zeit der Wikinger stammten, sondern vermutlich auch von ihnen gefertigt wurden.*

Gerhart-Hauptmann-Haus

Kirchweg 13, 18565 Kloster. ✆038300/397, www.hauptmann-haus.de. **Bahn/Bus:** Inselbus bis Kloster Hafenweg. **Zeiten:** Mai – Okt Mo – Sa 10 – 17, So 13 – 17 Uhr, Do 10.15 Uhr Kinderführung nach Anmeldung. **Preise:** 6 €, als Begleitperson zur Kinderführung 4 €; Kinder bis 14 Jahre 4 €, Führung 4 €.

Lauschiges Plätzchen: Sommersitz des Dichters Gerhart Hauptmann
© pmv, Karolin Küntzel

▶ Wie sieht wohl das Haus eines Dichters aus? Stapeln sich dort überall Bücher? Wenn ihr das Gerhart-Hauptmann-Haus besucht, werdet ihr eine Antwort darauf bekommen. Das Gebäude und die Einrichtung befinden sich noch im Originalzustand. Der Sessel, in dem der berühmte Schriftsteller und Nobelpreisträger vielleicht über neue Werke nachgedacht hat, ist ebenso vorhanden wie die Handtuchstange im Schlafzimmer. Eine Ausstellung informiert über Leben und Werk des Künstlers (1862 – 1946). Einmal in der Woche könnt ihr an der **Kinderführung** *Malen und Erzählen* durch die Ausstellung teilnehmen. Dann erfahrt ihr etwas über Literatur und *Gerhart Hauptmann* und malt im Anschluss noch ein Bild. Regelmäßig werden Abendveranstaltungen angeboten und jedes Jahr gibt es für Kinder einen **Literaturwettbewerb.** Die Kinder lesen die prämierten Geschichten im Arbeitszimmer des Dichters vor Publikum vor.

Zu den bekanntesten Werken des sozialkritischen Dramatikers gehören »Bahnwärter Thiel« und »Die Weber«.

Uns lütt Museum: Fischereimuseum

Pluderbarg 7, 18565 Neuendorf. www.seebad-hiddensee.de. **Bahn/Bus:** Inselbus bis Neuendorf Pluderbarg. **Zeiten:** April – Okt Mo – Sa 14 – 17 Uhr, Führung Mo, Fr 11 – 12 Uhr. **Preise:** kostenlos, Spende willkommen.

Hunger & Durst

Zum kleinen Inselblick, Birkenweg 2, Kloster. ✆038300/234. www.ferienwohnungen-hiddensee.de. März – Okt, Mi – Mo 12 – 21 Uhr. Fisch- und Sanddornspezialitäten, Trödel.

Hausmarken, *Zeichen, die an Runen erinnern, findet ihr als Wegweiser auf den Bojen im Ort. Mit ihnen sind Gegenstände und Gebäude einer Familie gekennzeichnet. Selbst Tiere werden mit Hausmarken, z.B. in Form von Brandzeichen, versehen.*

▶ **Uns lütt Museum** bedeutet *unser kleines Museum.* Ihr erkennt es sofort, denn es unterscheidet sich mit seinen Backsteinen stark von den weißen Neuendorfer Häusern. Das Gebäude ist ein ehemaliger Reusenschuppen, in dem die Fischer des Ortes Exponate über das Leben und die Arbeit der Seemänner zusammengetragen haben. Arbeitsgeräte und Fotos seht ihr dort und immer ist jemand vor Ort, der eure Fragen zu den Gegenständen und Bildern beantworten kann. Auch zu den **Hiddenseer Hausmarken,** eine Besonderheit der Insel, bekommt ihr hier Informationen. In einem Glas sind mit Hausmarken markierte Klötzchen verwahrt. Die Steine wurden wie Lose verwendet und bestimmten so, wer welche Arbeiten im Dorf zu übernehmen hatte.

BÜHNE, LEINWAND & AKTIONEN

Kino & Theater

Zeltkino Hiddensee

Achtern Diek 21, 18565 Vitte. Handy 0176/ 613821-13. www.seebad-hiddensee.de. **Bahn/Bus:** Hafen Vitte, Inselbus bis Vitte Wiesenweg. **Zeiten:** Ostern – Okt, 26. Dez – 2. Jan. **Preise:** 6,50 €; Kinder 4 €.

▶ Es laufen Filme aus dem aktuellen Kinoprogramm, Literaturverfilmungen für die ganze Familie, in den Sommermonaten täglich Kinderfilme sowie Filme über die Insel selbst. Das Programm wechselt täglich. Nach Möglichkeit werden gewaltfreie Streifen gezeigt. Das halbrunde Zelt wird auch für Konzerte, Lesungen und Sportveranstaltungen genutzt. Im Winter ist es beheizt und kuschelig warm.

Seebühne Hiddensee

Wallweg 2, 18565 Vitte. ✆038300/60593, www.hiddenseebuehne.de. **Bahn/Bus:** Hafen Vitte, Inselbus bis Vitte Wiesenweg. **Zeiten:** Mai – Okt, Spielbeginn laut Aushang. **Preise:** 14 €; Kinder bis 13 Jahre zahlen 10 €.

Homunculus Figurensammlung, Norderende 181, Vitte. ✆038300/ 60593. www.homunkulus.de. So – Fr 11 – 17 Uhr. Ausstellung der Figuren der Seebühne. 1 €, Kinder 0,50 €.

▶ Das **Figurentheater Seebühne** ist eine Institution auf Hiddensee. Gespielt werden maritime Stücke, Klassiker sowie Märchen und das sowohl für Erwachsene als auch für Kinder. Schon nach kurzer Zeit werdet ihr vergessen haben, dass die Handlung von (eigentlich) leblosen Figuren dargestellt wird, so lebendig wird sie vorgetragen. Regelmäßig geben Puppenspieler anderer Bühnen ein Gastspiel. Unbedingt Karten sichern!

Klein, aber fein: Die Seebühne

© pmv, Karolin Küntzel

Bernstein schleifen & Kindertreff

Bernstein schleifen

Bernsteinwerkstatt Vitte, Ingolf Engels, Norderende 142, 18565 Vitte. ✆038300/60730, www.bernsteinwerkstatt-vitte.de. **Bahn/Bus:** Inselbus bis Vitte Wiesenweg. **Zeiten:** Mo – Sa 10 – 13, 14.30 – 18, Di, Do ab 15 Uhr Bernstein schleifen (Anmeldung erwünscht). **Preise:** 5 €, zzgl. Preis für den Bernstein (wird nach Gewicht berechnet).

▶ Bernsteine findet ihr mit etwas Glück am Strand. Falls nicht, habt ihr in der **Bernsteinwerkstatt** eine Fülle davon zur Auswahl. Fertig geschliffene und zu einzigartigen Schmuckstücken verarbeitete oder stumpf und eher unscheinbar aussehende Roh-Bernsteine gibt es zu sehen. Wie aus Roh-Bernstein glänzender Schmuck wird, seht ihr in der Werkstatt. Ihr könnt es sogar selbst ausprobieren und unter Anleitung euren eigenen Bernstein schleifen. Entweder einen, den ihr selbst am Strand aufgespürt habt oder einen aus dem Laden. Die Arbeit macht mit beiden

Bibliothek im Henni-Lehmann-Haus, Wiesenweg 2, Vitte. ✆038300/60760. www.seebad-hiddensee.de. Öffnungszeiten ↗ Internetseite. Bücher bekommt ihr bei Vorlage eurer Kurkarte. 5 € Pfand für Ausleihe.

gleich viel Spaß und zum Schluss habt ihr euren eigenen, unverwechselbaren »Stein«.

Seepferdchen-Treff

Hafen, 18565 Vitte. ✆ 038300/608684, www.seebad-hiddensee.de. **Lage:** Im Hafengebäude Vitte. **Bahn/Bus:** Inselbus bis Vitte Wiesenweg. **Zeiten:** Jan – April, Nov – Dez Mi 11 – 12 Uhr, Mai Di, Fr 10.30 – 12 Uhr, Juni Mi 10 – 11.30 Uhr, Juli – Sep Mi, Fr 10 – 11.30 Uhr, Okt Mi, Fr 10.30 – 12 Uhr. **Preise:** kostenfrei, Spende für Material erbeten.

▶ Malen, basteln, spielen, toben und Geschicklichkeit im Wettkampf messen könnt ihr im Seepferdchen-Treff. Für Kinder 5 – 12 Jahre gibt es ein buntes und regelmäßig wechselndes Angebot. Kommt vorbei und trefft viele andere Kinder.

FESTKALENDER HIDDENSEE

Januar:	Vitte: **Weihnachtsbaumweitwurf,** Spaß für Einheimische und Gäste, mit Glühwein und Grillwürstchen.
April:	Letzter Sa, **Hiddenseelauf,** 12,5 und 21,1 km, Kinder laufen 800 m.
Mai:	Neuendorf: **Brauchtumsfeuer.**
	alle Museen: **Internationaler Museumstag.**
Juni:	Vitte: **Mittsommerfest.**
Juli:	**Palucca-Woche,** Tanzveranstaltungen auf der ganzen Insel.
	Neuendorf: **Sommerfest** am Hafen.
	Kloster: **Hafenfest,** mit Kinderprogramm.
	Inselschwimmen: von Neuendorf nach Schaprode.
	Grieben: **Drachenfest.**
August:	**Heidetage,** Veranstaltungen rund um das Thema *Heide.*
	Kloster: **Kinderfest** im Pfarrgarten.
Oktober:	**Herbstfest** mit Aktionen für Kinder am Nationalparkhaus.

USEDOM

Hiddensee
Sassnitz
Rügen
Ostsee
Zingst
Darß
Bergen a.R.
1 cm
25 km
Fischland
Barth
Stralsund
DEUTSCHLAND
Ribnitz-
Damgarten
Greifswald
POLEN
Rostock
20
Wolgast
Swine-
münde
Wollin
3
Mecklenburg-
Vorpommern
Anklam
Usedom
19
Ueckermünde

ZWEI LÄNDER, EINE INSEL

Usedom hat viele Beinamen. Die »Badewanne Berlins« spielt auf die Nähe zur Hauptstadt und die Badegäste an, die seit jeher von dort in Scharen auf die Insel kamen. »Pommersche Riviera« nimmt Bezug auf die vielen Sonnenstunden und den 42 km langen feinen Sandstrand, der sich auf ganzer Küstenlänge bis nach Swinemünde auf polnischem Gebiet erstreckt.
Ausgedehnte Strandspaziergänge lassen sich von jedem Küstenort aus unternehmen. Überall dort ist auch ausreichend Platz, um preisverdächtige Sandburgen zu bauen, ausgiebig zu baden oder Wassersport zu treiben. Auch auf der meerabgewandten Seite müsst ihr darauf nicht verzichten. *Peenestrom, Achterwasser* und *Kleines Haff* trennen die Insel vom Festland. Paddeln, surfen und in kleinen Buchten planschen sind auch hier ein Vergnügen.

Rad- und Wanderkarte Usedom, 1:50.000, Klemmer Verlag 2015, ISBN 978-3-94017-509-0, 6,90 €. Der Verlag bietet neben der großen Karte auch Pocket-Karten zu den Teilgebieten Usedom Nord, Süd und Kaiserbäder an. Sie passen in die Hosentasche und kosten 3,90 €. Zu beziehen über www.klemmer-verlag.de.

Konbi-Tipps fürs passende Alter

Usedom und die umliegenden Gewässer sind seit 1999 als Naturpark ausgewiesen. Die meisten der 14 Naturschutzgebiete, die im Park liegen, könnt ihr wandernd oder radelnd erkunden. Einige von ihnen, wie *Böhmke* und *Werder,* sind jedoch den Vögeln vorbehalten, die dort rasten. Falls das Wetter oder die Jahreszeit gegen ein Bad sprechen, besucht ihr eins der Museen. In *Peenemünde,* im Norden, findet ihr davon gleich mehrere. Während ➚ *Spielzeugmuseum* und ➚ *Phänomenta* schon Kindern **ab 4 Jahre** Spaß machen, ist das ➚ *Historisch-Technische Museum* eher etwas für Entdecker **ab 10.** Kleine wie große **Tierliebhaber** besuchen die ➚ *Schmetterlingsfarm* oder den kleinsten Zoo Deutschlands. Falls ihr mehr **Action** möchtet, geht ihr klettern oder sucht euch eine passende Veranstaltung aus dem Ferienprogramm aus, das die Seebäder anbieten. Schon ab **7 Jahre** seid ihr kräftig genug, um surfen zu lernen oder euch im Steh-Paddeln zu versuchen.

So geht's am besten: Schuhe aus und rein ins kühle Nass

Happy Birthday!
Geburtstagskinder haben freien Eintritt.

Schwimmbäder

Ostsee-Therme Usedom

Lindenstraße 60, 17419 Seebad Ahlbeck. ✆038378/2730, www.ostseetherme-usedom.de. **Bahn/Bus:** Bhf Ahlbeck Ostseetherme. **Auto:** L266 bis Ortsausgang Ahlbeck (Richtung Heringsdorf), Parkplatz für Gäste der Therme 1 €. **Rad:** Ostseeküsten-Radweg, Berlin-Usedom-Radweg, Mecklenburgischer-Seen-Radweg, Oder-Neiße-Radweg. **Zeiten:** Bad- und Saunawelt Mai – Okt Mo – Sa 10 – 22, So 10 – 20 Uhr, Nov – April Mo – Sa 10 – 21, So 10 – 20 Uhr. **Preise:** Badewelt 2 Std 16 €, 3 Std 18 €, Tageskarte 20 €, Saunawelt 3 Std 21 €, Tageskarte 26 €; Kinder ab 1 m Körpergröße bis 17 Jahre, Badewelt 2 Std 12 €, 3 Std 14 €, Tag 16 €, Sauna 3 Std 17 €, Tag 21 €; mit OstseeThermeCard und Kurkarte erhebliche Preisnachlässe, Schwerbehinderte zahlen OstseeThermeCard-Preis, Familienkarte 2 Erw, 2 Kinder Badewelt 48 – 55 €, Sauna 17 – 21 €.

▶ Bis ihr im **Bad** ins Frösteln kommt, dauert es sicher eine Zeit, denn das Thermalwasser ist angenehm warm. Euch stehen Schwimm-, Sole- und Therapiebecken sowie ein großes Außenbecken zur Verfügung. Viele Wassersitzbänke, Sprudel- und Massagedüsen und Wasserfälle bieten Abwechslung und Entspannung. Für die Kleinen gibt es im Wassergarten eine Nilpferdrutsche und wasserspuckende Affen. Das **Saunaangebot** reicht von Infrarot-Wärmekabinen über eine Biosauna bis hin zur finnischen Blockhaussauna.

Bernsteintherme Zinnowitz

Dünenstraße, 17454 Zinnowitz. ✆038377/35500, www.bernsteintherme.de. **Bahn/Bus:** Bhf Zinnowitz. **Auto:** B111 bis Zinnowitz, über Alte Strandstraße und Neue Strandstraße bis Dünenstraße. **Rad:** Ostseeküsten-Radweg, Mecklenburgischer-Seen-Radweg, Berlin-Usedom-Radweg. **Zeiten:** Meerwasserbad und Therme 10 – 22, Sauna 13 – 22 Uhr. **Preise:** Meerwasserbad 3 Std 9,60 €, mit Thermalbad 3 Std 16 €, Tageskarte 26 €, Zuschlag Sauna 2 € pro Besuch; Kinder 2 – 12 Jahre jeweils 4,80 € für Meerwasser-, Thermalbad und Sauna.

▶ In der großen Badelandschaft des **Meerwasserbades** können die Großen ihre Bahnen ziehen und die Kleinen im flachen Babybecken spielen. Im **Thermalbad** steht zusätzlich ein Solebecken mit Außenbecken zur Verfügung. Es gibt zudem eine **Sauna landschaft** und Gastronomie.

Minigolf Golfball, Dünenstraße 2a, Zinnowitz. Handy 0151/ 17844741. März – Okt 10 – 21 Uhr.

Segeln & surfen

Wassersport Usedom

Zeltplatzstraße 20, 17440 Lütow. Handy 0160/ 96224830. www.wassersport-usedom.com. **Lage:** Natur-Camping Usedom. **Bahn/Bus:** Bus 273 bis Lütow Ausbau, dann 15 Min Fußweg. **Auto:** B111 bis Zinnowitz, von dort über Neuendorf nach Lütow, Campingplatz ausgeschildert. **Zeiten:** Mai – Sep 10 – 18 Uhr. **Preise:** Grundkurs Surfen 145 €, Kiten 199 €, Katamarankurs 200 €, Verleih Kanu ab 3 €, Surfbrett ab 10 €, Katamaran ab 30 €; Kinder-Grundkurs Segeln 145 €. **Infos:** Wassersport-Camps von verschiedenen Anbietern, individuelle Preise, weitere Infos ↗ Internetseite.

▶ Im Angebot sind Kurse im Windsurfen, Segeln, Kiteboarden und Stand-up-Paddeln. Außerdem könnt ihr Kanus und Segelboote ausleihen. In den Sommerferien werden Wassersport-Camps für Kinder ab 7 Jahre angeboten. Dort lernt ihr nicht nur segeln, sondern macht eine Menge Spiele, tobt im Wasser und unternehmt Ausflüge.

Wind erwünscht: Als Surfer freut ihr euch über eine steife Brise

© pmv, Karolin Küntzel

Hunger & Durst

Café Knatter, Hauptstraße 36, Ückeritz. ✆038375/22966. www.cafe-knatter.de. Ab 12 Uhr. Regionale Küche, Kuchen, allergikerfreundliches Restaurant, Innenräume und Terrasse mit herrlichem Blick über das Achterwasser.

Übers Achterwasser flitzen

Windsport Usedom, Hauptstraße 36, 17459 Ückeritz. ✆038375/20641, www.windsport-usedom.de. **Bahn/Bus:** Bhf Ückeritz. **Auto:** B111 Bäderstraße, abbiegen in Hauptstraße. **Rad:** Ostseeküsten-Radweg, Berlin-Usedom-Radweg, Mecklenburgischer-Seen-Radweg. **Zeiten:** Mai – Sep ab 10 Uhr. **Preise:** Segeln Schnupperstunde 27 €, Jollenkurs 10 Std 160 €, Katamaran-Grundkurs 10 Std 170 €, Kiten 4 Std 115 €; Kinder Segeln (bis 14 Jahre) Grundkurs 10 Std 110 €, Surfkurs 8 Std 115 €.

▶ Das *Achterwasser* ist flach und reicht einem Erwachsenen gerade einmal bis zur Hüfte. Beste Bedingungen für Anfänger, denn so fällt das Aufsteigen auf das Board nach einem unfreiwilligen Platscher leicht. Schon nach wenigen Unterrichtsstunden wird das aber keine Rolle mehr spielen, denn dann steht ihr sicher auf dem Brett. Für Kinder gibt es spezielle Surf-Riggs und kleinere Segelboote. Sie sind einfach zu handhaben und erste Erfolge stellen sich so schnell ein.

FRISCHE LUFT & SPORT

Radeln, wandern & reiten

Radtour rund um Peenemünde

17440 Peenemünde. **Strecke:** Bhf Peenemünde – Naturlehrpfad – Hafen Karlshagen – Bhf Peenemünde. **Länge:** 13 km, 2,5 Std Fahrzeit mit Pause. **Bahn/Bus:** Bhf Peenemünde. **Auto:** L264 bis Peenemünde, auf Bahnhofstraße abbiegen. **Rad:** Berlin-Usedom-Radweg.

▶ Start ist am **Bahnhof** in Peenemünde. Radelt entgegen der Fahrtrichtung des Zuges bis zur Hauptstraße und biegt dort rechts ab. Bevor ihr den Hafen erreicht, geht es links in die Feldstraße. Sie führt direkt auf die *Peene* zu. Auf einem Sandweg radelt ihr durch die Peenewiesen am *Cämmerer See* und dem *Piese* vorbei. Auf den Schildern des **Naturlehrpfads,** der hier ebenfalls entlangführt, erfahrt ihr Allerlei über die Pflanzen und Tiere der Region. An der Wegkreu-

Weitere Touren findet ihr hier: *Aktiv-Reiseführer Insel Usedom,* Karolin Küntzel, Sandra Pixberg, Steffen Verlag 2015, ISBN 978-3-95799-002-0, 12,95 €.

zung biegt ihr rechts ab und folgt dem Weg weiter bis zum **Hafen Karlshagen.** Legt dort, auf der Hälfte eurer Tour, eine Rast ein. Gestärkt geht es anschließend über die Peenestraße bis zur Hauptstraße, neben der ein Radweg verläuft. Biegt links ab und fahrt auf dem Radweg zurück zum **Bahnhof** in Peenemünde.

Aufgepasst: Radeln mit Gegenverkehr

© pmv, Karolin Küntzel

Von den Koserower Salzhütten über den Streckelsberg

17459 Koserow. www.koserow.de. **Strecke:** Salzhütten Koserow – Küstenwald – Streckelsberg – Strand – Salzhütten. **Länge:** 4 km, 1,5 Std Gehzeit. **Bahn/Bus:** Bhf Koserow. **Auto:** B111 bis Koserow, über Hauptstraße bis zu den Salzhütten. **Rad:** Ostseeküsten-Radweg, Mecklenburgischer-Seen-Radweg, Berlin-Usedom-Radweg.

▶ Ihr startet mir eurer Wanderung an den **Salzhütten** in **Koserow.** Diese Hütten dienten den Fischern früher als Lager für ihr Salz. Wozu brauchten sie denn Salz? Sie benutzten es, um ihren Fang haltbar zu machen. In den reetgedeckten Häuschen sind heute ein kleines **Museum** und eine **Gaststätte** sowie Fischräuchereien untergebracht. Wendet euch von den Salzhütten nach Osten und lauft parallel zur Küste an der Seebrücke vorbei in den Wald. Durch den **Küstenwald** führt ein breiter Weg, der zugleich von Fahrradfahrern genutzt wird. Ab und zu erhascht ihr durch die dichten Bäume einen Blick auf die Ostsee. Folgt ihr den Hinweisen zum Streckelsberg, verlasst ihr nach einer Weile den breiten Waldweg und steigt einen schmalen Pfad bergan. Er führt euch auf die zweithöchste Erhebung Usedoms. Vom 58 m hohen **Streckelsberg** aus habt ihr eine wunderbare Aussicht über die Ostsee, den Strand und die Buhnen, die an

Hunger & Durst

Fisch-Restaurant & Räucherei Koserower Salzhütte, Am Strande 5, Koserow. ✆038375/ 20680. www.koserower-salzhuette.de. Di – So 11 – 22 Uhr. Fangfrischer Fisch, Räucherfisch, Fischbrötchen, außerdem kleines Fischereimuseum.

DIE VINETA-SAGE

Der Sage nach ist die reiche Stadt Vineta in einer entsetzlichen Sturmflut untergegangen. Das Unglück war den hochmütigen und eitlen Bewohnern der *goldenen Stadt* vorhergesagt worden, nur scherte sich keiner darum. Vineta hatte seinen Reichtum durch Handel in aller Herren Länder erlangt. Das viele Geld und Gold machte die Menschen jedoch verschwenderisch und sie prahlten damit. Darauf stieg eine Wasserfrau aus dem Meer und verfluchte Vineta. Im November darauf brach die Flut über die Stadt herein und sie versank auf den Grund des Meeres. Nur alle 100 Jahre soll sie an einem Ostermorgen emporsteigen und durch eine kleine Geldgabe erlöst werden können. Wo genau Vineta liegt, weiß niemand zu sagen. Immerhin erheben gleich vier Orte Anspruch auf den Küstenabschnitt, vor dem sie zu finden sein soll: *Barth*, der *Ruden*, *Koserow* und das polnische *Wollin*.

dieser Stelle die Küste vor Landverlust schützen sollen. Folgt dem Pfad weiter bis zur nächsten Treppe, die hinunter an den **Strand** führt. Dort wendet ihr euch nach links und lauft am Strand zurück bis nach **Koserow.**

Reiterhof Bannemin

Trassenheider Straße 1a, 17449 Bannemin. ✆038377/41178, Handy 0152/33986360. www.reiterhof-bannemin.de. **Bahn/Bus:** Bus 273 bis Bannemin. **Auto:** B111 bis Abzweig nach Trassenheide (L264), dort abbiegen. **Rad:** Ostseeküsten-Radweg, Mecklenburgischer-Seen-Radweg. **Zeiten:** ganzjährig 8 – 20 Uhr. **Preise:** Reitunterricht 45 Min 15 €, Ausritte 2 Std 40 €; Kinder Reitunterricht 13 €.

Mecklenburger Warmblutpferd, Haflinger, Norweger oder ein Reitpony? Sollte euch die Entscheidung schwer fallen, hilft der Reitlehrer weiter. Reitanfänger bekommen ein braves Schulpferd, geübte Reiter können eins der ruhigen Fjordpferde nehmen. Angeboten werden Ausritte am Strand für erfahrene Reiter sowie Reitstunden für Erwachsene und Kinder, auch in der

Halle. Die Kleinsten machen erste Erfahrungen auf einem Ponyrücken und werden dabei geführt.

Erlebniswelten, Spiel- & Kletterspaß

Zu Besuch beim Riesen Gulliver

Gullivers Welt, Gewerbegebiet 1, 17429 Pudagla. ✆038379/289855, www.gulliverswelt.de. **Bahn/Bus:** Bus 281, 282 bis Stoben Landweg. **Auto:** B111, zwischen Neppermin und Pudagla ins Gewerbegebiet abbiegen. **Zeiten:** 10 – 19.30 Uhr. **Preise:** 8 €; Kinder 3 – 16 Jahre 7 €; Familienkarte 2 Erw, 1 Kind 16 €, 2 Erw, 2 Kinder 20 €, 2 Erw, 3 Kinder 24 €.

Mit eurer Eintrittskarte in Gullivers Welt könnt ihr kostenlos die ↗ *Welt der Erfindungen* besuchen.

▶ Was ragt denn da für ein Riesenschuh über den Zaun? Wer hat denn solche Füße? Es ist **Gulliver,** der gefesselt am Boden liegt. Neben ihm seid ihr winzig. Ebenso, wenn ihr neben dem Pilz, der Brille oder dem verlorenen Schuh steht. In Gullivers Welt hat alles riesige Dimensionen. Der Schuh ist so groß, dass eine ganze Familie darin wie in einem Auto Platz hat. Und der Romanheld Gulliver ist so groß, dass ihr in ihn hineingehen und seine Organe bestaunen könnt. Lauscht seinem Herzschlag. Auch das Billard-Spiel ist viel größer als gewöhnlich. Ihr lauft auf dem Bil-

*Im Buch Gullivers Reisen von Jonathan Swift reist der Romanheld **Gulliver** auf die Insel Liliput, wo winzig kleine Menschen leben.*

Alles ganz schön riesig: In Gullivers Welt

lard-Tisch herum und bewegt die ballgroßen Kugeln mit dem Fuß in die Löcher.

Kinderland Usedom

Wiesenweg 1, 17449 Ostseebad Trassenheide. ✆038371/55408, Handy 0160/8305408. www.trassenheide.de. **Bahn/Bus:** Bhf Trassenheide. **Auto:** B111 bis Trassenheide, Ausschilderung Schmetterlingspark folgen. **Rad:** Ostseeküsten-Radweg, Berlin-Usedom-Radweg, Mecklenburgischer-Seen-Radweg. **Zeiten:** April – Okt ab 10 Uhr. **Preise:** 5 €; Kinder ab 1 Jahr 9 €; Familienkarte 2 Erw, 1 Kind 18 €, 2 Erw, 2 Kinder 26 €, 2 Erw, 3 Kinder 34 €.

▶ Hüpfen, toben, springen, rutschen, buddeln und Karussell fahren – das Kinderland bietet viele Spielmöglichkeiten. Tischtennis, **Minigolf** (Erw 2 €, Kinder 1,50 €), Outdoor-Schach oder eine Wettfahrt mit dem Roller? Manchmal ist die Wahl bei so vielen Angeboten gar nicht so einfach. Auf dem eingezäunten Gelände könnt ihr eurem Bewegungsdrang freien Lauf lassen. Eure Eltern schauen euch vom Café aus zu.

Verkehrte Welt: Haus auf dem Kopf

Wiesenweg 2c, 17449 Ostseebad Trassenheide. ✆038371/26344, www.weltstehtkopf.de. **Bahn/Bus:** Bhf Trassenheide. **Auto:** B111 bis Trassenheide, Ausschilderung Schmetterlingspark folgen. **Rad:** Ostseeküsten-Radweg, Berlin-Usedom-Radweg, Mecklenburgischer-Seen-Radweg. **Zeiten:** April – Okt täglich 10 – 18 Uhr, Nov – März 10 – 16 Uhr. **Preise:** 7 €; Kinder 3 – 16 Jahre 6 €; Schüler, Studenten, Azubis, Rentner 6 €, Familienkarte 2 Erw, 1 Kind 16 €, 2 Erw, 2 – 4 Kinder 20 €.

▶ O weh! Da hat der Wind, der immer an der Küste weht, wohl ein ganzes Haus umgeschubst. Oder doch nicht? Bei genauerem Hinsehen, und erst recht, wenn ihr das merkwürdige Gebäude betretet, stellt ihr fest, dass hier alles ordentlich an seinem Platz ist. Tische, Stühle, Bücherregale, jedes Ding ist an

Alte Gutsanlage Mölchow, Trassenheider Straße 7, Mölchow. ✆038377/39925. www.usedom-aktiv.de. Juni – Sep täglich 10 – 18 Uhr, Mai, Okt Di – Sa 10 – 16 Uhr, Nov – April Di – Fr 10 – 16 Uhr. Kultur- und Handwerkerhof, zahlreiche Mitmachangebote, Bistro.

Ort und Stelle. Nur eben verkehrt herum. Und das wird euch beim Gang durch das verkehrte Haus bestimmt verwirren und vielleicht sogar schwindelig machen! Ihr seht die Dinge aus einer ganz neuen Perspektive und die Fotos, die ihr von euch in den Räumen schießt, wirken spektakulär. »Seid wann kann Mama eigentlich Handstand?«, wird sich später der eine oder andere Betrachter fragen.

Die Affen rasen durch den Wald: Kletterwald Usedom

Am Forstamt, Neu Pudagla, 17459 Ückeritz. ✆038375/22677, Handy 0160/0361641. www.kletterwald-usedom.de. **Bahn/Bus:** Bhf Neu Pudagla. **Auto:** B111 auf Hafen Stagnieß abbiegen, links zum Kletterwald, gebührenpflichtiger Parkplatz.

Seilkünstlerin: Probiert eure Balance

© pmv, Karolin Küntzel

Zeiten: April – Juni und Sep Di – So 10 – 18 Uhr, Juli – Aug Mo – So 9.30 – 19 Uhr, Okt – Nov Di – So 10 – 17 Uhr. **Preise:** 18 €; Kinder 6 – 7 Jahre 10 €, 8 – 11 Jahre 12 €, 12 – 17 Jahre 15 €; Studenten, Azubis 16 €, Eltern mit eigenen Kindern bis 17 Jahre erhalten pro Person 2 € Ermäßigung.

▶ Sechs verschiedene Routen mit unterschiedlichen Schwierigkeitsstufen führen euch von 1 m über den Boden bis in schwindelerregende Höhen von 14 m. In den niedrigen Höhen könnt ihr bereits ab 6 Jahre eure Geschicklichkeit und euren Mut testen. Die Parcours in den Baumwipfeln mit Tarzansprung und Wipfelsurfen sind den Großen vorbehalten.

Schiffe kapern auf der Piraten-Insel

Mölchower Weg 1a, 17449 Ostseebad Trassenheide. ✆038371/2670, www.pirateninsel-usedom.de. **Bahn/Bus:** Bus 272 bis Trassenheide Schule. **Auto:** Von

Im Eintrittspreis für die Pirateninsel sind ein Verzehrgutschein und eine Souvenirflasche zum einmaligen Befüllen enthalten.

B111 auf L264 nach Trassenheide, über Bahnhofstraße links in Mölchower Weg. **Rad:** Ostseeküsten-Radweg, Mecklenburgischer-Seen-Radweg. **Zeiten:** 10 – 21 Uhr. **Preise:** Tageskarte 19 €, Wochenkarte 27 €; Kinder 3 – 16 Jahre 9 bzw. 13,50 €; Familienkarte (2 Erw, 2 Kinder) 45 bzw. 67,50 €, Familienkarte (2 Erw, 3 Kinder) 49,50 € bzw. 74,25 €, Hotelgäste des Hotels Seeklause haben freien Eintritt.

▶ Stellt euch einen großen **Spielplatz** vor. Und jetzt noch einen viel größeren. Wetten, euer ausgedachter Platz ist immer noch viel kleiner als die Piraten-Insel? Kein Wunder, denn hier habt ihr auf 13.000 qm Spielmöglichkeiten ohne Ende. Mehrere Matschanlagen und Schiffe zum Kapern warten auf euch. Über wackelige Brücken und Seilkonstruktionen gelangt ihr in die *Goldmine* und ins *Rabaukendorf.* Wer keine Lust mehr hat, Pirat zu sein, spielt Tischtennis, Fuß- oder Volleyball. Zum Verschnaufen gibt es einen Ruhebereich und die **Taverne Smutje.**

Hunger & Durst

Taverne Smutje, Ostseebad Trassenheide. ✆ 038371/2670. www.pirateninsel-usedom.de. 10 – 21 Uhr. Auf dem Gelände der Piraten-Insel.

UMWELT ERFORSCHEN

Tiere erleben

Wisentgehege Usedom

Heideweg 1, 17419 Prätenow. Handy 0162/1637779. www.wisentgehege-usedom.de. **Bahn/Bus:** Bus 284 bis Prätenow. **Auto:** B110, nach Dargen abbiegen, weiter Richtung Prätenow, Ausschilderung folgen. **Rad:** Mecklenburger-Seen-Radweg, Oder-Neiße-Radweg, Berlin-Usedom-Radweg. **Zeiten:** Ostern – Okt 10 – 17 Uhr, Nov – Ostern 10.30 – 15.30 Uhr. **Preise:** 5 €; Kinder 6 – 16 Jahre 3 €; Familienkarte (2 Erw und Kinder) 10 – 14 €.

▶ Wisente, die größten Landsäugetiere Europas, seht ihr hier in nahezu natürlicher Umgebung. Die scheuen Waldtiere waren im Mittelalter noch in weiten Teilen Europas heimisch. Könige entdeckten sie für sich als Jagdwild und zu Beginn des 20. Jahrhunderts waren die friedlichen Riesen ausgerottet. Erst

Grimmiger Blick, aber eigentlich ganz friedlich: Wisente

durch Nachzucht aus überlebenden Zootieren gelang es, die Wisente zurück nach Europa zu bringen. An die 2000 frei lebende Tiere soll es dort inzwischen wieder geben. Da die Chancen nicht so gut stehen, eins von ihnen in freier Wildbahn zu treffen, schaut sie euch im Gehege an. Neben den Wisenten gibt es seit Neuestem auch ein Schaugehege für Rentiere.

Plant euren Besuch so, dass ihr die Fütterung seht. Sie findet um 10 und um 14.30 Uhr statt. Munterer sind die Tiere bei der Morgenmahlzeit.

Im kleinsten Zoo Deutschlands: Tropenhaus Bansin

Goethestraße 10, 17429 Seebad Bansin. ✆ 03878/25410, Handy 0171/9492700. www.tropenhaus-bansin.eu. **Bahn/Bus:** Bus 281, 285, 286, 290 bis Bansin Seepark. **Auto:** L266 Ahlbecker Chaussee bis Seestraße, von dort über Schillerstraße in Goethestraße. **Rad:** Ostseeküsten-Radweg, Berlin-Usedom-Radweg, Mecklenburgischer-Seen-Radweg. **Zeiten:** April – Sep 10 – 18 Uhr, Okt – März 10 – 16 Uhr. **Preise:** 6 €, Jahreskarte 18 €; Kinder 3 – 14 Jahre 4 €, Jahreskarte 12 €; Familien-Jahreskarte 2 Erw, 2 Kinder bis 14 Jahre 50 €.

▶ Der kleine, aber feine Zoo bietet Platz für 70 tropische Tier- und 120 Pflanzenarten. Dazu zählen Kapuzineraffen, Chamäleons, verschiedene Pagageienarten, **Agutis,** Schlangen, Schildkröten, hochgiftige Pfeilgiftfrösche und Kleinsäugetiere wie Meerschweinchen. Nach eurem Rundgang an Volieren und

__Agutis__ sind südamerikanische Nagetiere. Sie sehen so ähnlich aus wie Meerschweinchen, haben aber viel längere Beine.

Fahrradverleih aktiv & mobil, Försterei 2, Ostseebad Trassenheide. ✆038371/20923. www.feriencamp-usedom.de. 8.30 – 10, 17.30 – 18.30 Uhr. Rad ab 4 € (halber Tag), Kinderrad ab 3 €, Anhänger und Bollerwagen 4 €.

Schaukästen vorbei ist sicher auch noch Zeit für einen Besuch des **Dschungelspielplatzes.**

Auf der Schmetterlingsfarm: Flattermänner beobachten

Erlebnisgruppe Schmetterlingsfarm, Wiesenweg 5, 17449 Ostseebad Trassenheide. ✆038371/28218, www.schmetterlingsfarm.de. **Bahn/Bus:** Bhf Trassenheide. **Auto:** B111 bis Trassenheide, Ausschilderung folgen. **Rad:** Ostseeküsten-Radweg, Berlin-Usedom-Radweg, Mecklenburgischer-Seen-Radweg. **Zeiten:** März – Okt 10 – 19 Uhr, Nov – Feb 10 – 17 Uhr, letzter Einlass 1 Std vor Schluss. **Preise:** 14 €; Kinder 4 – 14 Jahre 8 €; Familienkarte (2 Erw, 3 Kinder) 28 €.

Faszinierend: Schmetterlinge ganz nah

© pmv, Karolin Küntzel

▶ Vom Ei über Raupe, Puppe und Falter lässt sich die Entwicklung eines Schmetterlings hier nachvollziehen. In der großen Freiflughalle tummeln sich bis zu 2000 Exemplare in allen Farben und Größen. Ihr habt die Möglichkeit, sie aus nächster Nähe zu beobachten. Es kann sogar sein, dass der eine oder andere Flattermann euch als Start- und Landeplatz benutzt. Neben den Schmetterlingen wohnen Papageien und zwei Spornschildkröten in der großen Halle.

Der Natur auf der Spur

Naturschutzzentrum Insel Usedom

Dünenstraße 1, 17449 Ostseebad Karlshagen. ✆038371/21750, www.naturschutzzentrum-karlshagen.de. **Bahn/Bus:** UBB Zinnowitz – Peenemünde bis Bhf Karlshagen. **Auto:** Von Wolgast über B111 auf L264. Über Trassenheide nach Karlshagen, dort rechts in Strandstraße, dann links in Dünenstraße. **Zeiten:** Feb – April und Okt Di – So 10 – 16 Uhr, Mai – Sep Di –

Karlshagen hat mit 80 m den breitesten Strand der Insel.

So 10 – 17 Uhr, Nov – Jan Di – Sa 10 – 16 Uhr. **Preise:** Eintritt frei.

▶ Wie viele Singvögel kennt ihr? Drei, vier? In der **Ausstellung** werden insgesamt 28 vorgestellt. Außerdem sind Präparate von Seevögeln zu bestaunen. Auch über Moore, Hornissen und die Pflanzenwelt auf Usedom erfahrt ihr viel. Die Naturschutzgebiete der Insel lernt ihr ebenso kennen wie die Unterschiede zwischen dem hübschen Bernstein und dem gefährlichen Phosphor, der leicht mit dem fossilen Harz verwechselt werden kann. Auch außerhalb der Öffnungszeiten könnt ihr bei einem Rundgang über das **Außengelände** die Informationstafeln studieren, im Herbst die Pilzberatung des Naturschutzzentrums nutzen oder an einer der geführten Wanderungen teilnehmen, die regelmäßig angeboten werden.

Zimmermann: Der Specht hackt seine Höhlen nur mit dem Schnabel in den Baum

Gesteinsgarten und Waldkabinett

Forstamt Neu Pudagla, Am Forstamt, Neu Pudagla, 17459 Ückeritz. ✆038375/20460, www.neupudagla.wald-mv.de. **Bahn/Bus:** Bhf Neu Pudagla/Forstamt. **Auto:** B111 auf Hafen Stagnieß abbiegen, dann links zum Kletterwald, gebührenpflichtiger Parkplatz. **Zeiten:** Gesteinsgarten ganzjährig frei zugänglich, Waldkabinett 7.30 – 18 Uhr. **Preise:** kostenfrei, Spende erbeten.

▶ Wusstet ihr, dass Steine wandern können? Am Forstamt befindet sich der **Gesteinsgarten,** durch den ein schmaler Weg an Gneis und Granit vorbeiführt. Die Steine sind groß bis riesig und mehrere hundert Millionen Jahre alt. Sie kamen mit der letzten Eiszeit aus Skandinavien und vom Grund der Ostsee bis nach Usedom. Jeder ist einzigartig. Auf kleinen Tafeln findet ihr Informationen zu den Steinen. Auf dem Gelände des Forstamts gibt es aber noch

Steine wie die Findlinge im Gesteinsgarten findet ihr in kleinerer Form auch am Strand. In diesem Buch sind sie mit Foto, Alter und Herkunft aufgeführt: *Strandsteine. Sammeln und Bestimmen an der Ostseeküste,* Frank Rudolph, Wachholtz Verlag 2012, ISBN 978-3-529-05409-9, 12 €.

Ganz schön groß: Finja umarmt einen Granit

© pmv, Karolin Küntzel

viel mehr zu sehen. Im **Waldkabinett** werden euch Pilze und Hölzer vorgestellt und ihr bekommt einige der scheuen Waldbewohner zu Gesicht. Auf dem **Waldlehrpfad,** der direkt am Gesteinsgarten beginnt, seht ihr außerdem verschiedene Nistkästen und Bruthöhlen für Insekten.

HANDWERK UND GESCHICHTE

Mühlen & Museen

Die Mühle in den Wind drehen: Bockwindmühle Pudagla

Freunde der Bockwindmühle Pudagla e.V., Am Mühlenberg 1, 17429 Pudagla. ✆038378/34872, www.usedom-bockwindmuehle-pudagla.de. **Bahn/Bus:** Bus 281 bis Pudagla. **Auto:** B111 bis Pudagla, dort auf Mühlenberg, kostenfreier Parkplatz unterhalb der Mühle. **Zeiten:** Mai – Sep Mo – Fr 10 – 16, Sa, So, 13 – 16 Uhr. **Preise:** 2 €; Kinder bis 18 Jahre 1 €.

▶ Stellt euch vor, ihr würdet euer Haus immer so drehen, dass die Sonne hineinscheint. Undenkbar? Für euer Haus vielleicht, nicht aber für eine Bockwindmühle. Sie ist dafür geschaffen und so konstruiert, dass sich die gesamte Mühle in den Wind drehen lässt. Praktisch, oder? Wenn ihr die Mühle bei Pudagla genauer betrachtet, fällt euch sicher ein langer Balken auf, der unten seitlich aus der Mühle ragt. Das ist der *Stert*. Mit ihm wird die Mühle gedreht. Ob das schwer ist, könnt ihr vielleicht bei einer der Veranstaltungen auf dem Mühlengelände herausfinden. Am *Mühlentag* oder am *Tag des offenen Denkmals* wird nämlich häufig Korn gemahlen und dazu muss die Mühle richtig zum Wind stehen.

Nicht bockig, sondern aufgebockt: Auf dem Gestell kann die Mühle in den Wind gedreht werden

Welt der Erfindungen

Gewerbegebiet 1, 17429 Pudagla. ✆38379/289855, www.weltdererfindungen.de. **Bahn/Bus:** Bus 281, 282 bis Stoben Landweg. **Auto:** B111, zwischen Neppermin und Pudagla ins Gewerbegebiet abbiegen. **Zeiten:** April – Okt 10 – 18 Uhr, Nov – März 10 – 16 Uhr. **Preise:** 8 €; Kinder 4 – 16 Jahre 7 €; Schüler, Studenten, Azubis, Rentner 7 €, Familienkarte 2 Erw, 1 Kind 20 €, 2 Erw, 2 – 4 Kinder 24 €.

▶ Wie ein Tisch ohne Beine steht und wie man auf einem Steh-Fahrrad fährt, seht ihr in der Welt der Erfindungen. Über 100 Objekte sind zu bestaunen. Manche von ihnen sind durchaus alltagstauglich und praktikabel, andere eher kurios oder sogar unbrauchbar. Interessant sind sie alle. Viele der Gegenstände dürft ihr selbst ausprobieren. Wenn euch dabei neue Ideen für bahnbrechende Erfindungen kommen, sprecht mit den Machern der Ausstellung! Sie sind immer auf der Suche nach neuen Ideen und Objekten.

Indoor Minigolf Pudagla, Am Sandfeld 2, Pudagla. ✆038379/288348. www.indoorminigolf-pudagla.de. März – Okt 11 – 19 Uhr, Ferien 10 – 20 Uhr, genaue Zeiten telefonisch erfragen. Im Gewerbegebiet, 18-Loch 6 €, 36-Loch-Anlage 11 €. Kinder ab 1 m Körpergröße und bis 18 Jahre 4,50 € bzw. 8 €.

Phänomenal: Phänomenta Peenemünde

Museumsstraße 12, 17449 Peenemünde. ✆038371/26066, www.phaenomenta-peenemuende.de. **Bahn/Bus:** Bhf Peenemünde. **Auto:** In Peenemünde 1. Kreuzung rechts in Bahnhofstraße, dieser folgen. **Rad:** Berlin-Usedom-Radweg. **Zeiten:** Feb, 15. März – Okt, 26. Dez – 3. Jan täglich 10 – 18 Uhr. **Preise:** 8 €; Kinder 3 – 6 Jahre 3 €, Schüler bis 18 Jahre 6 €; Schüler bis 20 Jahre, Studenten, Behinderte 7 €, Familientarif:

GlowGolf Peenemünde, Museumstraße 4, Peenemünde. ✆038371/553710. www.glowgolf.de. 15. März – Okt 10 – 18 Uhr, außerdem in Weihnachts- und Winterferien. Minigolf unter Schwarzlicht, 6,50, Kinder 5 – 18 Jahre 5,50 €.

2 Erw mit eigenen Kindern erhalten 0,50 – 1 € Rabatt auf regulären Preis.

▶ Was ist Physik? Lässt sich das überhaupt erklären? Bestimmt, aber hier spielt das gar keine Rolle. Statt langwieriger Erklärungen erlebt ihr physikalische Phänomene durch Ausprobieren. Anfassen und Testen ist hier ausdrücklich erwünscht. An rund 300 Stationen erlebt ihr verblüffende und beeindruckende Experimente. Wie viel Kraft braucht ihr, um ein Auto anzuheben, wie groß können Seifenblasen werden und wie fühlt sich ein Astronaut beim Training? Findet es heraus und macht dabei erstaunliche Entdeckungen.

Mit Rakentenantrieb: Historisch-Technisches Museum

Im Kraftwerk, 17449 Peenemünde. ✆038371/5050, www.peenemuende.de. **Bahn/Bus:** Bhf Peenemünde. **Auto:** L264 bis Peenemünde, in Bahnhofstraße, gebührenpflichtige Parkplätze am Museum. **Rad:** Berlin-Usedom-Radweg. **Zeiten:** April – Sep täglich 10 – 18 Uhr, Okt 10 – 16 Uhr, Nov – März Di – So 10 – 16 Uhr. **Preise:** 8 €, Audioguide 2 €; Kinder 6 – 17 Jahre 5 €; Familienticket 2 Erw, 1 Kind 20 €, jedes weitere Kind 2 €.

▶ Man sieht es dem Gelände heute nicht mehr an, doch hier befand sich zwischen 1936 und 1945 eines der weltweit bedeutendsten Technologiezentren. Die erste Rakete weltweit flog von hier aus ins All, weshalb Peenemünde auch die Wiege der Raumfahrt genannt wird. Der Fortschritt in der Raketenentwicklung führte in Peenemünde allerdings auch zum Bau von Massen-

Warten auf den nächsten Gast: Kutscher und Pferde auf Usedom

© pmv, Karolin Küntzel

vernichtungswaffen. Sie wurden im Zweiten Weltkrieg gezielt gegen Menschen eingesetzt. Das **Museum** stellt die Entwicklung der Raketentechnik ebenso dar wie deren Auswirkungen. Die militärische wie zivile Nutzung wird beleuchtet, außerdem auch die Arbeitsbedingungen, unter denen die Raketenproduktion stattfand. Auf dem **Außengelände** sind Großexponate wie Raketen, Hubschrauber und Flugzeuge zu besichtigen.

Hunger & Durst

Veermaster, Am Hafen 2, Ostseebad Karlshagen. ✆038371/21012. www.restaurant-veermaster.de. Ab 11.30 Uhr. Fangfrischer Fisch, Steaks vom Lavastein-Grill.

Teddys, Trompeten und Traktoren: Spielzeugmuseum

Museumsstraße 14, 17449 Peenemünde. ✆038371/25656, www.usedom-spielzeugmuseum.de. **Bahn/Bus:** Bhf Peenemünde. **Auto:** In Peenemünde 1. Kreuzung rechts in Bahnhofstraße, dieser folgen. **Rad:** Berlin-Usedom-Radweg. **Zeiten:** 10 – 16 Uhr. **Preise:** 7 €; Kinder 4 – 14 Jahre 4 €; Behinderte, Studenten 5 €.

▶ Spielzeug aus drei Jahrhunderten ist in den Räumen des Museums versammelt. Puppen, Puppenstuben und Teddys, Fahrzeuge aller Art, Blechspielzeug, Cowboys und Indianer, Kuscheltiere, aber auch **NVA-Modelle,** wie Soldaten und Fahrzeuge aus DDR-Zeiten, findet ihr hier. Zahlreiche Ausstellungsstücke stammen aus der Zeit der DDR.

NVA ist die Abkürzung für Nationale Volksarmee. 1956 – 1990 war sie die Armee der Deutschen Demokratischen Republik, kurz DDR.

BÜHNE, LEINWAND & AKTIONEN

Kino

Club-Kino Zinnowitz

Neue Strandstraße 20, 17454 Zinnowitz. ✆038377/42036, www.club-kino.de. **Bahn/Bus:** Bhf Zinnowitz. **Auto:** B111 Ahlbecker Straße bis Zinnowitz, dort auf Alte Strandstraße bis Neue Strandstraße. **Rad:** Ostseeküsten-Radweg, Berlin-Usedom-Radweg, Mecklenburgischer-Seen-Radweg. **Zeiten:** täglich. **Preise:** Familienprogramm (alle mit F gekennzeichneten Vorstellungen) Pers bis 14 Jahre 4,50 €, ab 15 Jahre 6,50 €, Filme bis 18 Uhr 7 €, danach 7,50 €.

Kino und Café? Hier geht das, denn in einem der beiden Säle sitzt ihr an Tischchen mit drehbaren Sesseln und werdet bedient, wenn ihr Getränkewünsche habt oder ein Eis essen möchtet. Der zweite Kinosaal ist da weniger spektakulär, bietet aber ebenso gute Technik für ein schönes Kinoerlebnis. Gezeigt wird das aktuelle Kinoprogramm.

Hunger & Durst

Backbord Café & Bäckerei, Neue Strandstraße 22, Zinnowitz. ✆038377/37575. www.backbord-zinnowitz.de. 7 – 19 Uhr, Sommerferien 7 – 20 Uhr.

FESTKALENDER USEDOM

Januar:	Zinnowitz: **Winterstrandkorbfest,** Höhepunkt ist die WM im Strandkorb-Sprint.
Februar:	Ahlbeck: **Usedomer Winterbadespektakel** mit Live-Musik und Unterhaltungsprogramm.
Ostern:	Heringsdorf: **Osterfeuer** und **Spielfest** am Strand.
April:	April – Nov, Ahlbeck: **Sandskulpturen-Festival.**
Mai:	Heringsdorf: **Kleinkunstfestival** Strandpromenade.
	Zinnowitz: **Zinnowitz-Sail,** buntes Segelfest mit Regatta und Unterhaltungsprogramm.
	Radsternfahrt von Ahlbeck, Peenemünde und Usedom Stadt nach Loddin.
Juni:	Juni – Aug, Zinnowitz, **Vineta-Festspiele.**
Juli:	Karlshagen: **Usedom-Beachcup,** Volleyballturnier am Strand, buntes Kinderprogramm.
August:	Karlshagen: **Seebadfest** mit Musik, Unterhaltung und Kinderprogramm, zum Abschluss Feuerwerk.
	Zinnowitz: **Sommerfest** am Musikpavillon.
	Koserow: **Countryfest** mit Line-Dance zum Mittanzen, Konzerte.
	Koserow: **Usedomer Volkssporttriathlon.**
September:	Sep – Nov, inselweit: **Usedomer Musikfestival.**
Oktober:	3.: **Usedomer Strandfeuerwerk:** Von Karlshagen bis Swinemünde werden an der Küste nacheinander 10-minütige Höhenfeuerwerke gezündet.
Dezember:	**Weihnachtsmärkte** in Ahlbeck, Zempin, Koserow, Heringsdorf und Zinnowitz.

WOLGAST – UECKERMÜNDE

Von den drei Städten Wolgast, Anklam und Ueckermünde lässt sich letztere fast mit einem Badeort vergleichen. Die Lage am Stettiner Haff, das groß genug ist, sich ein bisschen wie am Meer zu fühlen und das schöne Haffbad bieten Wasserspaß und Erholung. Hübsch sind auch die Altstadt mit den schmucken Häusern und das Umland. Der Naturpark am Stettiner Haff umgibt die Stadt und lädt euch zu Spaziergängen und Radtouren ein.

ZWISCHEN PEENE UND KLEINEM HAFF

Kombi-Tipps fürs passende Alter

Wolgast und Anklam haben einen anderen Charakter. Beide Städte werden gerne als Tor zur Insel Usedom bezeichnet. Sie aber nur als Durchfahrtsorte zu sehen, wird ihnen nicht gerecht. In der Herzogstadt Wolgast am *Peenestrom* findet ihr neben Wassersport- und Bademöglichkeiten auch einen ↗ *Tierpark.* Er ist besonders für die **kleinen Kinder** anziehend. Macht einen Spaziergang zum kleinen Stadthafen und zur Schlossinsel oder lauft ein Stück am Fluss entlang. Die Hansestadt Anklam, südlich von Wolgast, liegt im *Naturpark Flusslandschaft Peenetal.* Auch hier könnt ihr die Peene per Boot entdecken. Beim Kanuwandern können auch die **4- und 5-Jährigen** mit, sofern euch ein großer Mensch sicher paddeln kann. Das Beobachten der Kraniche an ihren Rastplätzen im Peenetal ist für alle ein eindrucksvolles Schauspiel. Der richtige Kletterspaß im 10 m hoch gelegenen Parcours von Ueckermünde ist erst ab **10 Jahre** möglich. Ist euch das Kanufahren oder Durch-die-Seile-hangeln zu wackelig, bietet sich eine Wanderung zu den ↗ *Wikingergräbern* bei Menzlin an. Sie ist besonders für naturbegeisterte Kinder **ab 8 Jahren** geeignet. Neben den Naturerlebnissen solltet ihr Zeit einplanen, um die Geschichte des Fliegens zu erleben. Anklam, die Geburtsstadt von *Otto Lilienthal,* wartet gleich mit drei Ausstellungsorten auf, die sich mit dem Flugpionier und seinen Apparaten beschäftigen. Alle lohnen einen Besuch.

ADFC Regionalkarte Usedom, Stettiner Haff, 1:100.000, BVA Verlag 2013, ISBN 978-3-87073-579-1, 7,95 €.

Sonnen, baden, spielen: Im Haffbad in Ueckermünde

TIPPS FÜR WASSERRATTEN

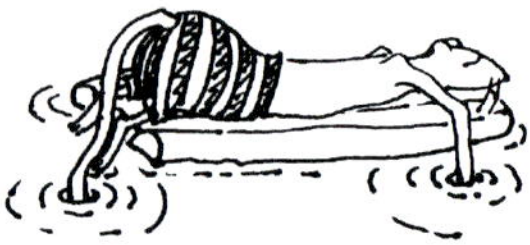

Baden

Haffbad

Haffstraße, 17373 Ueckermünde. www.ueckermuende.de. **Bahn/Bus:** Bus 706, 707, 902 bis Ueckermünde Lagunenstadt. **Auto:** L31 Belliner Straße auf Neuendorfer Straße, links in Haffstraße, gebührenpflichtiger Parkplatz. **Rad:** Oder-Neiße-Radweg. **Zeiten:** ganzjährig frei zugänglich.

▶ Der 800 m lange Sandstrand am Haffbad ist in der Sommersaison bewacht. Zusätzlich gibt es einen Hunde- und Fkk-Bereich, der nicht von der DLRG überwacht wird. Der lange Flachwasserbereich ist ideal für Kleinkinder und Nichtschwimmer. Ihr könnt Beachvolleyball und **Minigolf** spielen, außerdem sind zwei Spielplätze, ein Imbiss und Restaurant vorhanden.

Minigolf am Haffbad, Am Strand 3, Ueckermünde. Handy 0174/7501285. www.ueckermuende.de. April – Juni Di – So 11 – 18 Uhr. 2,80 €, Kinder bis 14 Jahre 1,80 €.

Segeln & Schiff fahren

Mit Kajak und Floß unterwegs: Abenteuer Flusslandschaft

Werftstraße 6, 17389 Anklam. ✆03971/242839, www.abenteuer-flusslandschaft.de. **Bahn/Bus:** Bus 201 bis Keilstraße. **Auto:** B110 Richtung Usedom, nach Überquerung der Peene rechts in Uferstraße, wieder rechts in Werftstraße. **Rad:** Oder-Neiße-Radweg, Mecklenburgischer-Seen-Radweg, Berlin-Usedom-Radweg. **Zeiten:** ganzjährig. **Preise:** Kajak ab 35 € pro Tag, Kranichbeobachtung (mit Transfer und Verpflegung) 50 €, Tagesausflug ins Peenetal 25 €; Kinder bis 12 Jahre Kranichbeobachtung 40 €, Tagesausflug Peenetal 14 €. **Infos:** Infos und Preise zu Paddelurlauben ↗ Internetseite.

▶ Ob ihr ein **Kajak** mieten und auf eigene Faust den Fluss entdecken oder an einer geführten Tour teilnehmen möchtet – hier ist beides im Angebot. Von der Tagesmiete eines Bootes bis hin zu organisierten Paddelurlauben mit wahlweise Zelt- oder Hotelüber-

Prepernau Fahrradfachmarkt, Pasewalker Allee 25, Anklam. ✆03971/210550. www.prepernau.de. Mo – Fr 9 – 18, Sa 9 – 12 Uhr. Fahrräder und Zubehör, Ersatzteile.

nachtung ist alles möglich. Selbst im Winter könnt ihr hinaus auf den Fluss, dann aber am besten im beheizten Floß. Höhepunkt im Herbst ist die abendliche **Beobachtung der Kraniche,** die zu ihren Schlafplätzen im *Peenetal* einfliegen.

Mit dem Boot zu Wikingern und Bibern

Kanuverleih & Floßfahrten Menzlin, Menzlin 65, 17390 Ziethen-Menzlin. ✆03971/213273, www.kanuverleih-menzlin.de. **Bahn/Bus:** Bus 203 bis Menzlin. **Auto:** B109 bis Ziethen, weiter auf L263 bis Menzlin, Hinweisen zum Alten Lager bis Kanustation folgen. **Zeiten:** Ostern – 3. Okt 10 – 18 Uhr, Imbiss 11.30 – 17 Uhr. **Preise:** Floßfahrt mit Grillen in Menzlin 20 € pro Person, Miete Floß (max. 13 Pers) ab 120 €, Biber-Entdeckungstour mit dem Floß 15 €, mit dem Kanu 10 €, Wikingertour (5 Std) 30 €, Kanu- und Kajakverleih ab 5 € pro Std; Kinder bis 12 Jahre Biber-Entdeckungstour 5 – 8 €.

Mit einem Fernglas könnt ihr den Schilfgürtel nach Tieren absuchen.

▶ Menzlin liegt im *Naturpark Flusslandschaft Peenetal.* Die malerische Landschaft und den gewundenen, ursprünglichen Fluss erkundet ihr vom Wasser aus. Mietet euch ein Kanu, strampelt mit dem Tretboot oder fahrt gemütlich mit dem Floß. Zu sehen gibt es breite Schilfgürtel, Auwälder und die Tiere, die dort leben. Mit etwas Glück entdeckt ihr Fischotter, Seeadler, Kraniche und Eisvögel. Auch die Biber haben hier ihr Quartier. Da sie erst abends munter werden, beginnt die *Biber-Entdeckungstour* um 19 Uhr. Auf der geführten Tour *Auf den Spuren der Wikinger* entdeckt ihr das alte Wikingerlager und lernt mit der Axt zu werfen und Bogen zu schießen.

Startklar für die nächste Tour: Kanus in Menzlin

Katamaran-Segeln

Zum Bauerberg 7, 17440 Zemitz-Wehrland. ✆038374/82280, Handy 0172/3030339. www.wassersport-camp.de. **Bahn/Bus:** Bus 251 bis Wehrland. **Auto:** B110 bis Murchin, weiter nach Lassan, dort auf OVP bis Alt Bauer, rechts auf Bauerberg. **Rad:** Ostseeküsten-Radweg. **Zeiten:** Mai – Okt. **Preise:** Schnupperkurs 2 Std 45 € pro Person, Anfängerkurs 18 Std 180 € pro Person, Vermietung ab 40 € pro Tag.

Das Wassersportcamp bietet auch preiswerte Übernachtungsmöglichkeiten an. Im Zelt kostet euch das 10 € pro Person, eine einfache Finnhütte gibt es bereits ab 15 € pro Nase.

▶ Zwischen Usedom und dem Festland flitzt ihr über den *Peenestrom* und das *Achterwasser.* Anfänger können in einem Schnupperkurs ein Gefühl für das Segeln mit dem Katamaran bekommen oder gleich einen Grundkurs buchen. Erfahrene Segler mieten sich ein eigenes Boot. Selbstverständlich bekommt ihr vorab eine Sicherheitseinweisung, lernt das Material, das Boot und seine Segeleigenschaften kennen. Dafür übt ihr zuerst auf dem Trockenen. Wenn ihr dann aufs Wasser geht, ist euch alles schon ein wenig vertraut.

Ahoi Stralsunder

Wolgaster Personenschifffahrt Harald Bork, Hafenstraße, 17438 Wolgast. ✆03836/234636, Handy 0170/5206380. www.schiff-usedom.de. **Lage:** Abfahrt ab Wolgast Stadthafen. **Bahn/Bus:** ↗Wolgast. **Auto:** B111 bis Wolgast Altstadt, kleine Straßenbrücke überqueren, rechts in Hafenstraße. **Rad:** Ostseeküsten-Radweg, Mecklenburgischer-Seen-Radweg. **Zeiten:** 14. Mai – 15. Okt, Hafenrundfahrt Mo – Do, So 11 Uhr, Fahrt durch die geöffnete Brücke Mo – Do, So 12.30 Uhr, Achterwasserrundfahrt

Nimmt euch mit auf große Fahrt: Der Stralsunder

© pmv, Karolin Küntzel

Mo, Do 14 Uhr, Fr 11 Uhr, Steilküstenfahrt Mi, So 14 Uhr, Peenestromrundfahrt Di, Fr 14 Uhr. **Preise:** 7 – 14 €; Kinder bis 12 Jahre 4 – 7 €; Familienkarte (2 Erw, 2 Kinder) 19 – 37 €. **Infos:** Hund 2 €.

▶ Der *Stralsunder,* ein klassisches Motorschiff, schippert durch den Wolgaster Hafen, den *Peenestrom* entlang und durch das *Achterwasser* bis hinüber nach Usedom zur Halbinsel *Gnitz,* wo ihr die Steilküste vom Wasser aus betrachten könnt. Die Fahrten durch den Hafen dauern rund eine Stunde. Wenn ihr länger unterwegs sein möchtet, bucht ihr eine der anderen Touren. Dann seid ihr bis zu 2,5 Stunden auf dem Schiff.

Mo ist Familientag. Dann fahren Kinder bis 12 Jahre bei den Hafenrundfahrten kostenlos mit.

Radeln & wandern

FRISCHE LUFT & SPORT

Per Rad auf dem Naturlehrpfad August Bartelt

17373 Ueckermünde. **Strecke:** Tierpark Ueckermünde – Liepgarten – Apothekerberg – Tierpark. Markierung: Grüner Schrägstrich auf weißem Grund. **Länge:** 20 km, mit vielen Pausen 3 Std Fahrzeit. **Bahn/Bus:** Bus 909, 911 bis Tierpark. **Auto:** B109 auf L28 bis Tierpark. **Rad:** Oder-Neiße-Radweg.

▶ Der Naturlehrpfad ist nach einem dem Ueckermünder Natur- und Heimatforscher *August Bartelt* (1863 – 1947) benannt. Der Weg wurde zwar für Wanderer angelegt, ihr könnt die Strecke aber ebenso gut mit dem Fahrrad abfahren. So ist der 20 km lange Rundkurs auch für kleinere Kinder gut zu bewältigen. Start ist am **Tierpark Ueckermünde.** Von dort führt der Wanderweg Richtung Liepgarten. Den Streckenverlauf erkennt ihr leicht an der Wandermarkierung. Macht von **Liepgarten** aus einen Abstecher zum **Apothekerberg.** Dort steht ein Aussichtsturm, von dem ihr einen guten Rundumblick habt. Vom Ort aus geht es auf einem Waldweg weiter. Infotafeln am Wegesrand informieren euch über das *Stettiner Haff.*

Hunger & Durst

Restaurant Backbord, Altes Bollwerk 2, Ueckermünde. ✆039771/54767. www.backbord-ueckermuende.de. Mo – So 11.30 – 15 und 18 – 22 Uhr. Fisch und Steak.

Auf dem abwechslungsreichen Weg radelt ihr an einer **Parabeldüne,** uralten Eichen und vielen seltenen Baumarten vorbei. Im weiteren Verlauf der Tour lernt ihr die heimischen Waldbewohner kennen, springt mit Maus und Fuchs um die Wette und erfahrt wie eine Totholzhecke angelegt wird. Wann immer ihr mögt, legt ihr an diesen Stationen eine kleine Pause ein. Ihr werdet sehen: Die Kilometer sind fix abgeradelt und die Zeit ist wie im Flug vergangen.

*Eine **Parabeldüne** erinnert von ihrer Form her an eine Sichel.*

Auf dem Märchenpfad ans Haff

17373 Ueckermünde. www.ueckermuende.de. **Strecke:** Bhf Ueckermünde – Märchenpfad Strand Ueckermünde. **Länge:** 2 km. **Bahn/Bus:** Bhf Ueckermünde Stadthafen. **Auto:** L28 Ortsumfahrung Altstadt bis Bhf, dort parken. **Rad:** Berlin-Usedom-Radweg, Oder-Neiße-Radweg.

▶ Startet am **Bahnhof Ueckermünde.** Von dort lauft ihr ein Stück in Richtung Altstadt und biegt dann rechts in den Weg Zum Strand ein. Er führt zum *Köhnscher Kanal,* den ihr über die nachgebaute historische Klappbrücke quert. Dahinter beginnt der **Märchenpfad.** Sagengestalten und Märchenfiguren säumen den Weg durch die Wiesen. Sie sind aus Pappeln und Weiden geschnitzt, die zu alt waren, um in voller Größe stehen zu bleiben. Die Gefahr, dass sie umstürzen, war zu groß. So ließ man nur die Stümpfe stehen und schnitzte die Figuren hinein. Sind das nicht die *Bremer Stadtmusikanten* und wer wohnte wohl in diesem Turm? Bei jedem Stumpf könnt ihr aufs Neue raten, Märchen erzählen oder euch eigene Geschichten ausdenken. Und ehe ihr euch verseht, seid ihr schon am **Strand** angekommen. Zeit für ein Bad!

Hunger & Durst

Strandhalle, Am Strand 2, Ueckermünde. ✆039771/59610. www.strandhalle-ueckermuende.de. Ostern – Okt täglich ab 11.30 Uhr, Okt – Ostern Mi – So ab 11.30 Uhr. Fischspezialitäten, Fleisch und kleine Gerichte, schöner Blick über das Haff.

Durch die Polderlandschaft zu den Wikingergräbern

Menzlin 65, 17390 Ziethen-Menzlin. **Strecke:** Kanustation Menzlin – Biberbeobachtungstürme – Wikingergräber – Kanustation. **Länge:** 5 km, 2 Std Gehzeit. **Bahn/Bus:** Bus 203 bis Menzlin. **Auto:** B109 bis Ziethen, weiter auf L263 bis Menzlin, Hinweisen zum Alten Lager folgen.

Weitgereiste Wikinger: Nach Nowgorod sind es 1619 km

▶ Am Rand des *Naturschutzgebiets Peenetalmoor* wandert ihr auf den Spuren des Bibers und der Wikinger durch eine einzigartige Polder- und Flusslandschaft. Startet am ↗ **Kanuverleih Menzlin.** Dort ist links von der Einstiegsstelle ein Pfad, der zum **Biberbeoachtungsturm** führt. Durch Schilf lauft ihr auf dem Deich, der das Poldergebiet von der *Peene* trennt bis zum Turm. Dort habt ihr einen schönen Blick über die gefluteten Wasserflächen und mit etwas Glück entdeckt ihr die Biberburg, die sich am gegenüberliegenden Flussufer befinden soll. Weiter geht es auf dem Deich, der nach links abknickt, bis zum nächsten **Aussichtsturm.** Folgt dem Pfad weiter am Wasser entlang bis zum nächsten Linksknick und wandert durch Erlenbruchwald bis zu einem Feld. Hier verlasst ihr das sumpfige Gebiet. Wendet euch wieder nach links und lauft durch das Wäldchen bis zu einer weiteren **Beobachtungsplattform,** von der ihr wieder eine schöne Aussicht auf die Wasserfläche habt. Viele Vögel rasten hier und ihr werdet sie gut beobachten können. Nun ist es nicht mehr weit zu den **Wikingergräbern,** die erhöht im Wald liegen. Schilder weisen euch den Weg. Sieben schiffsförmige Grabanlagen aus der Zeit zwischen dem 8. und 10. Jahrhundert seht ihr dort. Die Siedlung, zu der sie einst gehörten, existiert nicht mehr. Folgt ihr dem Wanderweg weiter, erreicht ihr nach kurzer Zeit die Straße zur **Kanustation.** Biegt dort links ab.

Da das Gebiet sehr feucht ist, fühlen sich dort auch Mücken wohl. Packt deshalb ein Mückenschutzmittel ein. Zum Beobachten der Vögel sollte ein Fernglas mit ins Gepäck.

Hunger & Durst

Bistro an der Kanustation Menzlin, Menzlin 65, Ziethen. ✆03971/213273. www.kanuverleih-menzlin.de. Ostern – 3. Okt 11.30 – 17 Uhr. Getränke, Snacks.

Klettern

Von Baum zu Baum im Kletterwald Ueckermünde

Chausseestraße 80, 17373 Ueckermünde. ✆037431/86890, Handy 0162/4109349. www.kletterwald.de. **Bahn/Bus:** Bus 901, 907, 909 bis Chausseestraße. **Auto:** B109 bis Ferdinandshof, dort auf L28 bis Kletterwald. **Rad:** Mecklenburgischer-Seen-Radweg. **Zeiten:** April – Mai, Sep – Okt Di, Fr – So 10 – 19 Uhr, Juni – Aug 10 – 19.30 Uhr. **Preise:** 19 €; Vorschulkinder 9 €, 6 – 12 Jahre 13 €; Jugendliche (13 – 18 Jahre), Studenten, Azubis 16 €, verschiedene Familienkarten ab 40 €.

▶ Über 90 Kletterelemente warten auf euch. Vom Tarzanseil über Netzbrücken und Seilbahnen ist alles dabei. Mitklettern dürfen Kinder ab 5 Jahre. Sie bewegen sich allerdings noch dicht über dem Waldboden, sodass die Hilfe der Eltern jederzeit möglich ist. Kletterprofis wagen sich bis ganz nach oben. In 10 m Höhe sind Geschick, Ausdauer und vor allem Mut gefordert. Traut ihr euch? Insgesamt stehen 7 Parcours zur Verfügung. Bevor es losgeht, bekommt ihr eine Sicherheitseinweisung und lernt, mit dem Material umzugehen.

UMWELT ERFORSCHEN

Tiere erleben

Affen und Alpakas treffen: Tierpark Wolgast

Ab 14 Uhr wird gefüttert. Zuerst sind die Nasenbären dran, dann folgen Erdmännchen, Otter und Biberratten. Um 15 Uhr bekommen die Lemuren und Alpakas ihre Ration.

Am Tierpark 1 – 2, 17438 Wolgast. ✆03836/602431, www.tierparkwolgast.de. **Bahn/Bus:** Bus 272 bis Wolgast Am Tierpark. **Auto:** L262 Greifswalder Straße, rechts auf Tannenkampweg, links in Karriner Straße, dann rechts in Am Tierpark, kostenlose Parkplätze. **Rad:** Ostseeküsten-Radweg. **Zeiten:** Mai – Okt 9 – 18 Uhr, Nov – April 10 – 16 Uhr. **Preise:** 6 €, Führung 3 €; Kinder 3 – 14 Jahre 2,50 €, Führung 1,50 €; Schüler,

Studenten, Azubis, Erwerbslose, Senioren ab 65 Jahre, Schwerbehinderte ab 60 % 4,50 €, Familienkarte 2 Erw, 3 Kinder 16 €. **Infos:** Hund 1,50 €.

▶ Im *Wolgaster Tannenkamp,* einem beliebten Waldgebiet und Ausflugsziel, gründeten Wolgaster Bürger in den 1960er-Jahren den Tierpark. Erste Bewohner waren zwei Braunbären und ein Kragenbär. Inzwischen leben rund 300 Tiere aus 40 Arten im Familientierpark. Bären, Wölfe, Erdmännchen, Alpakas und Äffchen trefft ihr dort zum Beispiel an. Außerdem gibt es ein **Streichelgehege, Spielplätze** und eine Scooterbahn.

Der will nur gucken, nicht spucken: Alpaka

Karpfen streicheln im Tierpark Ueckermünde

Chausseestraße 76, 17373 Ueckermünde. ✆039771/54940, www.tierpark-ueckermuende.de. **Bahn/Bus:** Bus 909, 911 bis Tierpark. **Auto:** B109 auf L28 bis Tierpark. **Rad:** Oder-Neiße-Radweg. **Zeiten:** März – Okt 10 – 18 Uhr, Nov – Feb 10 – 15 Uhr. **Preise:** 9 €; Kinder 3 – 15 Jahre 4,50 €; Schüler, Azubis, Schwerbehinderte, Senioren 8 €, Familienkarte 1 Erw, 2 Kinder 17 €, 2 Erw, 2 Kinder 26 €. **Infos:** Hund 4,50 €.

▶ 400 Tiere aus 100 Arten leben im Park. Darunter sind heimische Tiere wie der Fischotter, Waldtiere wie der Wolf, aber auch australische Kängurus und afrikanische Löwen. Außerdem begegnet ihr Tieren der Eiszeit, wie den Wildpferden, und Ziegen im **Streichelzoo.** Im **Haff-Aquarium** erlebt ihr schließlich die Tierwelt des Wassers. Welche Fische gibt es im Haff? In fünf Becken seht ihr Flussbarsche, Welse, Hechte, Rotfedern und Ostseeschnäpel. Höhepunkt ist das Streichelbecken mit den Karpfen. Traut ihr euch, die Fische zu berühren? Ob sie sehr glitschig sind? Ins-

Hunger & Durst

Tierpark Restaurant, Chausseestraße 76, Ueckermünde. ✆039771/54940. www.tierpark-ueckermuende.de. März – Okt 10.30 – 18 Uhr, Nov – Feb 10 – 15 Uhr. Warme Speisen, Kuchen, Terrasse.

gesamt sechs Spielplätze sind über das gesamte Gelände verteilt. Der größte ist beim Affenwald. Dort könnt ihr die Affen sogar von oben anschauen.

Entdeckungen auf Lehrpfaden

Wald der Sinne Buddenhagen

17438 Wolgast-Buddenhagen. ✆03836/600118, www.stadt-wolgast.de. **Bahn/Bus:** UBB bis Bhf Buddenhagen. **Auto:** Von Wolgast über B111 und OVP 19 nach Buddenhagen, dann Beschilderung Wald der Sinne folgen. **Zeiten:** ganzjährig frei zugänglich.

▶ Auf dem **Lehr- und Naturpfad** könnt ihr zahlreiche Mitmach-Stationen ausprobieren. Erkundet auf dem **Barfußpfad,** wie unterschiedlich sich Holzspäne und Erde anfühlen, findet heraus, wie Harz gewonnen wird und wer eigentlich in einem Insektenhotel wohnt. Wie alt und wie schwer werden Bäume? Wie sieht die Höhle eines Spechtes aus? Neugierig geworden? Dann nichts wie ab in den Wald der Sinne.

Immer der Nase nach: Wie aus Kräutern Tee wird

Kräutergarten Pommerland eG, Am Sonnenacker 3 – 5, 17740 Lassan-Pulow. ✆038374/80652, www.kraeutergarten-pommerland.de. **Bahn/Bus:** Bus 251 von Lassan nach Pulow. **Auto:** B110 bis Murchin, im Ort links auf Kreisstraße Richtung Lassan abbiegen, ca. 1 km vor Lassan links Richtung Papendorf, dem kleinen Feldweg mit Betonplatten folgen, das Dorf Pappendorf durchfahren, 500 m nach Dorfausfahrt links abbiegen nach Pulow. **Zeiten:** Besichtigung Mi und Do vormittags, genaue Termine erfragen. **Preise:** frei.

▶ Der Kräutergarten Pommerland liegt im malerischen *Lassaner Winkel.* Hier werden seit dem Jahr 2000 Teemischungen in Bio-Qualität produziert. Bei einer **Führung** werft ihr einen Blick auf die Kräuter-Felder, schnuppert Minze, Melisse und was sonst gerade wächst. Außerdem lernt ihr die verschiedenen Verarbeitungsschritte der Teeherstellung kennen. Natürlich dürft ihr die Tees und Sirupe auch probieren. Welche Sorte schmeckt euch am besten?

Lehr- und Erlebnisgarten Aeronauticon

Flugplatz 1, 17389 Anklam. ✆03971/259987, www.lilienthal-museum.de. **Bahn/Bus:** Bus 1 bis Anklam Südstadt. **Auto:** B109 Ausfahrt Anklam Flugplatz. **Zeiten:** 7 – 16 Uhr. **Preise:** Eintritt frei.

▶ Das **Aeronauticon** ist eine Außenstelle des ↗ *Otto-Lilienthal-Museums* und widmet sich ebenfalls dem Traum vom Fliegen. Riesige Windspiele, ein **Abenteuer-Flugspielplatz** und ein **Natur- und Techniklehrpfad** erwarten euch. Dort bekommt ihr Antworten auf Fragen rund um die Fliegerei, zum Beispiel, warum Flugzeuge Anlauf zum Starten brauchen. Historische Fluggeräte gibt es ebenfalls zu sehen und nach Anmeldung könnt ihr einen Blick in den Tower des Flughafens werfen.

Auf dem Gelände des Aeronauticons gibt es auch eine *BMX- und Skaterbahn.*

Betriebe & Museen zum Mitmachen

HANDWERK UND GESCHICHTE

Modellbahnen im Kulturspeicher Ueckermünde

Speicher e.V., Bergstraße 2, 17373 Ueckermünde. ✆039771/54262, www.speicher-ueckermuende.de. **Bahn/Bus:** Bhf Ueckermünde Stadthafen. **Auto:** L31 Ueckerstraße auf Goethestraße abbiegen, links in Gartenstraße bis Bergstraße. **Rad:** Berlin-Usedom-Radweg, Oder-Neiße-Radweg. **Zeiten:** Mo – Fr 10 – 16 Uhr. **Preise:** Modellbahn-Ausstellung 2,70, mit Kurkarte 2,50 €; Kinder 1,70 €.

▶ Im denkmalgeschützten Fachwerkspeicher könnt ihr regionale Produkte kaufen. Das Angebot reicht von Marmeladen über Seifen bis hin zu Kleidung. Der Speicher ist darüber hinaus beliebter Veranstaltungs-

Hunger & Durst

Coffee Farm, Ueckerstraße 84, Ueckermünde. ✆039726/20563. www.coffee-farm.de. Mo – Sa 10 – 17.30, So, Fei 14 – 17.30 Uhr. Kuchen und Eis, Selbstbedienung.

ort für Konzerte, Lesungen und Vorträge. Unter dem Dach findet ihr eine **Modellbahn-Ausstellung,** in der ihr euch als Lokführer versuchen dürft.

Wo Schule längst Geschichte ist: Historisches Klassenzimmer

Schulstraße 6, 17389 Anklam. ✆03971/245503, www.museum-im-steintor.de. **Lage:** In der Cothenius-Schule. **Bahn/Bus:** Bus 201 bis Steinstraße. **Auto:** B110 auf Keilstraße bis Steinstraße und Neuer Markt. **Rad:** Oder-Neiße-Radweg, Mecklenburgischer-Seen-Radweg, Berlin-Usedom-Radweg. **Zeiten:** Di, Do 8 – 12 Uhr und nach Absprache. **Preise:** 2,50 €; Kinder ab 6 Jahre 1,50 €; Studenten, Azubis, Gruppen ab 8 Pers 1,50 €.

▶ Alte Schulbänke, Tafeln und Wandbilder, Klassenfotos mit ernst dreinblickenden Kindern und alte Schulbücher sind im Historischen Klassenzimmer versammelt. Es befindet sich in der *Cothenius-Schule,* die 1827 eingeweiht wurde. Nicht nur die Unterrichtsmaterialien sind inzwischen anders, auch die Schrift ist es. Überzeugt euch davon selbst bei einem Kurs zur Sütterlinschrift.

Der Traum vom Fliegen: Otto-Lilienthal-Museum

Ellbogenstraße 1, 17389 Anklam. ✆03971/ 245500, www.lilienthal-museum.de. **Bahn/Bus:** Bhf Anklam. **Auto:** Pasewalker Straße in Pasewalker Allee, dann links in Ellbogenstraße, kostenfreie Parkplätze am Museum. **Rad:** Oder-Neiße-Radweg, Mecklenburgischer-Seen-Radweg, Berlin-Usedom-Radweg. **Zeiten:** Juni – Sep täglich 10 – 17 Uhr, Okt, Mai Di – Fr 10 – 17, Sa, So 13 – 17 Uhr, Nov – April Mi – Fr

Berühmter Flieger: Otto Lilienthal

11 – 15.30, So 13 – 15.30 Uhr. **Preise:** 3,50 €; Kinder ab 6 Jahre, Schüler, Azubis 3,50 €.

▶ Wie aus einem Traum ein Apparat und aus einem Hüpfer ein Flug wurden, zeigt das Museum sehr anschaulich. Beim Blättern im Lilienthalschen Fotoalbum lernt ihr *Otto Lilienthal* und seinen Bruder kennen und seht ihre ersten Erfindungen und Maschinen. In der Physikabteilung dürft ihr **Experimente** machen. Sie verdeutlichen zum Beispiel den Auftrieb und ihr bekommt eine Idee davon, wie viel Wissen nötig war, um das Fliegen zu erfinden. Wie sich so ein Flug anfühlt, findet ihr heraus, wenn ihr die Flugmaschinen testet. Legt euch in den Hängegleiter und schwebt eine Runde. Anschließend könnt ihr die vielen Flugapparate bestaunen, die Otto Lilienthal entworfen und getestet hat.

Einmal fliegen wie ein Vogel: Im Lilienthal-Museum dürft ihr es ausprobieren

OTTO LILIENTHAL

▶ Otto Lilienthal wurde 1848 in Anklam geboren. Er verbrachte seine Kindheit und Jugend dort und besuchte das Gymnasium der Stadt. Zu dieser Zeit studierte er bereits den Vogelflug und unternahm erste Flugversuche. Die Idee Lilienthals, dass sich der Mensch wie ein Vogel in die Lüfte schwingen könne, brachte ihm viel Spott und Hohn ein. Viele hielten ihn sogar für verrückt. Unbeirrt davon experimentierte er weiter und konstruierte zahlreiche Flugapparate. Mit ihnen gelangen ihm zuerst nur Sprünge, dann aber auch wiederholbare, sichere Flüge, die weltweit Beachtung fanden. Viele seiner Flugversuche unternahm er in Berlin und Brandenburg. Dort stürzte er im August 1896 ab, nachdem sein Flugapparat ins Trudeln geraten war. Er starb einen Tag nach dem Unglück, am 10. August, an seinen Verletzungen und wurde auf dem Berliner Friedhof Lankwitz beigesetzt.

Wasser ist zum Waschen da … So sangen früher die Waschweiber, vielleicht auch in Ueckermünde?

© pmv, Karolin Küntzel

Nikolaikirche mit Ikareum

Nikolaikirchstraße 7, 17389 Anklam. ✆03971/245500, Handy 0174/7130042. www.nikolaikirchean-klam.de. **Bahn/Bus:** Bus 201 bis Steinstraße. **Auto:** Von Keilstraße in Peenestraße, dann rechts in Nikolaikirchstraße. **Rad:** Oder-Neiße-Radweg, Mecklenburgischer-Seen-Radweg, Berlin-Usedom-Radweg. **Zeiten:** Juni – 3. Okt 10 – 17 Uhr. **Preise:** Besichtigung kostenlos.

▶ Früher besaß die Nikolaikirche einen hohen Turm, der den Seefahrern als Orientierung und Seezeichen diente. Im Zweiten Weltkrieg wurde die Kirche weitgehend zerstört und war viele Jahre eine Ruine. 1994 wurde mit ihrem Wiederaufbau begonnen und seit 2000 ist sie wieder öffentlich zugänglich. Derzeit ist geplant, die Kirche als Gedenkstätte für *Otto Lilienthal,* der 1848 in ihr getauft wurde, herzurichten. Dann soll es zum Beispiel einen Turm geben, von dem eine Drachenseilbahn startet. Wenn das Ikareum, so der künftige Name des Museums, fertig ist, könnt ihr dort fliegen wie Otto. Schon heute wird die Kirche für Veranstaltungen und Ausstellungen genutzt. Viele davon widmen sich dem Thema Fliegerei.

Der ***Heilige Nikolaus*** *ist der Schutzpatron der Seefahrer, Fischer und Händler. Nach ihm ist die Nikolaikirche benannt.*

Museum mit Gipfelbuch

Museum im Steintor, Schulstraße 1, 17389 Anklam. ✆03971/245503, www.museum-im-steintor.de. **Bahn/Bus:** Bus 201 bis Steinstraße. **Auto:** B110 auf Keilstraße bis Steinstraße und Neuer Markt. **Rad:** Oder-Neiße-Radweg, Mecklenburgischer-Seen-Radweg, Berlin-Usedom-Radweg. **Zeiten:** Mai – Sep Di – Fr 10 – 17, Sa, So

13 – 17 Uhr, Okt – April Mi – Fr 11– 15.30, So 13 – 15.30 Uhr. **Preise:** 2,50 €; Kinder ab 6 Jahre 1,50 €; Studenten, Azubis und Gruppen ab 8 Pers 1,50 €.

▶ Hoch ragt das **Steintor** über der Stadt auf. Es ist das älteste Gebäude Anklams und birgt in seinem Inneren wahre Schätze. Einer davon ist der *Anklamer Münzschatz,* der aus der Zeit des Dreißigjährigen Krieges in Pommern stammt. Auf **fünf Etagen** erfahrt ihr viel über die Bewohner der Stadt und ihr Leben am Fluss. Slawen und Wikinger, Schweden und Preußen waren hier einst zu Hause. Das Erklimmen des **Turmes** über alle Etagen wird mit einer wunderbaren Aussicht über die Peene und die Stadt belohnt. Kurios ist, dass es ganz oben ein Gipfelbuch gibt. Dort können sich alle eintragen, die die 110 Stufen gemeistert haben. Mit einer Einschränkung: Sie müssen älter als 70 Jahre sein. Da habt ihr also noch etwas Zeit.

BÜHNE, LEINWAND & AKTIONEN

Für Kreative

Aus dem Vollen schöpfen: Selbst Papier herstellen

Papiermanufaktur Wrangelsburg, Schlossplatz 6, 17495 Wrangelsburg. ✆038355/71780, www.papierdruck.beepworld.de. **Bahn/Bus:** Bus 514, 515 bis Wrangelsburg Dorf. **Auto:** A20 auf B109 bis Wrangelsburg, auf Ginsterweg abbiegen, links in Schwedenstraße, dann auf Schlossplatz. **Zeiten:** Mo – Fr 10 – 16 Uhr. **Preise:** Führung 2 € pro Person, Tageskurs Papierschöpfen 30 €; Kinder bis 18 Jahre Papierschöpfen 6 € pro Std.

▶ Altes Handwerk ist hier noch ganz lebendig. Ihr bekommt einen Eindruck, wie vor 2000 Jahren Papier hergestellt wurde und dürft es selbst versuchen. Jedes Papier ist ein Unikat. Mal dick, mal dünn und je nach Art des Ausgangsmaterials fast flauschig oder ganz glatt. Lasst euch überraschen, woraus Papier

Wenn ihr etwas mehr Zeit mitbringt, besteht die Möglichkeit, aus dem selbst geschöpften Papier ein eigenes Buch zu binden. Dafür sind mindestens zwei Besuche der Manufaktur notwendig.

Weil der Rohstoff Holz wichtig ist, verwendet der Peter Meyer Verlag nur Papier aus Recyclingbeständen oder aus nachhaltiger Forstwirtschaft.

bestehen kann. Euer Kunstwerk tragt ihr nach getaner Arbeit vorsichtig zum endgültigen Trocknen nach Hause. Wer keine Lust zum Schöpfen hat, sieht den anderen bei der Arbeit zu oder legt bei Kaffee und Kuchen ein Päuschen ein.

FESTKALENDER WOLGAST – UECKERMÜNDE

Juni: 20., Anklam: **Mittsommerfest** in der Schwedenmühle.
Ueckermünde: **Haff-Sail,** 3 Tage buntes Programm mit Wettfahrten, Drachenbootrennen, Musik und Volksfest.

Juli: 1. Wochenende: **Wolgaster Hafenfest:** Unterhaltung, Kulinarisches, Höhenfeuerwerk.
Wolgast: **Tierparkfest** mit großem Kinderprogramm und Tiertaufe.
Letztes Wochenende, Ueckermünde: **Hafftage,** buntes Musik- und Kulturprogramm.
2. Wochenende, Ueckermünde: **Schlosshofspektakel,** mit altem Handwerk und Ritterkämpfen.

August: 3. Wochenende, Anklam: **Hansefest** mit Bühnenshows, Musik, Tanz und Feuerwerk.
Ueckermünde: **Hafentage,** 3 Tage Volksfest mit Badewannenrennen.

September: Anklam: Peenespektakel **Die Peene brennt,** Aufführungen der Pommerschen Landesbühne.

Oktober: Ueckermünde: **Halloween** im Tierpark.

Dezember: Anklam: **Luciafeier** in der Schwedenmühle, Schwedenweihnacht.
Anklam: **Adventsmarkt.**
Ueckermünde: **Weihnachtsmarkt** rund um den Marktplatz.
Wolgast: **Weihnachtsmarkt.**

SWINEMÜNDE & WOLLIN

LIBRA

Von Usedom nach Wyspa Uznam, wie die Polen die Insel nennen, ist es nur ein kleiner Schritt. Doch die Unterschiede zwischen den Inselorten sind beträchtlich. Der polnische Teil Usedoms wird von Swinemünde eingenommen, das sich weiter nach Osten bis auf die Nachbarinsel Wollin erstreckt.

AUF NACH POLEN

Kombi-Tipps fürs passende Alter

Mit 40.000 Einwohnern ist Swinemünde (poln. Świnoujście) mit Abstand die größte Stadt der Insel. Und sie ist weitläufig. Erkundet sie am besten mit dem Fahrrad oder der ↗ *Wegebahn,* die alle sehenswerten Orte anfährt. Alles ist hier etwas größer als auf deutscher Seite. Der Strand ist breiter, die Häuser höher und der Hafen riesig. Auf der Promenade herrscht im Sommer Trubel. Etwas ruhiger geht es auf dem Weg direkt am Meer zu. Hier laden Bänke zum Verweilen ein und auch für Spaziergänge mit **Buggy** und **Kindern mit Laufrädern** ist der Weg ideal. Noch ruhiger ist es dann nur noch im weitläufigen Kurpark. Jungs **ab 10 Jahre** lassen sich vor allem von den drei Festungsanlagen der Stadt beeindrucken. Mit der **ganzen Familie** ist ein Besuch im ↗ *Museum für Hochseefischerei* schön. *Misdroy,* das nächstgrößere Seebad auf Wollin, hat zwar nur 5500 Einwohner, strahlt aber trotzdem städtisches Flair aus. Besonders im Sommer wird der Badeort von Menschenmassen geradezu überrollt und die Promenade gleicht dann fast einem Rummelplatz. Wie gut, dass der ↗ *Nationalpark Wollin* gleicht hinter der Stadt beginnt. Wanderwege durchziehen das Gebiet. Sie sind in der Regel gut markiert, sodass ihr ohne große Vorbereitung losmarschieren könnt. Lohnenswert sind Strandspaziergänge an der Kliffküste und zum ↗ *Wisentgehege.* Beide Routen sind schon mit Kindern **ab 5 Jahre** zu gehen. Die Grenze zwischen den Ländern ist kaum noch zu merken. Trotzdem gibt es Unterschiede, die euch ins Auge fallen werden. Als Erstes werdet ihr merken, dass die Polen in einer anderen Währung rechnen.

Fahrradkarte Usedom – Wollin, 1:75.000, Verlag grünes herz 2014, ISBN 978-3-86636-081-5, 5,95 €.

***Wechselkurs** (Stand 01/2016): 1 € = 4,4526 polnische Zloty (zł), 1 zł = 0,2246 €.*

Ganz schön blau und ganz schön groß: Im Wachsfigurenkabinett kommt ihr dem Avatar ganz nah

TIPPS FÜR WASSER-RATTEN

Schwimmbad Swinemünde (Plywania), ul. Żeromskiego 48, Świnoujście. ✆04891/3215410. www.osir.uznam.net.pl. 7 – 21 Uhr. 11 zł, Kinder bis 16 Jahre 9 zł, Familienticket 7,50 zł pro Pers.

Kiten & Schiff fahren

Kiten an der Mühlenbake

Kitefort, ul. Uzdrowiskowa, Plaża przy Wiatraku, 72600 Świnoujście. ✆0048501/292229, www.kitefort.pl. **Lage:** Am letzten Strandübergang neben der Mole. **Bahn/Bus:** Bus 290/291 bis Promenada 1. **Auto:** Uzdrowiskowa bis zum Ende, dort parken. **Rad:** Ostseeküsten-Radweg. **Zeiten:** Mai – Okt. **Preise:** Kitekurs für Anfänger 550 zł, Fortgeschrittenen-Kurs 600 zł, Stand-up-Paddeln 1 Std 30 zł, 3 Std 70 zł, Skimboarding 1 Std 15 zł, 3 Std 30 zł.

▶ Am flachen Strand mit Blick auf die Mühlenbake und die Fähren, die von der *Swina* hinaus aufs Meer fahren, lernt ihr mit Brett und Segel umzugehen. Professionelle Lehrer und das neueste Material stehen euch zur Verfügung. Während sich die Großen vom Wind über das Wasser ziehen lassen, können kleinere Kinder mit dem Skimboard auf den Wellen surfen.

Swinemünde per Schiff erleben

MS Chateaubriand, Wybrzeże Władisływaw 4, 72600 Świnoujście. ✆0048602/654288, www.swinoujscie-rejsy.pl. **Lage:** Abfahrt beim Hochseefischereimuseum. **Dauer:** 2 Std. **Bahn/Bus:** Bus 290/291 bis Port, Hafen. **Auto:** Wojska Polskiego und Konstytucji 3 Maja, in den beiden Kreisverkehren geradeaus in Marynarzy, dann links in Wybrzeże Władisływaw IV bis zum Museum. **Rad:** Ostseeküsten-Radweg. **Zeiten:** 10.30 und 14.30 Uhr. **Preise:** 38 zł; Kinder 6 – 12 Jahre 19 zł.

▶ Bei eurer Fahrt mit der *MS Chateaubriand* legt ihr 24 km zurück und kommt an allen sehenswerten Hafenanlagen vorbei. Ihr fahrt zuerst Richtung Meer und Mühlenbake und schippert dann die *Swina* flussaufwärts. Dabei passiert ihr den Leuchtturm, Marine- und Schüttguthafen, werft einen Blick auf das Fährterminal und das Vogelschutzgebiet. Was es alles zu sehen gibt, erzählt euch die deutschsprachige Reiseleitung.

Radtour von Polen nach Deutschland

72600 Świnoujście. **Strecke:** UBB-Bhf Swinemünde – Stadthafen – Kurpark – Promenade – Grenze – Strand – Seebrücke Ahlbeck – Bhf Ahlbeck/Bhf Swinemünde. **Länge:** Bis Ahlbeck 8,5 km, Hin- und zurück mit dem Rad 14 km. **Bahn/Bus:** UBB bis Swinemünde. **Auto:** Wojska Polskiego bis Bhf. **Rad:** Ostseeküsten-Radweg.

▶ Ihr startet am **Bahnhof** in Swinemünde. Radelt in Fahrtrichtung des Zuges die Konstytucji Maja entlang bis ihr am **Stadthafen** angekommen seid. Dort haltet ihr euch links und biegt kurz hinter dem ↗ *Hochseefischereimuseum* links in Bołeslawa Chrobrego ab. Durch den schönen **Kurpark** geht es bis zur Straße Uzdrowiskowa und zur **Promenade.** Wieder biegt ihr links ab und fahrt parallel zur Küste an schönen alten Villen aus dem Ort hinaus. Nun geht es auf der Zeromskiego durch ein Waldstück bis zur **Grenze.** Legt eine kleine Pause am Grenzstreifen ein und lauft auf dem Holzsteg bis zum **Strand.** Im Sommer bietet sich ein Bad im Meer an. Anschließend geht es auf dem gut ausgebauten Radweg weiter über die Dünenstraße bis zur **Seebrücke Ahlbeck.** Von hier aus habt ihr zwei Möglichkeiten. Entweder fahrt ihr mit der UBB von Ahlbeck zurück nach Swinemünde oder ihr radelt wie auf dem Hinweg auf dem Ostseeküsten-Radweg zurück. Zum **Ahlbecker Bahnhof** nehmt ihr die Seestraße bergauf und folgt dann der Hauptstraße nach links bis zum Bahnhof. Wer zurückradelt, biegt in Swinemünde kurz nach der Grenze rechts in die Stanis-

FRISCHE LUFT & SPORT

Hunger & Durst

Uwes Fischerhütte, Dünenstraße 52, Seebad Ahlbeck. ✆038378/22831. www.uwes-fischerhuette.de. 10 – 20 Uhr. Fischrestaurant, Imbiss, frisch geräucherter Fisch in uriger Atmosphäre.

Vorbildlich: Gut geschützt auf dem Ostküsten-Radweg

© pmv, Karolin Küntzel

ława Moniuszki ab und kommt so direkt zum **Bahnhof Swinemünde.**

Spaziergang zum Wisentgehege

72500 Międzyzdroje. www.wolinpn.pl. **Strecke:** ul. Lesna – Eingang Nationalpark Wollin – Lehrpfad – Wisentgehege – ul. Lesna. **Dauer:** Eine Strecke etwa 2 km, mit Besuch des Geheges etwa 2 Std. **Bahn/Bus:** Bhf Misdroy. **Auto:** 102 bis Misdroy, über Kolejowa in ul. Lesna, am Ende der Straße parken. **Rad:** Ostseeküsten-Radweg.

Beim Wisentgehege gibt es keine Verpflegungsmöglichkeit. Packt euch deshalb selbst etwas Verpflegung ein.

▶ Auf diesem kleinen Spaziergang lauft ihr durch den Nationalpark Wollin bis zum Wisentgehege. Start ist in der **ulica Lesna.** Am Ende der Straße beginnt der Wald. Dort befindet sich das Eingangstor in den **Wolliner Nationalpark.** Von hier aus lauft ihr auf dem breiten Waldweg, der mit einer Grünen Wandermarkierung gekennzeichnet ist, leicht bergauf. Ihr folgt damit dem **Lehrpfad** *Lerne den Wald kennen.* Auf Tafeln findet ihr Informationen zur Pflanzen- und Tierwelt des Waldes. Da es die Erläuterungen nur auf Polnisch gibt, müsst ihr euch mit dem Namen der Pflanze oder des Tieres begnügen. Folgt den Wegweisern Do rezerwatu żubrów zum ↗**Wisentgehege.** 20 – 30 Minuten später habt ihr es erreicht. Nach einem Besuch der mächtigen Tiere lauft ihr über den gleichen Weg zurück zum Ausgangspunkt.

Vielleicht trefft ihr unterwegs eine polnische Familie und ihr könnt euch gegenseitig alles erklären!

Spaziergang rund um den Türkissee

ul. Turkusowa, 72501 Międzyzdroje-Wapnica. **Länge:** 2 km, 1 Std Gehzeit. **Bahn/Bus:** Bus 2 bis Wapnica. **Auto:** E65 bis Misdroy, dann auf Nadbrzeżna bis Wapnica, dort links auf Turkusowa, gebührenfreie Parkplätze. **Zeiten:** frei zugänglich.

▶ Südlich von Misdroy liegt der **Türkissee** *(Jezioro Turkosowe).* Seinen Namen erhielt er aufgrund seiner leuchtend türkisen Farbe. An klaren, sonnigen Tagen sieht er besonders schön aus. Wie kommt die Farbe zustande? Durch den Untergrund des 21 m tiefen

Sees. Denn der See war früher keiner. Er war eine Kreidegrube. Dort, wo früher das weiße Material abgebaut wurde, bildete sich nach der Stilllegung der Grube ein See. Trifft Sonnenlicht auf ihn, entsteht durch den weißen Untergrund die blaugrüne Färbung des Wassers. Baden könnt ihr nicht darin, aber ihn umwandern. Ein schmaler Pfad führt vom Parkplatz aus um den See zu mehreren Aussichtspunkten. Durch die waldigen Hügel, die ihn umgeben, geht es mal bergauf, dann wieder über steile Treppen bergab und immer wieder habt ihr tolle Ausblicke auf die schimmernde Wasseroberfläche. Neben dem Parkplatz befindet sich ein Kiosk mit Getränken sowie kalten und warmen Snacks.

Macht seinem Namen alle Ehre: Der Türkissee

Für Klettermaxe

Seilpark Bluszcz Międzyzdroje

ul. Przy Wodociagach, 72500 Międzyzdroje. ✆0048510/268280, www.parklinowybluszcz.pl. **Bahn/Bus:** Bhf Misdroy. **Auto:** 102 bis Misdroy, auf Kolejowa abbiegen, links in Piastowska. **Zeiten:** 11 Uhr bis Einbruch der Dunkelheit, in Ferien ab 10 Uhr. **Preise:** je nach Parcours 10 – 30 zł.

▶ Es gibt drei Parcours mit unterschiedlichen Schwierigkeitsgraden. Die blaue Route in 3 m Höhe bietet 14 Hindernisse. Beim granatblauen Parcours sind es schon 20 Elemente und ihr erreicht Höhen von 12 m. Seid ihr mindestens 1,40 m groß, dürft ihr dort hinauf und herausfinden, wie die Welt von so hoch oben aussieht.

Seilpark Bluszcz Świnoujście

Jana Matejki 22, 72600 Świnoujście. ✆0048510/268280, www.parklinowybluszcz.pl. **Lage:** Gegenüber Amphitheater. **Bahn/Bus:** Bus 290/291 bis Promenada 2. **Auto:** Von Wojska Polskiego auf Jana Matejki abbiegen. **Rad:** Ostseeküsten-Radweg. **Zeiten:** 11 Uhr bis Einbruch der Dunkelheit, in den Ferien ab 10 Uhr. **Preise:** je nach Parcours 10 – 35 zł.

▶ Auf sechs Parcours mit unterschiedlichen Schwierigkeitsgraden könnt ihr euch durch den Seilpark hangeln. Die blaue Route in 2 m Höhe bewältigen auch kleine Kinder. Die Strecken, die bis in eine Höhe von 11 m reichen, sind den Größeren vorbehalten. Für sie müsst ihr mindestens 1,40 m groß sein.

UMWELT ERFORSCHEN

Tiere erleben

Das Wisentgehege

Reżerwat Zubrów, 72500 Międzyzdroje. ✆004891/3280727, www.wolinpn.pl. **Lage:** Im Nationalpark Wollin. **Bahn/Bus:** Bhf Misdroy. **Auto:** 102 bis Misdroy, über Kolejowa in ul. Leśna, am Ende der Straße parken. **Rad:** Ostseeküsten-Radweg. **Zeiten:** Mai – Sep täglich 10 – 18 Uhr, Okt – April Di – So 8 – 16 Uhr. **Preise:** 5 zł; Schüler 3 zł.

▶ Das Wisentgehege liegt etwa 2 km vom Zentrum Misdroy entfernt. Ein ↗Waldweg führt dorthin. Die größten Säugetiere Europas leben dort auf einem **17 Hektar** großen Gelände. Von den 6 – 10 Tieren, die zu beobachten sind, zeigen sich immer ein paar im Schaugehege. Von einer überdachten Tribüne habt ihr einen guten Blick auf die sanften Riesen, die früher frei in den pommerschen Wäldern lebten. Sie sind quasi die Urfassung unserer Rinder. Nur im Norden, in *Masuren*, leben noch Wisente in freier Natur. Neben den Wisenten, die in Polen das Symbol für den Naturschutz sind, leben auch Seeadler, Hirsche, Wildschweine und Rehe auf dem Gelände.

Im Wisentgehege könnt ihr euch kostenlos einen deutschsprachigen Audioguide ausleihen. An jedem Gehege bekommt ihr damit ausführliche Informationen.

***17 Hektar** sind umgerechnet 170.000 qm. Das entspricht der Fläche von fast 24 Fußballfeldern.*

BERNSTEIN SAMMELN

Vor Millionen von Jahren gab es an der Ostsee große Wälder. Von den Bäumen tropfte Harz herab und gelangte über die Flüsse ins Meer. Ohne Luftzufuhr und unter großem Druck versteinerte das Harz und wurde schließlich zu Bernstein. Das *Gold der Ostsee* wird Bernstein auch genannt. Zum einen wohl, weil er früher so kostbar war, dass er mit Gold aufgewogen wurde, zum anderen wegen seiner Farbe. Von hellgelb bis dunkelbraun reicht die Farbpalette. Überall an der Ostsee könnt ihr Bernstein kaufen. Viel mehr Spaß macht es aber, selbst nach ihm zu suchen. Besonders günstig sind dafür die Tage nach einem Sturm. Durch die wilden Wellenbewegungen werden die Stücke vom Meeresboden aufgewirbelt und landen dann am Strand. Doch aufgepasst! Nicht jeder gelbliche Stein ist ein Bernstein. An folgenden Merkmalen könnt ihr ihn erkennen:

- Bernstein ist sehr leicht. Er schwimmt in Salzwasser, geht in Süßwasser aber unter.
- Bernstein ist brennbar. Haltet eine Flamme an den Stein. Wenn er brennt und es würzig nach Harz riecht, ist er echt.
- Bernstein ist weich. Wenn ihr mit dem Stein vorsichtig gegen einen eurer Zähne klopft, gibt es ein weiches, eher dumpfes Geräusch. Es ist vergleichbar mit dem Laut, den ihr hört, wenn ihr mit dem Fingernagel gegen den Zahn klopft.

Naturkundemuseum des Wolliner Nationalparks

Woliński Park Narodowy, ul. Niepodległości 3a, 72500 Międzyzdroje. ©004891/3280727, www.wolinpn.pl. **Bahn/ Bus:** Bhf Misdroy. **Auto:** 102 bis Misdroy ul. Niepodległości. **Rad:** Ostseeküsten-Radweg. **Zeiten:** Mai – Sep Di – So 9 – 17 Uhr, Okt – April Di – So 9 – 15 Uhr. **Preise:** 5 zł; Kinder ab 5 Jahre 3 zł.

Der **Nationalpark Wollin** grenzt unmittelbar an das Stadtgebiet von Misdroy. Im **Museum** werden die Besonderheiten des Parks dargestellt und erklärt. Welche Vögel leben außer dem Seeadler noch im Gebiet? Welche Pflanzen sind heimisch und welche Landschaftsformen sind typisch? In insgesamt fünf

Ausstellungsräumen bekommt ihr darauf Antworten. Im **Außenbereich** des Museums gibt es zwei Volieren, in denen ihr Seeadler und einen Uhu bewundern könnt.

Hunger & Durst
Die Polen lieben Softeis. Auf der Promenade reiht sich eine Eisdiele an die andere. Probiert es!

In die Sterne gucken

Planetarium Misdroy

ul. Bohaterów Warszawy 19, 72500 Międzyzdroje. ✆004891/3282570, www.planetarium-miedzyzdroje.pl. **Lage:** Eingang neben Kino Eva. **Bahn/Bus:** Bus 10 bis Misdroy. **Auto:** 102 auf Ignacego Krasickiego, weiter auf Zdrojowa, dann auf ul. Bohaterów Warszawy abbiegen. **Rad:** Ostseeküsten-Radweg. **Zeiten:** Mai – Sep täglich 11 – 20 Uhr, Okt – April Di – So 16 – 20 Uhr. **Preise:** 15 zł; Schüler bis 16 Jahre 10 zł.

▶ Dem unscheinbaren Gebäude ist nicht anzusehen, welche Welten sich darin verbergen. Begebt euch auf eine Reise durch das All, durchstreift Galaxien und entdeckt Millionen von Sternen. Auf der 7 m großen Kuppel können Himmelskörper sogar dreidimensional dargestellt werden. Regelmäßig gibt es Vorstellungen zu besonderen Himmelsereignissen, aber auch Live-Veranstaltungen, bei denen euch Experten Rede und Antwort stehen.

HANDWERK UND GESCHICHTE

Mit Bahnen durch die Stadt

Mit der Bimmelbahn durch Swinemünde

Cyrus Tours sp.j., ul. Żeromskiego 11, 72600 Świnoujście. ✆0048608/354295, www.cyrus-tours.pl. **Lage:** Abfahrt an der Promenade, ul. Zeromskiego. **Dauer:** 1 Std. **Bahn/Bus:** Bus 290/291 bis Promenada 1. **Auto:** Von Wojska Polskiego in Jana Matejki abbiegen, dann rechts in Juliusza Słowackiego. **Rad:** Ostseeküsten-Radweg. **Zeiten:** täglich 9.30 – 16.25 Uhr. **Preise:** 22 zł; Kinder 4 – 12 Jahre 11 zł.

Perfekte Abkühlung: An warmen Tagen sind die Wasserspiele ein willkommenes Spielfeld

▶ Mit der Bimmelbahn fahrt ihr in einer Rundtour durch das Zentrum von Swinemünde. Start ist an der Promenade. Von dort geht es zur Grenze, zum Markt, durch das Kurviertel zum Hafen und durch den Kurpark zurück. Unterwegs erfahrt ihr viel über die Stadt und ihre Geschichte. Wenn ihr nicht die ganze Runde machen möchtet, könnt ihr auch nur Teilstrecken fahren. Dann bezahlt ihr den anteiligen Preis.

Stadtrundfahrt durch Misdroy

Cyrus Tours sp.j., ul. Żeromskiego 11, 72600 Świnoujście. ✆0048608/354295, www.cyrus-tours.pl. **Lage:** Abfahrt in Misdroy an der Krótka Straße am Parkplatz neben dem Chopin-Park. **Dauer:** 1 Std. **Bahn/Bus:** ↗Misdroy. **Auto:** E65 auf 102, in Misdroy über Gryfa Pomorskiego in Krótka. **Rad:** Ostseeküsten-Radweg. **Zeiten:** täglich circa 9 – 16 Uhr. **Preise:** 12 zł; Kinder 4 – 12 Jahre 6 zł.

▶ Mit der Wegebahn zuckelt ihr gemütlich an den sehenswerten Orten des Ostseebades vorbei. Unterwegs gibt es Erläuterungen zu den Gebäuden und Orten, an denen ihr vorbeikommt.

Hunger & Durst

Café Wieza, ul. Paderewskiego 7, Świnoujście. ✆0048500/001712. 10 – 21 Uhr. Nostalgisch eingerichtetes Café, in dem auch Konzerte stattfinden.

Festungen, Ruinen & Türme

Kirchenruine mit Aussicht

ul. Paderewskiego 7, 72600 Świnoujście. ✆0048 500/001712, **Lage:** Zugang über Café Wieza. **Bahn/Bus:** Bus 290/291 bis Wieza/Turm. **Auto:** Von Konstytucji 3 Maja auf Piastowska abbiegen, dann links in

Hunger & Durst

Café Rongo, ul. Wojska Polsjiogo 16, Świnoujście. ✆004891/8888908. www.cafe-rongo.pl. Ab 9 Uhr. Kaffee und Tee-Spezialitäten, selbst gebackener Kuchen, Cocktails.

Marszałka Jòzefa Piłsudskiego bis zum Turm. **Zeiten:** täglich 10 – 18 Uhr. **Preise:** 6 zł; Kinder 4 zł.

▶ Von der ehemaligen **Martin-Luther-Kirche** steht nach der Zerstörung durch einen Bombenangriff im Jahr 1945 und Verwüstungen in den Jahren danach nur noch der Turm. Seit 2005 ist er für Besucher freigegeben. Steigt hinauf und genießt die Aussicht.

Fort Engelsburg

Fort Aniola, ul. Jachtowa dz. 158, 72600 Świnoujście. ✆004891/3213571, www.fortaniola.pl. **Bahn/Bus:** Bus 290/291 bis Świnoujście Kapitanat Portu/Hafenamt, dann 10 Min Fußweg. **Auto:** Von Mieszka 1 auf Jachtowa bis zum Fort. **Rad:** Ostseeküsten-Radweg. **Zeiten:** täglich 9 – 18 Uhr. **Preise:** 9 zł; Kinder 7 – 14 Jahre 6 zł.

▶ Die **Engelsburg** sicherte die Stadt vor Angriffen von der Landseite. Der harmlose Name für das Fort spielt auf die architektonische Ähnlichkeit mit der Engelsburg in Rom an. Eine Ähnlichkeit, die vorhanden ist, aber durch den hässlichen Betonbunker auf dem Dach stark leidet. Die an Privatleute verpachtete Anlage beherbergt verschiedene **Ausstellungen.** Ihr seht Glaskunst, militärische Ausstellungsstücke und könnt euch über die Küstenverteidigung informieren. Im *Wikingersaal* seht ihr alte und neue Waffen, dürft

Errichtet zum Schutz vor Feinden: Die Engelsburg

alles anfassen und euch mit Helm oder Hellebarde fotografieren lassen.

Fort Gerharda

Fort Wschodni, ul. Bunkrowa, 72600 Świnoujście. ✆004891/3218626, www.fort-gerharda.pl. **Bahn/ Bus:** Bhf Swinemünde, 20 Min Fußweg. **Auto:** E65 auf Norberta Barlickiego, dann rechts auf Ku Morzu bis zum Fort. **Rad:** Ostseeküsten-Radweg. **Zeiten:** Okt – April täglich 10 – 16 Uhr, Mai, Juni, Sep 10 – 18 Uhr, Juli, Aug 10 – 20 Uhr. **Preise:** 12 – 15 zł; Schüler 9 – 10 zł.

▶ **Fort Gerharda** ist das älteste Fort von Swinemünde. Es liegt rechts der *Swina* auf Wolliner Seite. Die 1856 – 1863 erbaute Festungsanlage beherbergt ein **Museum** zur Küstenverteidigung. Die **Sammlung** umfasst Objekte zur Stadt- und Festungsgeschichte. Regelmäßig streift das Personal preußische Uniformen über. So bekleidet führen sie euch durch das Museum oder zeigen euch Exerzierübungen.

Ekoprzystan, Konstytucji 3-go Maja 30/1, Świnoujście. ✆004891/ 3275555. www.eko-przystan.pl. 9 – 18 Uhr. Bioladen mit großem Sortiment, Online-Shop.

Westbatterie

Fort Zachodni, ul. Jachtowa 1, 72600 Swinoujscie. ✆0048508/738118, www.okretywojenne.pl/pefu/westbatterie. **Bahn/Bus:** Bus 290/291 bis Swinemünde Kapitanat Portu/Hafenamt, dann 15 Min Fußweg. **Auto:** Von Mieszka 1 auf Jachtowa bis zum Fort. **Rad:** Ostseeküsten-Radweg. **Zeiten:** Jan – März, Nov – Dez täglich 10 – 16 Uhr, April, Okt 10 – 17 Uhr, Mai, Sep 10 – 18 Uhr, Juni – Aug 10 – 20 Uhr. **Preise:** 10 zł; Kinder 7 – 14 Jahre 5 zł.

▶ Die **Westbatterie** ist Teil einer großen Festungsanlage aus der preußischen Zeit (1854 – 1863). Von den ursprünglich vier Forts sind noch drei erhalten. Neben dem westlichen Artilleriefort sind es das ↗ *Fort Gerharda* und ↗ *Fort Engelsburg.* Die Westbatterie, die von einem Graben umgeben ist, diente zur Bewachung des Hafens. Heute ist in den Gebäuden eine **Ausstellung** zur Festungsgeschichte und zum Marinehafen untergebracht.

Leuchtturm Latarnia

Latarnia Morska, ul. Bunkrowa, 72600 Świnoujście. ✆004891/3216063, www.swinoujscie.pl. **Bahn/Bus:** Bhf Swinemünde, 20 Min Fußweg. **Auto:** E65 auf Norberta Barlickiego, dann rechts auf Ku Morzu bis Leuchtturm. **Rad:** Ostseeküsten-Radweg. **Zeiten:** Jan – März, Nov – Dez 10 – 16 Uhr, April – Juni, Sep – Okt 10 – 18 Uhr, Juli – Aug 9 – 20 Uhr. **Preise:** 6 zł; Kinder 4 zł.

▶ Wenn ihr vom Zentrum Swinemündes Richtung Leuchtturm schaut, erscheint der Turm nicht sonderlich groß. Das liegt an den hohen Kränen im Handelshafen, die ihm dicht auf die Pelle rücken und ihm so die Schau stehlen. Habt ihr den Turm dann erreicht, wird er euch imposanter vorkommen. Der 1857 in Betrieb genommene Leuchtturm ist mit einer Höhe von 64,8 m der höchste an der Ostsee und auch einer der höchsten in Europa. Wollt ihr hinauf? Dann müsst ihr 308 Stufen bis zur Aussichtsplattform erklimmen. Die schlappen Beine, die ihr davon bekommt, sind bei der Aussicht schnell vergessen. Im Turm findet ihr auch eine **Ausstellung** über **Leuchtfeuer** und die Seenotrettung.

*Das **Leuchtfeuer** hat eine Reichweite von 25 Seemeilen. Das sind 46,3 m.*

Hafenmole mit Mühlenbake

Stawa Młyny, ul. Uzdrowiskowa, 72600 Świnoujście. **Lage:** Westufer der Swina. **Bahn/Bus:** Bus 290/291 bis Promenada 1. **Auto:** Uzdrowiskowa bis zum Ende, dort parken. **Rad:** Ostseeküsten-Radweg. **Zeiten:** ganzjährig frei zugänglich.

Perfekter Ausblick auf die weite See: Finja an der Mühlenbake

© pmv, Karolin Küntzel

▶ Am äußersten Ende der **Westmole** steht die leuchtend weiße **Windmühle.** Sie wurde Anfang des 19. Jahrhunderts erbaut. Bis Anfang des 20. Jahrhunderts drehte sie noch ihre Flügel. Das Seezeichen ist ein beliebtes Fotomotiv. Besonders wenn die großen Frachter und Fähren an der Mühle vorbeiziehen, wirkt sie fast so klein wie ein Spielzeug. Spaziergänger und Angler sind an der Westmole regelmäßig anzutreffen. Die einen nutzen die Mole für ein Picknick und schauen den Kitern bei ihren waghalsigen Manövern zu, die anderen hoffen auf Angelglück.

Museen

Stars treffen im Wachsfigurenkabinett

ul. Bohaterów Warszawy 19, 72500 Międzyzdroje. ✆004891/3282570, www.woskowe.pl. **Bahn/Bus:** Bus 10 bis Misdroy. **Auto:** 102 auf Ignacego Krasickiego, weiter auf Żdrojowa, dann auf ul. Bohaterów Warszawy abbiegen. **Rad:** Ostseeküsten-Radweg. **Zeiten:** Mai – Juni, Sep täglich 10 – 18 Uhr, Okt – April 10 – 16 Uhr, in den Ferien 10 – 20 Uhr. **Preise:** 15 zł; Kinder 12 zł.

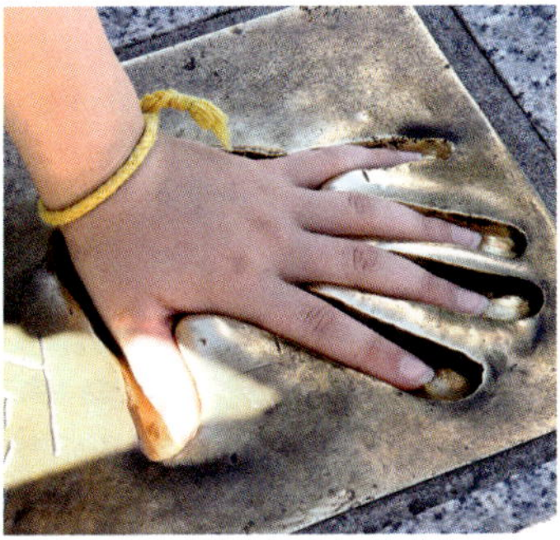

Fast wie ein Star: Handabdruck in Bronze

▶ Was haben *Leonardo da Vinci, Charlie Chaplin* und *Barack Obama* gemeinsam? Sie stehen zusammen mit vielen anderen Nachbildungen im Wachsfigurenkabinett. Am Eingang begrüßen euch die *Avatare,* drinnen erwarten euch Stars, Politiker und Märchenfiguren. Doch Vorsicht, einige von ihnen sehen furchterregend aus. Wenn ihr wollt, könnt ihr euch mit eurer Lieblingsfigur fotografieren lassen.

In der *Promenada Gwiazd* beim Amber Baltic Hotel hinterlassen die Stars des Misdroyer Filmfestivals seit 1996 ihre Handabdrücke in Bronze. Welcher Star hat eine ähnlich große Hand wie ihr?

Museum für Hochseefischerei

Muzeum Rybołówstwa Morskiego w Świnoujściu, Placa Rybaka 1, 72600 Świnoujście. ✆004891/3212426, www.muzeum-swinoujscie.pl. **Bahn/Bus:** Bus 290/291 bis Port (Hafen). **Auto:** Wojska Polskiego und Konstytucji 3 Maja, in den beiden Kreisverkehren geradeaus in Marynarzy, dann links in Wybrzeże Władisływaw IV bis zum Museum. **Rad:** Ostseeküsten-Radweg. **Zeiten:** Okt – Mai Di – So 9 – 17 Uhr, Juni, Sep täglich 9 – 17 Uhr, Juli, Aug Mo – Fr 10 – 20, Sa, So 10 – 18 Uhr. **Preise:** 7 – 15 zł; Kinder 5 – 13 zł.

▶ Im ehemaligen Rathaus der Stadt ist das Museum für Hochseefischerei untergebracht. Das Gebäude wurde zwischen 1804 und 1806 errichtet und ist das älteste der Stadt. Innen erwarten euch Exponate zur Geschichte der Fischerei auf hoher See. Wie fanden die Seeleute ihren Weg und welche Fische und andere Seetiere waren in ihrem Fang? Ihr seht alte Navigationsgeräte und bekommt Informationen zur Tier- und Pflanzenwelt des Meeres. Außerdem könnt ihr viel über die Geschichte von Swinemünde und der Region erfahren.

FESTKALENDER SWINEMÜNDE UND WOLLIN

Juni:	Misdroy: **Neptunfest** an der Seebrücke.
	Mitte, Swinemünde: **Polnische Kitesurfing-Meisterschaft** am Strand von Swinemünde.
	Juni – Aug, jeden Sa: Internationales Musikfestival. **Swinemünder Orgelabende,** König-Christus-Kirche.
	Swinemünde: **Meerestage** mit Neptunparade.
Juli:	Swinemünde: **Cooltour.Karussell,** Konzerte, Ausstellungen.
	Swinemünde: **FAMA-Künstlerfestival** der Studenten.
August:	17., Swinemünde: **Internationaler Tag der Leuchttürme,** Veranstaltungen und nächtliche Führungen an und in den beiden Swinemünder Leuchttürmen.
	Mitte, **Sail Swinemünde** und Seemannsliedfestival **Wiatrak,** Veranstaltungen in der Stadt und auf Schiffen.
	Misdroy: **Sea & Sky,** Kitesurf-Festival.
Dezember:	Swinemünde: **Strandfeuerwerk.**

ORTE, INFO & VERKEHR

Trias

GUT INFORMIERT STARTEN

Mit diesem Führer im Gepäck seid ihr bestens gerüstet für eine Reise oder einen Ausflug nach Rügen und an die Ostseeküste. Wollt ihr euch vor Ort informieren, helfen euch die Tourist-Informationen gern weiter. Informiert euch dort über Ausflugsziele, Unterkünfte oder Veranstaltungen. Oft bekommt ihr dort auch Wander- und Radkarten der Umgebung sowie gute Tipps.

In dieser Griffmarke findet ihr die Adressen der Tourist-Infos aller wichtigen Orte, die im Buch erwähnt werden, inklusive Anfahrt mit öffentlichen Verkehrsmitteln und Auto. Außerdem gibt es zu jedem Ort eine kleine Beschreibung.

ORTE & INFO-STELLEN

Rostock & Warnemünde

Rostock

Tourist-Information Rostock, Universitätsplatz 6, 18055 Rostock. ✆0381/3812222, www.rostock.de. **Bahn/Bus:** IC von Hamburg bis Rostock Hbf, RE von Berlin, RE Bergen auf Rügen – Stralsund – Rostock, RE Wismar – Rostock – Tessin, RB Graal-Müritz – Rövershagen – Rostock, S1 Rostock – Warnemünde, S2 Güstrow – Schwaan – Rostock, S2 Güstrow – Laage – Rostock. Tram 1, 2, 5, 6 bis Kröpeliner Tor. **Auto:** A20 Ausfahrt 14 Rostock-West, weiter B103 bis Hamburger Straße, über Lübecker Straße und Warnowufer, links in Kanonsberg, links in Lange Straße, Parkhäuser ausgewiesen. **Rad:** Berlin-Kopenhagen-Radweg. **Zeiten:** Nov – April Mo – Fr 10 – 17, Sa 10 – 15 Uhr, Mai – Okt Mo – Fr 10 – 18, Sa, So 10 – 15 Uhr.

▶ Rostock ist alte Hansestadt, lebendige Universitätsstadt und betriebsame Hafenstadt. Ein Bummel durch die Altstadt, ein Ausflug ins Seebad ↗*Warnemünde* oder ein Spaziergang durch das Waldgebiet *Rostocker Heide* sind nur einige der Unternehmungen, die ihr hier starten könnt. **Mein Tipp:** Mindestens ein Wochenende für einen Besuch einplanen.

Tourist-Information Markgrafenheide, Warnemünder Straße 3, Rostock-Markgrafenheide. ✆0381/66919966. Mai – Sep Mo – Fr 10 – 12 und 12.30 – 16, Sa, So 10 – 15 Uhr.

Ferien am Meer: Schuhe aus und ab ins Wasser

Warnemünde

Tourist-Information Rostock-Warnemünde, Am Strom 59, 18119 Rostock-Warnemünde. ✆0381/3812222, www.rostock.de. **Bahn/Bus:** Bhf Warnemünde, S1 Rostock – Warnemünde, S2, Güstrow – Schwaan – Rostock, S3 Rostock – Laage – Güstrow. **Auto:** B103 von Rostock bis Warnemünde, dann links in Am Strom. **Rad:** Ostseeküsten-Radweg. **Zeiten:** Nov – April Mo – Fr 10 – 17, Sa 10 – 15 Uhr, Mai – Okt Mo – Fr 9 – 18, Sa, So 10 – 15 Uhr.

*In Warnemünde wird **Kurabgabe** erhoben. Mai – Sep 2,25 €, Okt – April 1,50 €. Ermäßigt für Schüler, Studenten und Schwerbehinderte 1,50 € bzw. 1 €.*

▶ Warnemünde, ein Stadtteil von Rostock, ist eines der beliebtesten deutschen Seebäder. Vom breiten Sandstrand und der Mole aus habt ihr einen guten Blick auf die Kreuzfahrtschiffe, Barkassen und Segler, die den Hafen ansteuern. Immer in Sichtweite sind dabei der *Leuchtturm* und das *Hotel Neptun,* das alle anderen Gebäude überragt.

Ostseeheilbad Graal-Müritz

Tourismus- und Kur GmbH, Rostocker Straße 3, 18181 Ostseeheilbad Graal-Müritz. ✆038206/7030, www.graal-mueritz.de. **Bahn/Bus:** RB12 Rostock – Rövershagen – Graal-Müritz. **Auto:** A19 Ausfahrt 6 Rostock-Ost, über B105 auf L221, dann L22 bis Graal-Müritz. **Rad:** Ostseeküsten-Radweg. **Zeiten:** Mai – Sep Mo – Fr 9 – 20, Sa 9 – 18, So 10 – 16 Uhr, Okt – April Mo – Fr 9 – 17, Sa 9 – 12 Uhr.

Auf Tuchfühlung: Finja kuschelt mit den Seelöwen aus Stein

© pmv, Karolin Küntzel

▶ Zwischen Wald und Wasser liegt das Seeheilbad Graal-Müritz. Der 5 km lange, steinfreie Ostseestrand lädt zum Buddeln und Burgenbauen ein. Spaß macht auch ein Spaziergang durch den ➚ *Rhododendronpark,* wo regelmäßig Veranstaltungen stattfinden. Rostock und die Halbinsel Fischland-Darß-Zingst liegen in unmittelbarer Nähe, perfekt für Ausflüge!

Fischland, Darß, Zingst

Barth

Barth Information, Markt 3 – 4, 18356 Barth. ©038231/2464, www.stadt-barth.de. **Bahn/Bus:** UBB Stralsund – Barth, Bus 210 bis Barth Hafen. **Auto:** L21 von Zingst bis Barth, über Barthestraße und Dammstraße zum Markt. **Rad:** Ostseeküsten-Radweg. **Zeiten:** Mo – Fr 10 – 13 und 14 – 18, Sa 10 – 14 Uhr.

▶ Barth, südöstlich der Halbinselkette Fischland-Darß-Zingst gelegen, schmückt sich mit dem Beinamen *Vineta-Stadt.* Hier soll, wie an anderen Stellen der Küste auch, die sagenumwobene Stadt Vineta im Meer versunken sein. Zu sehen ist davon nichts, nur die Glocken könnt ihr ab und zu noch hören... Sehenswert sind die Backsteinkirche ↗*St. Marien,* das ↗*Puppen- und Spielzeugmuseum* sowie die Reste der alten Wehranlage mit *Fangelturm* und *Dammtor.*

Bio Delikates, Am Westhafen 18, Barth. ©38231/779093. www.biodelikates.de. Mo – Fr 9 – 18, Sa 10 – 14 Uhr. Kleiner Bioladen am Hafen. Lebensmittel, Naturkosmetik, Mittagstisch.

Ribnitz-Damgarten

Tourist-Information Ribnitz-Damgarten, Am Markt 14, 18311 Ribnitz-Damgarten. ©03821/2201, www.ribnitz-damgarten.de. **Bahn/Bus:** Bhf Ribnitz-Damgarten-West, RE9 Rostock – Stralsund – Bergen auf Rügen – Sassnitz/Ostseebad Binz, Bus 210 bis Ribnitz Markt. **Auto:** A19 Ausfahrt 6 Rostock-Ost, über B105 auf L22, in Rostocker Straße abbiegen, dort bis zum Markt. **Zeiten:** 15. Mai – Okt Mo – Fr 10 – 18, Sa 10 – 16, So 10 – 14 Uhr, Nov – 14. Mai Mo – Fr 10 – 16 Uhr.

▶ Ribnitz-Damgarten nennt sich selbst *Bernsteinstadt.* Das ist nicht verwunderlich, denn das *Gold der Ostsee,* wie Bernstein auch genannt wird, begegnet euch hier auf Schritt und Tritt. Überall stoßt ihr auf Galerien, Manufakturen und Schmuckgeschäfte, in denen das fossile Harz bearbeitet und verkauft wird. Neben dem Bernstein machen auch die Lage am *Saaler Bodden* und die kurze Entfernung zur Halbinsel Fischland-Darß-Zingst die Stadt zu einem beliebten Ausflugsziel.

*Die Stadt **Ribnitz-Damgarten** besteht erst seit 1950. In diesem Jahr wurden die beiden Städte Ribnitz und Damgarten zusammengelegt.*

*Die **Meiningenbrücke** über dem Zingster Strom (L21) verbindet das Festland (Barth, Bresewitz) mit dem Zingst. April – Sep wird sie täglich um 7.45, 9.45, 17.45 und 20.45 Uhr für 15 Min für den Autoverkehr gesperrt und für die Durchfahrt von Schiffen geöffnet. Bei der Anreise kann es dann zu Wartezeiten kommen.*

Ostseeheilbad Zingst

Kur- und Tourismus GmbH, Seestraße 57, 18374 Ostseeheilbad Zingst. ✆038232/8150, www.zingst.de. **Bahn/Bus:** Bhf Ribnitz-Damgarten, Bus 210 bis Zingst West. **Auto:** L21 auf NVP25, über Am Bahndamm in Seestraße. **Zeiten:** 9 – 21 Uhr.

▶ Zingst ist der östlichste Teil der Halbinselkette Fischland-Darß-Zingst. Über eine Länge von 20 km erstreckt er sich vom *Darß* bis zum *Pramort*. Die Lage am Meer und der feine, kilometerlange Sandstrand locken im Sommer viele Urlauber an. Aber auch im Herbst ist hier viel los. Dann kommen mit dem Vogelzug Tausende von Kranichen zu ihren Rast- und Schlafplätzen ins Windwatt um Pramort und zur *Insel Bock* und liefern den Beobachtern ein grandioses Schauspiel.

Ostseebad Prerow

Kur- und Tourismusbetrieb Prerow, Gemeindeplatz 1, 18375 Ostseebad Prerow. ✆038233/6100, www.ostseebad-prerow.de. **Bahn/Bus:** Bus 210 bis Prerow Mitte. **Auto:** L21 bis Prerow, über Wiecker Straße in Waldstraße, rechts in Gemeindeplatz. **Rad:** Ostseeküsten-Radweg. **Zeiten:** Nov – März Mo – Fr 9 – 16, Sa 10 – 14 Uhr, April – Mitte Juni Mo – Fr 9 – 17, Sa 10 – 16 Uhr, Mitte Juni – Sep Mo – Fr 9 – 18, Sa, So 10 – 17 Uhr, Okt Mo – Fr 9 – 18, Sa 10 – 16 Uhr.

▶ Bis Ende des 19. Jahrhunderts wohnten viele Bauern, Fischer und Seefahrer im Ort. Mehr als 100 Kapitäne lebten in der Hochzeit der Seefahrt hier. Aus dieser Zeit stammen auch die bunt gestrichenen und reich verzierten Holztüren. Mit dem Niedergang der Seefahrt und der Ankunft der ersten Badegäste wurden viele Kapitänshäuser zu Ferienwohnungen umgebaut. Ein Großteil der farbenprächtigen Darßer Türen sind moderne Nachbildungen.

Stralsund – Greifswald

Greifswald

Fremdenverkehrsverein der Hansestadt Greifswald und Land e.V., Rathaus am Markt, 17489 Greifswald. ✆03834/521380, www.greifswald.info. **Bahn/Bus:** Bhf Greifswald UBB Stralsund Hbf – Züssow – Swinoujscie Centrum, RE3, RB80 Stralsund/Schwedt (Oder) – Angermünde – Berlin – Lutherstadt Wittenberg – Elsterwerda-Biehla, Bus 3 bis Rathaus. **Auto:** A20 Ausfahrt 25 Greifswald, dann B109 über Grimmer Landstraße Richtung Zentrum bis Hansering, dort öffentliche Parkplätze nutzen. **Zeiten:** Nov – Feb Mo – Fr 9 – 17 Uhr, März – April Mo – Fr 9 – 18 Uhr, Mai – Okt Mo – Fr 9 – 18, Sa 10 – 14 Uhr, Juli – Aug zusätzlich So 10 – 14 Uhr.

▶ Greifswald ist bekannt für seine vielen schönen Backsteingebäude aus der Hansezeit. In der Altstadt könnt ihr prächtige Fassaden und mächtige Kirchen bestaunen. Die ↗*Marienkirche,* der *Dom St. Nikolai* und die *Jakobikirche* liegen dicht beieinander und sind für Besucher geöffnet. Neben den Kirchen ist der in Greifswald geborene Maler *Caspar David Friedrich* in der Stadt sehr präsent.

Papierhaus Hartmann, Brüggstraße 11, Greifswald. ✆03834/2691. www.papierhaus-hartmann.de. Mo – Fr 9 – 18, Sa 9 – 16 Uhr. Schreibwaren, Bastelmaterial.

Spielplätze findet ihr in den Wallanlagen zwischen Lange Straße und Rubenowstraße.

Stralsund

Tourismuszentrale Stralsund, Alter Markt 9, 18439 Stralsund. ✆03831/24690, www.stralsundtourismus.de. **Bahn/Bus:** Hbf Stralsund RE9 Rostock – Stralsund – Bergen auf Rügen – Sassnitz/Ostseebad Binz, UBB Barth – Stralsund, UBB Stralsund Hbf – Züssow – Swinoujscie Centrum, RE3, RB80 Stralsund/Schwedt (Oder) – Angermünde – Berlin – Lutherstadt Wittenberg – Elsterwerda-Biehla, RE5 Rostock/Stralsund – Neustrelitz – Berlin – Elsterwerda/Wünsdorf-Waldstadt, Bus 1, 4 bis Olaf-Palme-Platz, ↗Fähre Hiddensee – Stralsund. **Auto:** A20 Ausfahrt 24 Stralsund, E251 bis Stralsund, über Greifswalder Chaussee, Frankendamm und Wasserstraße bis Semlower Straße, dort links, Parkhaus am Ozeaneum. **Rad:** Ostseeküsten-Radweg.

Zeiten: Nov – April Mo – Fr 10 – 17, Sa 10 – 14, Mai – Okt Mo – Fr 10 – 18, Sa 10 – 16, So, Fei 10 – 14 Uhr.

▶ Rügenfürst *Witzlaw I.* gründete 1234 die Stadt Stralsund. Noch heute zeugen prachtvolle Giebelhäuser aus Backstein und weithin sichtbare Kirchenbauten vom damaligen Reichtum. Seit 2002 gehört die historische Altstadt gemeinsam mit der von *Wismar* zum UNESCO-Weltkulturerbe. Nicht zuletzt ist Stralsund vom Wasser geprägt. Gleich drei ➚*Meeresmuseen* findet ihr hier!

Rügen

Bergen auf Rügen

Tourist-Info, Markt 23, 18528 Bergen auf Rügen. ✆03838/811206, www.stadt-bergen-auf-ruegen.de. **Lage:** Im Benedix-Haus. **Bahn/Bus:** Bhf Bergen auf Rügen, RE9 Rostock – Stralsund – Bergen auf Rügen – Sassnitz/Ostseebad Binz, Bus 12 bis Bergen Markt. **Auto:** B196 bis Bergen, über Stralsunder Chaussee und Damm- und Marktstraße bis zum Markt. **Rad:** Hamburg-Rügen-Radweg. **Zeiten:** Mo – Fr 10 – 18 Uhr, Juli – Aug auch Sa 10 – 13 Uhr.

Huh, ist das kalt: Da geh' ich doch lieber nicht rein

▶ An Bergen führt auf Rügen kaum ein Weg vorbei. Die Stadt ist das Zentrum der Insel und damit guter Ausgangspunkt für Unternehmungen in alle Himmelsrichtungen. In Bergen lohnt ein Spaziergang durch die Altstadt mit ihren Bürger-Fachwerkhäusern. Das nächstgelegene Ausflugsziel ist der bewaldete ➚*Rugard.*

Sassnitz

Tourist Service Sassnitz, Strandpromenade 12, 18546 Sassnitz. ✆038392/6490, www.insassnitz.de. **Lage:** Im Molengebäude. **Bahn/Bus:** Bhf Sassnitz RE9 Rostock – Stralsund – Bergen auf Rügen – Sassnitz/Ostseebad Binz. **Auto:** B96 bis Sassnitz, von Hauptstraße in Seestraße abbiegen, dann rechts in Hafenstraße bis Strandpromenade. **Rad:** Hamburg-Rügen-Radweg. **Zeiten:** Mo – Fr 9 – 18, Sa, So 10 – 17 Uhr.

▶ Sassnitz ist ein lebhafter Hafenort mit einem großen Jachthafen. Die hübsche Altstadt schmiegt sich terrassenförmig an die bewaldeten Hänge des ↗ *Nationalparks Jasmund.* Stadtzentrum und Stadthafen verbindet eine scheinbar schwebende Fußgänger-Hängebrücke. Eine tolle Wanderung zu ↗ *Feuersteinfeldern* könnt ihr im Ortsteil *Neu Mukran* machen.

Hunger & Durst

Kutterfisch, Hafenstraße 12d, Sassnitz. ✆038392/51330. www.sassnitz.kutterfisch.de. 8 – 20 Uhr. Imbiss, Gaststätte, frischer Fisch vom Kutter, Räucherfisch zum Mitnehmen.

Putbus

Fremdenverkehrsamt Putbus, Alleestraße 35, 18581 Putbus. ✆038301/431, www.putbus.de. **Lage:** Orangerie. **Bahn/Bus:** Rasender Roland bis Putbus. **Auto:** Von Bergen auf L301 bis Putbus, dort über Circus in Alleestraße. **Rad:** Ostseeküsten-Radweg, Hamburg-Rügen-Radweg. **Zeiten:** Jan – März und Okt – Dez Mo – Fr 10 – 16 Uhr, April und Sep Mo – Sa 10 – 16 Uhr, Mai – Aug täglich 10 – 17 Uhr.

In Putbus und allen Ortsteilen zahlen Personen ab 18 Jahre ***Kurabgabe.*** *Mai – Okt 1,50 €, Nov – April 1 €.*

▶ *Wilhelm Malte I.* (1783 – 1854) ließ die Stadt auf dem Reißbrett planen. Der Fürst nahm nicht nur Einfluss auf die Gebäude, von denen heute vor allem die klassizistischen Bauwerke rund um den kreisrunden *Circus* sehenswert sind. Er gestaltete auch den weitläufigen Landschaftspark mit, der zu jeder Jahreszeit einen Spaziergang lohnt. Weil viele der Häuser im Zentrum einen strahlend weißen Anstrich haben, trägt Putbus den Beinamen *Weiße Stadt.*

Ostseebad Göhren

Kurverwaltung, Poststraße 9, 18586 Ostseebad Göhren. ✆038308/66790, www.goehren-ruegen.de. **Bahn/Bus:** Rasender Roland bis Göhren. **Auto:** B196 bis Göhren, im Kreisel 3. Ausfahrt in Poststraße. **Rad:** Ostseeküsten-Radweg. **Zeiten:** Mai Mo – Fr 9 – 18, Sa, So 10 –18 Uhr, Juni – Sep Mo – Fr 9 – 19, Sa, So 10 – 18 Uhr, Okt Mo – Fr 9 – 18, Sa, So 10 – 15 Uhr.

Erw zahlen in Göhren ***Kurabgabe:*** *Okt – April 1,50, Mai – Sep 2,80 €.*

▶ Göhren im Südosten Rügens liegt im *Biosphärenreservat Südost-Rügen,* einer wunderschönen Natur-

und Kulturlandschaft. Umgeben von Wald und mit zwei feinsandigen Stränden ist der Ort Anziehungspunkt für Naturfreunde und Familien. Am Strand herrscht im Sommer viel Trubel. Ruhiger geht es dagegen bei einer ↗ *Wanderung zum Nordperd* oder einer ↗ *Radtour durch die Baaber Heide* zu.

Kurbibliothek Max Dreyer, Poststraße 9, Ostseebad Göhren. ✆038308/667926. www.goehren-ruegen.de. Mai – Okt Mo – Fr 9 – 18 Uhr.

Ostseebad Binz

Kurverwaltung Binz, Heinrich-Heine-Straße 7, 18609 Ostseebad Binz. ✆038393/148148, www.ostseebad-binz.de. **Lage:** Haus des Gastes. **Bahn/Bus:** Bhf Binz RE9 Rostock – Stralsund – Bergen – Sassnitz/Ostseebad Binz, Bus 20, 23 bis Binz Ort. **Auto:** L29 bis Binz, über Bahnhofstraße und Klünderberg in Heinrich-Heine-Straße. **Rad:** Ostseeküsten-Radweg. **Zeiten:** Nov – Jan Mo – Fr 9 – 16, Sa, So 10 – 16 Uhr, Feb – Okt Mo – Fr 9 – 18, Sa, So 10 – 18 Uhr, Fei ganzjährig 10 – 16 Uhr.

▶ Binz ist das größte Seebad Rügens. Entsprechend viel ist hier in den Sommermonaten los. An der Strandpromenade flanieren die Touristen an prachtvollen Bäderarchitektur-Gebäuden entlang. Prächtigster Bau ist das dreiflügelige *Kurhaus.* Ebenso auffällig, aber um einiges moderner ist der von *Ulrich Müther* 1968 gebaute Rettungssturm der Wasserwacht. Wollt ihr dem feinsandigen Strand für einige Zeit den Rücken kehren, bieten sich Spaziergänge am *Steilufer* oder in die *Granitz* an.

Infopavillon, Ostseebad Binz. Mai – Okt täglich 9 – 16.30 Uhr. An der Seebrücke.

Hiddensee

Vitte

Hiddenseer Hafen- und Kurbetrieb, Norderende 162, 18565 Vitte. ✆038300/608684, www.seebad-hiddensee.de. **Lage:** Im Rathaus. **Bahn/Bus:** Hafen Vitte, Inselbus bis Vitte Wiesenweg. **Zeiten:** Jan – März, Nov – Dez Mo – Fr 9 – 15 Uhr, April, Okt Mo – Fr 9 – 16 Uhr, Mai – Sep Mo – Fr 9 – 17 Uhr, Juni – Sep zusätzlich Sa, So 10 – 12 Uhr.

Kurabgabe auf Hiddensee ab 18 Jahre: April - Okt 1,50 €, Nov - März 1 €.

Das *Söte Länneken,* das süße Ländchen, nennen die Einwohner ihre Insel. Besonders groß ist Hiddensee mit 17 km Länge und maximal 3 km Breite tatsächlich nicht. Neben dieser Überschaubarkeit, der Lage vor der Küste Rügens und den vielen Sonnenstunden im Jahr, kommen die Urlauber vor allem wegen der Ruhe. Denn Hiddensee ist weitgehend autofrei. Kinder können hier gefahrlos Rad fahren lernen und mit auf kleine Touren gehen. Der lange Strand ist auch im Hochsommer abseits der Orte selten überfüllt. Das sind nur zwei Gründe, warum Hiddensee als Deutschlands erste familienfreundliche Insel ausgezeichnet wurde.

Hafencenter Kloster, Hafenweg, Kloster. ✆038300/6420. www.seebad-hiddensee.de. Mai – Okt Mo – Fr 9.30 – 12.30, 13.30 – 17 Uhr, Sa, So 9.30 – 12.30, Okt So geschlossen.

Usedom

Heringsdorf, Ahlbeck, Bansin

Tourist-Information, Kulmstraße 33, 17424 Seebad Heringsdorf. ✆038378/2451, www.kaiserbaeder-auf-usedom.de. **Bahn/Bus:** Bhf Heringsdorf Neuhof UBB Stralsund Hbf – Züssow – Swinoujscie Centrum, Bus 290 bis Heringsdorf Forum Usedom. **Auto:** L266 bis Heringsdorf, in Seestraße abbiegen und bis Kulmstraße fahren. **Rad:** Ostseeküsten-Radweg, Mecklenburgischer-Seen-Radweg, Berlin-Usedom-Radweg. **Zeiten:** Jan – März Mo – Fr 9 – 16, Sa, So 10 – 12 Uhr, April und Okt Mo – Fr 9 – 17, Sa, So 10 – 13 Uhr, Mai – Sep Mo – Fr 9 – 18, Sa, So, Fei 10 – 15 Uhr, Nov – Dez Mo – Fr 9 – 16, Sa, So, Fei 10 – 12 Uhr (außer 24. Dez und 1. Jan).

Heringsdorf zählt mit den Seebädern Ahlbeck und Bansin zu den **Kaiserbädern.** Die schmucken Villen und Herrschaftshäuser dieser Badeorte sind beliebtes Fotomotiv und begehrtes Urlaubsdomizil. Die mit 508 m längste ↗*Seebrücke* Europas ragt in Heringsdorf aufs Meer hinaus, die älteste, aus dem Jahr 1898, befindet sich in Ahlbeck. Eine Promenade verbindet alle Badeorte und führt bis nach Swinemünde.

Tourist-Information Ahlbeck, Dünenstraße 45, Seebad Ahlbeck. ✆038378/499350. www.kaiserbaeder-auf-usedom.de. Geöffnet wie Tourist-Info Heringsdorf.

Zinnowitz

Kurverwaltung Zinnowitz, Neue Strandstraße 36, 17454 Zinnowitz. ✆038377/4920, www.zinnowitz.de. **Bahn/Bus:** Bhf Zinnowitz, UBB Stralsund Hbf – Züssow – Swinoujscie Centrum, UBB Zinnowitz – Peenemünde. **Auto:** B111 bis Zinnowitz, Alte und Neue Strandstraße. **Rad:** Ostseeküsten-Radweg, Mecklenburgischer-Seen-Radweg, Berlin-Usedom-Radweg. **Zeiten:** 2. Jan – März Mo – Fr 9 – 16, Sa 10 – 15 Uhr, April – Mai Mo – Fr 9 – 17, Sa 10 – 15 Uhr, Juni, Sep – Okt Mo – Fr 9 – 18, Sa, So 10 – 15 Uhr, Juli – Aug Mo – Fr 9 – 20, Sa, So 10 – 18 Uhr, Nov – 23. Dez Mo – Fr 9 – 16, Sa 10 – 12 Uhr, 25. Dez 10 – 12, 14 – 16, 26., 27. Dez 10 – 12, 28. – 31. Dez 9 – 16, 1. Jan 14 – 16 Uhr.

▶ Zinnowitz ist das größte Seebad im Norden Usedoms. Zwischen *Achterwasser* und Ostsee gibt es viele Möglichkeiten für Wassersport und Badevergnügen. Von der Seebrücke starten Ausflugsdampfer und auf der Promenade flanieren die Urlauber an den schönen Villen im Stil der Bäderarchitektur vorbei. Kultureller Höhepunkt sind die jährlich stattfindenden *Vineta-Festspiele.*

Kurverwaltung Koserow, Hauptstraße 1, Koserow. ✆038375/20415. www.seebad-koserow.de. Nov – März Mo – Fr 9 – 12.30, 13 – 16 Uhr, April, Okt Mo – Fr 9 – 16, Sa 9 – 12 Uhr, Mai, Juni, Sep Mo – Fr 9 – 18, Sa 9 – 12 Uhr, Juli, Aug Mo – Fr 9 – 18, Sa, So 9 – 12 Uhr.

Wolgast – Ueckermünde

Ueckermünde

Touristik-Information Seebad Ueckermünde, Altes Bollwerk 9, 17373 Ueckermünde. ✆039771/28484, www.ueckermuende.de. **Bahn/Bus:** Bhf Ueckermünde Stadthafen RE4 Lübeck – Szczecin Glowny, Bus SEV bis Ueckermünde Stadthafen. **Auto:** B109 auf L28, über Chausseestraße rechts in Ueckerstraße, links in Schulstraße, rechts in Hafengasse bis zum Alten Bollwerk. **Rad:** Berlin-Usedom-Radweg, Oder-Neiße-Radweg. **Zeiten:** Mai – Sep Mo – Fr 9 – 18, Sa 9 – 13, So 10 – 13 Uhr, Okt – April Mo – Fr 9 – 16 Uhr.

▶ Ueckermünde im Süden des *Stettiner Haffs* ist ein junges Seebad. 2013 erhielt die Stadt den Titel. Se-

Kinderbibliothek, Geschwister-Scholl-Straße 40, Ueckermünde. ✆039771/28480. www.ueckermuende.de. Mo 9 – 12 und 13 – 16 Uhr. In der Haff-Grundschule. Bücher, Hörspiele, Musik, DVDs.

henswert sind die frisch herausgeputzte Altstadt, das letzte erhaltene Pommernschloss in Deutschland und der Stadthafen. Kinder zieht es vor allem in den ↗ *Tierpark* und an den breiten Strand am Haff.

Guck mal, wie der guckt: Neugieriges Erdmännchen

Anklam

Anklam-Information, Markt 3, 17389 Anklam. ✆03971/835154, www.anklam.de. **Bahn/Bus:** Bhf Anklam RE3, RB80 Stralsund/Schwedt (Oder) – Angermünde – Berlin – Lutherstadt Wittenberg – Elsterwerda-Biehla, Bus 201 bis Keilstraße. **Auto:** A20 Ausfahrt 29 Anklam, über B199 auf B110 Keilstraße, weiter bis zum Markt. **Rad:** Oder-Neiße-Radweg, Mecklenburgischer-Seen-Radweg, Berlin-Usedom-Radweg. **Zeiten:** 15. Mai – 14. Sep Mo – Fr 9 – 18, Sa 9 – 12 Uhr, 15. Sep – 14. Mai Mo – Fr 9 – 16.30 Uhr.

▶ Die Hansestadt Anklam liegt vor der Insel Usedom im landschaftlich schönen *Peenetal.* Die günstige Lage am Fluss und der Beitritt zur Hanse sorgten ab dem 13. Jahrhundert für Aufschwung und Wohlstand. Heute ist davon wenig zu spüren, nur die mächtigen Kirchen der Stadt zeugen noch von dieser Zeit. Anklams berühmtester Bürger ist der hier geborene *Otto Lilienthal,* dem mehrere Museen und Ausstellungen gewidmet sind.

Kinderbibliothek, Markt 3, Anklam. ✆03971/245559. www.anklam.de. Di 13 – 18, Mi, Fr 13 – 16, Do 13 – 17 Uhr. In der Stadtbibliothek.

Wolgast

Tourist-Information, Rathausplatz 10, 17438 Wolgast. ✆03836/600118, www.stadt-wolgast.de. **Bahn/Bus:** Bhf Wolgast Hafen UBB Stralsund Hbf – Züssow – Swinemünde Centrum. **Auto:** A20 Ausfahrt 27 Gützkow, über B111 auf Badstubenstraße, dann links in Kleinbrückenstraße bis zum Markt. **Rad:** Ostseeküsten-Radweg, Mecklenburgischer-Seen-Radweg. **Zeiten:** Sep – Mai Mo – Fr 9 – 17, Mai und Sep auch Sa 10 – 14 Uhr, Juni Mo – Fr 10 – 18, Sa 10 – 14 Uhr, Juli – Aug Mo – Fr 10 – 18, Sa, So 10 – 14 Uhr.

▶ Wolgast, das nördliche Tor zur Insel Usedom, gehörte im Mittelalter zum Herzogtum Pommern. Das prächtige Residenzschloss auf der kleinen vorgelagerten Insel in der *Peene* brannte, wie große Teile der Stadt, 1713 ab. Die Altstadt von Wolgast kann sich trotzdem sehen lassen. Einen Besuch lohnt auch der *Museumshafen,* in dem das älteste deutsche Dampffährschiff *Stralsund* liegt. Sehenswert ist auch das *Blaue Wunder.* So wird die Waagebalkenbrücke genannt, die die Schlossinsel mit Usedom verbindet.

Mehr zu Polen und seinen Sehenswürdigkeiten findet ihr in unserem Reiseführer *Polen: Ostsee und Masuren,* erhältlich als eBook-PDF unter www.petermeyerverlag.de/datenshop.html

Swinemünde & Wollin

Misdroy – Międzyzdroje

Informacja Turystyczna, Bohaterow Warszawy 20, 72500 Międzyzdroje. ✆004891/3282600, www.mdk-miedzyzdroje.com. **Bahn/Bus:** Ab Swinemünde Hafen Bus 10 bis Misdroy. **Auto:** E65 bis Misdroy, von 102 auf Ignacego Krasickiego, weiter auf Zdrojowa, dann auf ul. Bohaterów Warszawy abbiegen. **Rad:** Ostseeküsten-Radweg. **Zeiten:** Okt – April Mo – Fr 9 – 17 Uhr, April – Okt Mo – Fr 9 – 18, Sa, So 9 – 17 Uhr.

▶ Misdroy ist ein beliebter Badeort. Aus einem kleinen Fischerdorf entwickelte sich seit Mitte des 19. Jahrhunderts ein stilvolles Bad, in dem im Sommer viel Trubel herrscht. Der schmale Strand ist dann übervoll. Ruhiger geht es im schönen Hinterland zu, denn die Stadt grenzt direkt an den ↗ *Wolliner Nationalpark,* der zu ausgedehnten Spaziergängen und Wanderungen einlädt.

Swinemünde – Świnoujście

Touristeninformation Swinemünde, Plac Słowiański 6/1, 72600 Świnoujście. ✆004891/3224999, www.swinoujscie.pl. **Bahn/Bus:** Ab Ahlbeck Bus 290/291 bis Port (Hafen). **Auto:** A20 bis Ausfahrt 27 Gützkow, über B111 nach Wolgast und weiter auf Insel Usedom. Dort auf L266 bis Ahlbeck. Von dort über Swinemünder Chaussee nach Swinemünde. Wojska Polskiego und Konstytucji 3 Maja, in den beiden Kreisver-

Wechselkurs (Stand 01/2016): 1 € = 4,4526 polnische Złoty (zł), 1 zł = 0,2246 €.

kehren geradeaus in Marynarzy, dann links in Wybrzeże Władisływaw IV, die Information befindet sich an der nächsten Ecke links. **Rad:** Ostseeküsten-Radweg. **Zeiten:** Mo – Fr 9 – 17, Sa, So 10 – 14 Uhr.

▶ Swinemünde, die Stadt der 44 Inseln, liegt mit ihrem quirligen Zentrum auf *Usedom.* Am breiten Sandstrand, dem schönsten von ganz Usedom, tummeln sich im Sommer die Badegäste. Ruhiger geht es im Kurpark zu, den *Peter Josef Lenné* entwarf. Hier könnt ihr schöne Spaziergänge unternehmen. Rechts der *Swina* und damit bereits auf der größten Ostseeinsel Polens, *Wollin,* befinden sich die großen Fährterminals und Hafenanlagen. Nach Süden erstreckt sich das Stadtgebiet bis auf *Karsibór,* der dritten bewohnten Insel, in einer einzigartigen Flusslandschaft.

Saisonstand an der Promenade, Świnoujście. ©0048884/04862. Juli – Sep. Die mobile Info befindet sich gegenüber der Konzertmuschel.

Mobil mit Bahn & Bus

HIN & WEG

▶ Mecklenburg-Vorpommern ist ein Flächenland. Neben größeren Städten mit einem gut ausgebauten öffentlichen Nahverkehr gibt es viele kleine, abgelegene Dörfer, in denen zwar Busse verkehren, häufig aber nur in großen zeitlichen Abständen. So werden viele Wege mit dem Auto erledigt und auch die Urlauber reisen in der Regel mit dem eigenen Fahrzeug an. Eine Alternative dazu ist die Fahrt mit der Bahn, die nicht nur die Städte auf dem Festland anfährt, sondern auch in einigen Seebädern Station macht. Unschlagbar günstig sind die Fernbusse, die in der Hochsaison mehrmals täglich in die Badeorte und Touristenzentren starten. Dort angekommen, geht es mit den Stadt- oder Bäderbussen von Ort zu Ort.

Tarife der Deutschen Bahn

DB Vertrieb GmbH, 10243 Berlin. ©0180/6996633, www.bahn.de.

▶ Die Bahn bietet eine Vielzahl an Tarifen an. Wer rechtzeitig bucht und eine BahnCard besitzt, kann bis zu 50 Prozent auf den Normalpreis sparen. Wer auch

ohne ICE- und IC-Verbindungen gut ans Ziel kommt, fährt mit folgenden Tickets besonders günstig:
Mecklenburg-Vorpommern-Ticket alle Regionalzüge und S-Bahnen der DB in Mecklenburg-Vorpommern. Mo – Fr 9 – 3 Uhr des Folgetages, Sa, So ganztägig. Tagesticket 1 Person 23 €, bis zu 4 Mitreisende je 4 €, eigene Kinder/Enkel bis 14 Jahre kostenlos.
Schönes-Wochenende-Ticket, alle Regionalzüge und S-Bahnen der DB in Deutschland. Tagesticket Sa oder So 1 Person 40 €, bis zu 4 Mitreisende je 4 €, eigene Kinder oder Enkel bis 14 Jahre kostenlos.
Quer-durchs-Land-Ticket für alle Regionalzüge und S-Bahnen der DB in Deutschland. Gültig Mo – Fr ab 9 – 3 Uhr des Folgetages, Sa, So ganztägig. 1 Person 44 €, jeder weitere Mitfahrer (bis zu 4) jeweils 8 €, eigene Kinder oder Enkel bis 14 Jahre kostenlos.

Fernbusse

MFB MeinFernbus GmbH, Karl-Liebknecht-Straße 29, 10178 Berlin. ✆030/300137300, www.meinfernbus.de.

▶ Größter Fernbus-Anbieter ist derzeit *MeinFernbus*. Eine Fahrt von Berlin nach Bergen auf Rügen gibt es beispielsweise ab 15 €, Kinder erhalten Ermäßigung.

@ Übersicht über Fernbus-Anbieter, -Verbindungen und -Linien: www.fernbusse.de.

Sparen mit der Rostock-Card

18055 Rostock. ✆0381/3812222, www.rostock.de.

▶ In den Rostocker Tourist-Informationen erhaltet ihr die Rostock-Card. Sie bietet euch zahlreiche Vergünstigungen innerhalb der Stadt und im näheren Umland (z.B. *Kühlungsborn, Graal-Müritz, Marlow, Güstrow).* Kombiniert mit der Nutzung des öffentlichen Nahverkehrs erreicht ihr nicht nur die Museen stressfrei, sondern bekommt auch gleich noch einen Rabatt auf den Eintritt. Kostenlose Führungen und Audioguides, im Preis reduzierte Menüs, Schnupperkurse fürs Kiten und günstige Leihfahrräder sind nur einige Angebote. Den vollständigen Katalog der enthaltenen Leistungen bekommt ihr zusammen mit der Karte.

Supreme Surf, Eselföterstraße 26, Rostock. ✆0381/33731180. www.supremesurf.de. Jan – März Mo – Fr 12 – 19, Sa 10 – 18 Uhr, April – Dez Mo – Fr 10 – 19, Sa 10 – 18 Uhr. Hier gibt es alles, was ihr zum Stand-up-Paddeln, Wellenreiten, Surfen oder Kiten braucht.

Rostock-Card Smart: Gilt für einen Erw und 2 Kinder (bis 12 Jahre) und beinhaltet alle Rabattangebote. Ohne Nahverkehrsticket. 7 €

Rostock-Card: Für 24 oder 48 Std gültig. Nutzung aller Rabattangebote für eine Person inkl. öffentlichem Nahverkehr in Rostock. 24 Std 12 €, 48 Std 16 €.

Rostock-Card + Region: Wie Rostock-Card, mit Nutzung des öffentlichen Nahverkehrs auch im Umland. 24 Std 17 €, 48 Std 27 €.

Unterwegs in Rostock und Warnemünde

Rostocker Straßenbahn AG, Hamburger Straße 115, 18069 Rostock. ✆0381/802-0, www.rsag-online.de. **Preise:** Einzelfahrt innerhalb Rostocks 2 €; Kinder 6 – 14 Jahre 1,50 €.

▶ Die RSAG ist zuständig für den Stadtverkehr Rostock mit Straßenbahn und Stadtbussen sowie die beiden Fährverbindungen über die *Warnow.* Das Liniennetz schließt *Warnemünde, Markgrafenheide* und *Graal-Müritz* mit ein.

Unterwegs auf Fischland-Darß-Zingst

Verkehrsgemeinschaft Nordvorpommern (VGN), Am Nettelrade 5, 18311 Ribnitz-Damgarten . ✆03821/886565, www.nvp-bus.de. **Preise:** ab 1,45 € für Strecken bis 5 km, danach Staffelung je nach Entfernung; Kinder 6 – 14 Jahre ab 1 €.

▶ Für Busverbindungen nach *Ribnitz-Damgarten, Fischland-Darß-Zingst* und *Barth* sowie den Stadtverkehr Ribnitz-Damgarten ist die VGN zuständig. Ebenso für den Linienverkehr bis zur *Hohen Düne* bei Rostock-Warnemünde und nach Graal-Müritz.

Mit dem Radbus RADzfatz auf Rügen und Fischland-Darß-Zingst unterwegs

Verkehrsgesellschaft Vorpommern-Rügen (VVR), Zum Rauhen Berg 1, 18507 Grimmen. ✆038326/6000, www.vvr-bus.de. **Zeiten:** Mai – Okt je nach Linie ungefähr im Stunden-Takt. **Preise:** Fahrradmitnahme 2 €.

▶ Die Halbinsel *Fischland-Darß-Zingst* und die Insel *Rügen* sind ideale Reiseziele für Radfahrer. Ein (fast) überall gut ausgebautes **Radwegenetz** sorgt für Fahrspaß und macht es einfach, auch mit kleineren Kindern auf Tour zu gehen. Dort, wo Radwege fehlen oder der Gegenwind zu stark ist, kann auf den Bus umgestiegen werden. Auch für längere Strecken bietet sich die Kombination von Bus und Rad an. Die **RADzfatz-Busse** fahren im Linienverkehr mit Anhängern, auf die bis zu zwölf Räder passen. Haltestellen, die sich zum Be- und Entladen eignen, sind im Fahrplan mit einem *H* gekennzeichnet. Die Busse verkehren inselweit auf Rügen und auf der Linie 210, die von Ribnitz-Damgarten über *Wustrow, Prerow* und *Zingst* bis nach *Barth* führt.

Zwischen Stralsund und Greifswald

Stadtwerke Greifswald GmbH, Gützkower Landstraße 19 – 21, 17489 Greifswald. ✆03834/53-0, www.sw-greifswald.de. **Preise:** Einzelfahrt in Stralsund 1,80 €, Einzelfahrt in Greifswald 2 €; Kinder 6 – 14 Jahre Einzelfahrt Stralsund 1,20 €, Greifswald 1,45 €.

▶ In **Greifswald** seid ihr mit den Stadtbussen der Stadtwerke unterwegs.

Für den **Linienverkehr Rügen – Stralsund,** den **Stadtverkehr Stralsund,** Verbindungen nach Fischland Darß-Zingst und in den ländlichen Raum von Ribnitz-Damgarten bis nach Grimmen mit Linien nach Graal Müritz und Greifswald ist die ➚ *Verkehrsgesellschaft Vorpommern-Rügen (VVR)* zuständig.

Die ➚ *Verkehrsgesellschaft Vorpommern-Greifswald (VVG)* bedient das **Liniennetz Greifswald – Ueckermünde.**

Mit der Göhrener Kurkarte können die Busse der VVR auf den Linien von Klein Zicker bis Sellin kostenlos genutzt werden.

Unterwegs auf Rügen

Rügener Personennahverkehrs GmbH RPNV, Friedensstraße 24, 18528 Bergen auf Rügen. ✆03838/202955, www.rpnv.de. **Preise:** Einzelfahrt ab 1,55 €; Kinder 6 – 14 Jahre ab 1,10 €.

▶ Auf Rügen fahren die Regionalbusse des RPNV. Bergen und Sassnitz verfügen über eigene Stadtbuslinien.

Kap-Arkona-Bahn

Am Parkplatz 1, 18556 Putgarten. ✆038391/13213, Handy 0170/5207520. www.kap-arkona-bahn.de. **Zeiten:** ganzjährig, Takt je nach Gästezahl und Jahreszeit. **Preise:** je nach Strecke 2 – 4 €; Kinder 6 – 14 Jahre 0,50 – 1,50 €.

▶ Mit der gasbetriebenen Arkona-Bahn könnt ihr Fußwege verkürzen und am *Kap Arkona* trotzdem alles besichtigen. Die Bimmelbahn pendelt zwischen dem Parkplatz, den Leuchttürmen und dem Fischerort *Vitt.*

Rasender Roland

Rügensche Bäderbahn, Bahnhofstraße 14, 18581 Putbus. ✆038301/884012, www.ruegensche-baederbahn.de. **Zeiten:** Mai – Okt 8 – 23.30 Uhr. **Preise:** 2 – 10 €, Fahrrad 3 €; Kinder 6 – 13 Jahre 1 – 5 €; Familienkarte 2 Erw, 3 Kinder 4,20 – 21 €.

▶ Die historische Schmalspurbahn *Rasender Roland* ist seit 1895 im Südosten Rügens unterwegs. Sie ist fester Bestandteil des öffentlichen Nahverkehrs Südostrügens. Eisenbahnfreunde und Touristen lieben die kohlebefeuerte Bahn, die ihr Kommen mit einer Dampfpfeife ankündigt. Zwischen *Lauterbach Mole* und *Göhren* hält der Zug an 14 Stationen. Die Bahn ist mit maximal 30 km/h unterwegs und benötigt für die 24 m rund 75 Minuten. Da Fahrräder mitgenommen werden können, lassen sich Touren wunderbar kombinieren und ganz nach Kondition verlängern oder abkürzen. Fahrkarten gibt es am Bahnhofsschalter oder direkt im Zug.

Mit Vollgas über die Insel: Der Rasende Roland

© Karolin Küntzel

ORTE, INFO & VERKEHR

Uns Lütt Bahn

Kurverwaltung Baabe, Am Kurpark 9, 18586 Ostseebad Baabe. ✆038303/1420, www.baabe.de. **Zeiten:** Ostern – Okt, Weihnachten, Silvester. **Preise:** mit Baaber Kurkarte kostenlos.

▶ Nicht auf Schienen, sondern auf Gummirädern rollt die kleine blaue Ortsbahn durch **Baabe.** Besonders Kinder lieben die Fahrt mit dem Zug, der immerhin 16 Stationen anfährt. An der Station *Lidl-Parkplatz* könnt ihr in die Bahn nach **Sellin** umsteigen und dort weitere 10 Haltepunkte erreichen. Dies ist für euch mit der Baaber Kurkarte ebenfalls kostenfrei. Fahrpläne hängen an den Haltepunkten aus und sind in der Tourist-Info erhältlich.

Ortsbus BUSkam in Göhren (Linie 20)

Verkehrsgesellschaft Vorpommern-Rügen mbH, 18586 Ostseebad Göhren. ✆038308/66790, www.rpnv.de. **Preise:** mit Göhrener, Selliner oder Baaber Kurkarte kostenfrei, sonst Tarife des RPNV.

▶ In Göhren verkehrt der Ortsbus **BUSkam** im 2-Std-Takt. Er fährt 17 Haltestellen im Ort an und verbindet alle sehenswerten Orte miteinander. Ob vom Bahnhof hinauf zum Heimatmuseum oder von dort hinunter zum Südstrand. Auch mit Kinderwagen und Rollstuhl ist die Fahrt problemlos möglich.

*Der **BUSkam** ist nach dem gleichnamigen Findling benannt, der 300 m vom Ufer des Göhrener Nordstrands im Wasser liegt. Er ist der größte Findling vor der deutschen Ostseeküste.*

Unterwegs auf Hiddensee

Inselbus (VVR), 18565 Vitte. ✆03832/6000, www.vvr-bus.de. **Zeiten:** ganzjährig Mo – Fr außer Fei, Takt sehr unterschiedlich ↗ Fahrpläne an den Haltestellen. **Preise:** Halbtageskarte (Fahrtbeginn – 12.30 Uhr bzw. 12.30 Uhr – Fahrtende) 3,10 €, Tageskarte 4,30 €, Fahrrad 2 €; Kinder 6 – 14 Jahre Tageskarte 1,90 €. **Infos:** Hund 1,90 €.

▶ Da es auf Hiddensee keinen privaten Autoverkehr gibt, ist das **Fahrrad** das beliebteste und meistgenutzte Verkehrsmittel, dicht gefolgt von der **Kutsche.**

Spielplätze findet ihr hier: In Grieben am Dorfplatz, in Kloster an der Kirche, in Vitte am Edeka-Markt und in Neuendorf am Ortseingang.

Von *Neuendorf* über *Vitte* und *Kloster* bis nach *Grieben* und zurück verkehrt der **Inselbus,** der hauptsächlich als Schulbus dient und deshalb vor allem zu den Schulzeiten unterwegs ist.

Unterwegs auf Usedom

Usedomer Bäderbahn GmbH, Am Bahnhof 1, 17424 Seebad Heringsdorf. ✆038378/271-32, www.ubb-online.com. **Preise:** Einzelfahrt UBB-Bahn ab 2,50 €; Kinder 6 – 14 Jahre ab 1,25 €.

▶ Die **UBB-Bahn** fährt stündlich vom Festland (Züssow – Wolgast) über Usedom nach Swinemünde.
UBB-Busse fahren auf folgenden Linien auf Usedom: 271 – 274, 281 – 287 und 290/291.
Die **UBB-Reisebusse** verkehren im Linienverkehr z.B. von Berlin nach Usedom.

Unterwegs zwischen Wolgast und Ueckermünde

VVG Verkehrsgesellschaft Vorpommern-Greifswald mbH, Ukranenstraße 8, 17358 Torgelow. ✆03976/2402-0, www.vvg-bus.de. **Preise:** Einzelfahrt Ueckermünde ab 1,60 €; Kinder bis 15 Jahre ab 1,10 €.

▶ Die Busse der VVG sind auf 37 Linien im Raum Vorpommern-Greifswald unterwegs und steuern auch Greifswald (Linien 300, 303, 330) und **Ueckermünde** an (Linien 706, 707, 902, 908 – 912).
Im Stadtverkehr **Anklam** sowie nach Greifswald und **Wolgast** sind die Busse der *AVG* unterwegs.

Anklamer Verkehrsgesellschaft mbH (AVG), Heinrich-Hertz-Straße 2, Anklam. ✆03971/2061 -0. www.avg-anklam.de. Einzelfahrt Stadtverkehr Anklam 1,50 €, ermäßigt 1,10 €.

Unterwegs in Swinemünde und auf Wollin

▶ Wer des Polnischen nicht mächtig ist und nur für einen Tagesausflug von der deutschen Seite Usedoms nach Swinemünde oder Wollin fährt, nutzt am besten den ↗**Europabus 290/291** oder fährt mit der ↗**UBB** bis zur Endstation Swinemünde. In den Badeorten Swinemünde und Misdroy verkehren ↗*Wegebahnen,* die alle touristischen Zentren anfahren.

@ Auskünfte über den polnischen Nahverkehr (Bus und Bahn) gibt es unter www.rozklad.sitkol.pl.

Wenn ihr eine Tageskarte für den Europabus löst, könnt ihr zusätzlich die Fahrräder von ↗ *UsedomRad* nutzen.

Europabus Swinemünde – Usedom

Komunikacja Autobusowa Sp.z o.o., ul.Karsiborska 33a, 72600 Świnoujście. www.ka.swinoujscie.pl. **Preise:** Einfachfahrt 11 zł, Tageskarte Usedom 36 zł, Tageskarte Usedom und Misdroy (Kauf nur in Deutschland, gültig auch auf der Linie 10) 12 €; Kinder 6 – 14 Jahre Einfachfahrt 6 zł, Tageskarte Usedom 18 zł, Tageskarte Usedom und Misdroy 6 €.

▶ Die Europalinie verkehrt von *Swinemünde* nach *Ahlbeck, Heringsdorf* und *Bansin.* Der Bus hält an allen Seebrücken und touristisch wichtigen Orten wie Hafen und Promenaden. Fahrkarten gibt's im Bus.

Fähren

Warnowfähre – Hohe Düne

Weiße Flotte GmbH, Am Passagierkai, 18119 Rostock-Warnemünde. ✆0381/519860, www.weisse-flotte.de. **Bahn/Bus:** Von Westen S1, 2, 3 bis Warnemünde, von Osten Bus 17 bis Hohe Düne Fähre. **Auto:** Von Westen B103 auf Werftallee, von Osten aus Markgrafenheide auf der HRO 43. **Rad:** Ostseeküsten-Radweg. **Zeiten:** ganzjährig stündlich im Pendelverkehr, 6 – 18 Uhr im 10 – 20 Min-Takt. **Preise:** 1,40 €, Pkw bis 4 m 3 €, jeder weitere Meter 0,50 €, Motorrad 2,50 €, Fahrrad 1,10 €; Kinder 6 – 15 Jahre 0,90 €.

▶ Die Fähre verbindet die Rostocker Küstenstadtteile *Warnemünde* und *Hohe Düne* bzw. *Markgrafenheide* miteinander.

Autofähre Stahlbrode – Glewitz

Weiße Flotte GmbH, 18439 Stralsund. ✆03831/26810, Handy 0172/7526838. www.ruegen-faehre.de. **Bahn/Bus:** Von Süden Bus 506 bis Stalhbrode Fähre, von Norden Bus 33 bis Abzweig Losentitz, von dort Fußweg. **Auto:** L30, von Süden bis Stahlbrode, von Norden bis Glewitz. **Zeiten:** April 6 – 21.10 Uhr, Mai – Aug 6 – 21.40 Uhr, Sep – 1. Nov 6 – 20.10 Uhr. **Preise:** 1, 20 €,

Pkw bis 4 m 4,90 – 5,90 €, jeder weitere Meter 0,50 €, Motorrad 3,90 – 4,50 €, Fahrrad 1,20 – 1,30 €; Kinder 4 – 11 Jahre 0,80 – 0,90 €.

▶ Zwischen *Stralsund* und *Greifswald* verbindet die Autofähre die rügische **Halbinsel Zudar** mit dem Festland. Für alle, die von Südosten aus anreisen, ist sie eine gute Alternative zur oft durch Stau belasteten Rügenbrücke in Stralsund.

Das macht Laune: Fundstücke am Strand sammeln

© pmv, Karolin Küntzel

Wittower Fähre

Weiße Flotte GmbH, 18556 Wiek. ✆03831/26810, Handy 0172/7526838. www.weisse-flotte.de. **Bahn/Bus:** Bus 35 bis Wittower Fähre Süd, Bus 10 bis Wittower Fähre Nord. **Auto:** L30 von Trent bzw. Wiek. **Rad:** Ostseeküsten-Radweg. **Zeiten:** Pendelverkehr April, Sep, Okt 5.50 – 20 Uhr, Mai – Aug 5.50 – 21 Uhr, Nov – März 5.50 – 19 Uhr. **Preise:** 1,20 €, Pkw bis 4 m 4 €, jeder weitere Meter 0,50 €, Motorrad 3 €, Fahrrad 1,20 €; Kinder 4 – 11 Jahre 0,80 €.

▶ Die Wittower Fähre verbindet die Hauptinsel Rügens mit der Halbinsel Wittow. Von Süden kommend stellt sie die kürzeste Verbindung nach *Wiek, Altenkirchen* oder zum *Kap Arkona* dar.

Mit der Fähre nach Hiddensee

Reederei Hiddensee, Büro Stralsund, Fährstraße 16, 18439 Stralsund. ✆03831/26810, www.reederei-hiddensee.de. **Bahn/Bus:** Bus 6, 7 bis Ozeaneum. **Auto:** B96 bis Stralsund, über Frankendamm und Wasserstraße bis Fährstraße, gebührenpflichtige Parkplätze am Ozeaneum. **Rad:** Ostseeküsten-Radweg, Hamburg-Rügen-Radweg. **Zeiten:** ab Schaprode (Rügen) und Stralsund mehrmals täglich im Linienverkehr, ab Dranske, Wiek, Ralswiek, Breege, Zingst und Barth im Sommer als Ausflugsfahrt. **Preise:** ab Stralsund 11 – 12,90 €, Fahrrad 5 €, ab Schaprode 9,20 – 11 €, Fahrrad 4,50 €, Wassertaxi 11 – 25,70 €, Fahrrad 6,50 €; Kinder 4 – 14 Jahre ab Stralsund 5,70 – 6,70 €, ab Schaprode 5,30 – 6,30 €, Wassertaxi 7 – 14,50 €;

Familienkarte (2 Erw, 3 Kinder) ab Stralsund, 47,50 – 63,50 €, ab Schaprode 40 – 56 €.

▶ Die **Fähren** ab Schaprode und Stralsund laufen die Hiddenseer Häfen *Neuendorf, Vitte* und *Kloster* an. Eine Fahrradmitnahme ist möglich. Zusätzlich verkehrt ein **Wassertaxi,** das Gäste individuell und schnell auf die Insel übersetzt. Fahrkarten bekommt ihr direkt an den Fährstationen oder ihr bucht sie online, was im Sommer empfehlenswert ist.

Reederei Hiddensee, Büro Hiddensee, Achtern Diek 4, Vitte. ✆038300/210. www.reederei-hiddensee.de.

Fähren über die Swina

72600 Świnoujście. www.zegluga.swi.pl. **Zeiten:** 24 Std Pendelverkehr. **Preise:** kostenfrei.

▶ Im Stadtgebiet von **Swinemünde** verkehren zwei Fähren. Die nördliche Stadtfähre fährt vom Zentrum Richtung Bahnhof. In der Woche ist sie nur für einheimische Pkw zugelassen, Fußgänger und Fahrradfahrer kommen jederzeit mit. Die südliche Fähre, erreichbar über die Straße 95, ist auch für ausländische Fahrzeuge jederzeit benutzbar.

Fahrrad-Verleih

UsedomRad

UsedomRad GmbH, Hauptstraße 8, 17459 Ückeritz. ✆030/55576911, www.usedomrad.de. **Preise:** Rad 1 Std 3 €, 3 Std 6 €, Tag 9 €; Kinderrad 6 € pro Tag.

▶ Überall auf der Insel gibt es Verleihstationen von UsedomRad. Dort stehen euch rund um die Uhr Räder zur Verfügung. Alles, was ihr für die Ausleihe benötigt, ist ein Handy. Über eine Hotline registriert ihr euch und bekommt eine persönliche ID. Teilt ihr der Hotline die Seriennummer des Fahrrads mit, erhaltet ihr den Zahlencode für das Schloss. Nach eurer Radtour gebt ihr das Rad an einer beliebigen Station zurück und nennt der Hotline den neuen Standort. Benötigt ihr ein bestimmtes Rad, lasst ihr es euch an eine bemannte Station schicken und holt es dort ab.

Baltic Bike, 72500 Świnoujście. ✆0048500/412500, www.baltic-bike.pl. Tourenrad 26 zł pro Tag, Kinderrad oder Anhänger 20 zł, Kindersitz 10 zł. An mehreren Stationen in Swinemünde und Misdroy leiht ihr euch per Handy und Kreditkarte rund um die Uhr ein Rad aus. Vorbestellung, kostenloser Pannenservice.

FERIENADRESSEN & KARTEN

ROSTOCK & WARNEMÜNDE
FISCHLAND, DARSS, ZINGST
STRALSUND – GREIFSWALD
RÜGEN
HIDDENSEE
USEDOM
WOLGAST – UECKERMÜNDE
SWINEMÜNDE & WOLLIN
ORTE, INFO & VERKEHR
FERIENADRESSEN & KARTEN

UNTERKÜNFTE FÜR FAMILIEN

Aus der Vielzahl von Unterkünften, die sich für erlebnisreiche Wochenenden und Ferienaufenthalte eignen, habe ich eine Auswahl zusammengestellt, bei der die Bedürfnisse von Kindern, Jugendlichen und Familien im Vordergrund stehen.

Die Unterkünfte werden nach Art gegliedert und regional sortiert mit Adresse und Preisen vorgestellt. Ihr findet hier familienfreundliche Hotels, Ferienwohnungen und- häuser, Jugendherbergen sowie Campingplätze.

Abkürzungen bei Unterkünften:

EZ: Einzelzimmer
DZ: Doppelzimmer
MBZ: Mehrbettzimmer
FH: Ferienhaus
FeWo: Ferienwohnung
Apartment: kleinere Ferienwohnung
HP: Halbpension
VP: Vollpension
Ü: Übernachtung
ÜF: Übernachtung mit Frühstück
JH: Jugendherberge
CP: Campingplatz

Hotels & Pensionen

▶ Preislich liegen Hotels und Pensionen höher als die anderen hier aufgeführten Unterkünfte. Dafür bieten sie mehr Komfort und Service.

Hostel Haus 54

Hanshägerstraße 3, 18374 Ostseeheilbad Zingst. ✆038232/848484, www.haus54.de. **Bahn/Bus:** Bus 210 bis Zingst Zentrum. **Auto:** L21 bis Zingst, über Barther Straße und Jordanstraße links in Hanshägerstraße. **Rad:** Fischland-Darß-Zingst Rundweg, Ostseeküsten-Radweg. **Zeiten:** 27. Dez – 15. Nov. **Preise:** EZ ab 45 €, DZ ab 30 €, 3-Bett-Zimmer ab 22,50 €, 4-Bett-Zimmer ab 18,50 €, jeweils pro Person, Frühstück 7,50 €; Kinder bis 12 Jahre Frühstück 5 €.

▶ Das Hostel bietet schöne, moderne Zimmer mit DU/WC. Die Kinder schlafen über den Eltern in schicken Hochbetten. In fünf Minuten erreicht ihr Sportstrand und Spielplatz. Kostenfreies W-LAN.

VCH-Hotel Greifswald

Wilhelm-Holtz-Straße 5 – 8, 17489 Greifswald. ✆03834/5160, www.vchhotel-greifswald.de. **Bahn/Bus:** Bhf Greifswald Süd, 20 Min Fußweg. **Auto:** B109 auf Gützkower Landstraße, links auf Herrenhufenstraße, dann rechts in Wilhelm-Holtz-Straße. **Preise:** ÜF EZ ab 55 €, DZ ab 75 €, Familienzimmer ab 95 €.

Nein, hier könnt ihr nicht schlafen: Außergewöhnliche Übernachtungsmöglichkeiten findet ihr auf den nächsten Seiten

Das moderne Haus verfügt über 122 Zimmer, 24 FeWo sowie Familienzimmer. Fahrstuhl, Spielzimmer, Bowlingcenter und W-LAN sind vorhanden.

In der Konditorei des Hotels wird Stralsunder Marzipan hergestellt. Kostet es!

Hotel am Jungfernstieg

Jungfernstieg 1b, 18437 Stralsund. ✆03831/44380, www.hotel-am-jungfernstieg.de. **Bahn/Bus:** Hbf Stralsund. **Auto:** B96 auf Feldstraße, rechts in Tribseer Damm, dann links in Jungfernstieg. **Rad:** Ostseeküsten-Radweg, Hamburg-Rügen-Radweg. **Zeiten:** ganzjährig. **Preise:** ÜF DZ ab 89 €, Suite ab 109 €, Familienzimmer bis 4 Pers ab 99 €, bis 6 Pers ab 109 €.

33 Zimmer, drei Suiten und Familienzimmer mit separatem Wohn- und Schlafraum für bis zu 6 Personen bietet das zentral gelegene 3-Sterne-Fahrradhotel. Es gibt einen Fahrradkeller und einen Fahrradverleih. Außerdem werden ausgearbeitete Fahrradrouten in die Umgebung angeboten. Kostenfreies W-LAN.

Als Gast im Casa Familia habt ihr ins benachbarte ➚ *Meerwasserhallenbad* freien Eintritt.

Casa Familia Usedom

Familienferienstätte Usedom, Dünenstraße 45, 17454 Zinnowitz. ✆038377/770, www.casafamilia.de. **Bahn/Bus:** Bus 273 bis Zinnowitz Schule. **Auto:** B111, über Alte Strandstraße in Neue Strandstraße, dann links in Dünenstraße. **Rad:** Ostseeküsten-Radweg, Mecklenburgischer-Seen-Radweg, Berlin-Usedom-Radweg. **Zeiten:** ganzjährig. **Preise:** Ü/HP 50 – 75 €; Kinder 3 – 11 Jahre 20 – 33 €, 12 – 17 Jahre 37 – 53 €.

Hier liegt es sich gut: Finja testet die Liegen auf Usedom

© pmv, Karolin Küntzel

240 Betten in 35 EZ, 87 DZ und 13 Familienzimmern. Im Angebot sind neben Fahrradverleih und Sportprogramm viele Aktionen, zum Beispiel Basteln oder Kochen. Abends

gibt es ein Buffet für Kinder. Zum Strand und zur Promenade sind es 80 m.

Ferienwohnungen und -häuser

▶ Es gibt ein sehr breites Angebot an Ferienwohnungen (FeWo) und Ferienhäusern (FH) in der Region. Deshalb ist hier nur eine kleine Auswahl möglich.

Strandresort Markgrafenheide

Budentannenweg 10, 18146 Rostock-Markgrafenheide. ✆0381/778910, www.strandresort.de. **Bahn/Bus:** Bus 17, 18 bis Schulzenwiese, etwa 25 Min Fußweg. **Auto:** B105 auf L221, hinter Rövershagen rechts auf L22, dann links Richtung Markgrafenheide, im Ort gleich rechts auf Budetannenweg. **Rad:** Ostseeküsten-Radweg. **Zeiten:** ganzjährig. **Preise:** 1- bis 2-Zimmer-FeWo ab 59 €, 3-Zimmer-FeWo ab 69 €, Dünenhaus ab 119 €.

▶ 63 Dünenhäuser und 72 FeWo liegen mitten in den Dünen. Ihr seid im Nu im Meer. Restaurants, Schwimmbad, Fahrradverleih und Abenteuerspielplatz befinden sich auf dem Gelände.

Feriendorf Rugana

Nonnevitz 25a – b, 18556 Dranske/Bakenberg. ✆038391/9140, www.rugana.de. **Bahn/Bus:** Bus 13 bis Kreptitzer Heide. **Auto:** Von Altenkirchen L30 Richtung Wieck, rechts auf Buhrkow abbiegen, über Starrvitz und Gramtitz, dann rechts, an Swinggolf-Anlage vorbei und links abbiegen, links in Kreptitz bis zu Nonnevitz. **Rad:** Ostseeküsten-Radweg. **Zeiten:** ganzjährig. **Preise:** 1-Zimmer-Apartment 53 – 105 € pro Tag, 371 – 753 € pro Woche, 2-Zimmer-Apartment 59 – 118 € pro Tag, 413 – 826 € pro Woche, 3-Zimmer-Apartment 82 – 165 € pro Tag, 574 – 1155 € pro Woche.

▶ Die Häuser stehen wie in einem kleinen Dorf in Gruppen zusammen. Ihr wohnt in allergikerfreundlichen 1- bis 3-Zimmer-Wohnungen, in denen bis zu

Fahrräder könnt ihr direkt im Feriendorf mieten: 7,50 € pro Tag, Kinderrad 5,50 €, Bollerwagen 5 €, Laufrad, Roller 3 €.

sechs Personen Platz finden. Auf dem Gelände gibt es Spiel- und Sportmöglichkeiten. Mai – Okt findet im Kinderhaus ein buntes Programm mit Basteln und Spielen für Kinder 4 – 12 Jahre statt. Außerdem: Restaurants, Dorfladen, Streichelgehege, Schwimmbad zur freien Nutzung und Fahrradverleih.

Überm Wasser wohnen

Till und Hans Jaich, Am Yachthafen 1, 18581 Putbus-Lauterbach. ✆038301/8090, www.im-jaich.de. **Bahn/Bus:** Rasender Roland bis Lauterbach Mole. **Auto:** L29 bis Putbus, weiter über Lauterbacher Straße bis Yachthafen, dort rechts. **Rad:** Ostseeküsten-Radweg. **Zeiten:** ganzjährig. **Preise:** Pfahlhaussuite für 2 Pers 85 – 155 €, schwimmendes FH für 2 – 6 Pers 85 – 195 €, FeWo an Land ab 45 €.

▶ Hier wohnt ihr wenige Meter über dem Wasser direkt im Hafen von *Lauterbach.* In den Pfahlhäusern und schwimmenden Häusern fühlt ihr euch wie ein Kapitän vor großer Fahrt. Das Wasser gluckert unter euch und ihr habt einen wunderbaren Blick über den Rügischen Bodden, auf das Waldgebiet *Goor* und die Insel Vilm. Restaurant, Kinderbetreuung und Segelschule befinden sich in unmittelbarer Nähe.

@ Unter www.hiddenseezimmer.de findet ihr eine gute Auswahl an weiteren Ferienhäusern und -wohnungen.

Apartment-Haus Dornbusch

Weißer Weg 2 – 3, 18565 Kloster. ✆038300/60400, www.hiddensee-haus-dornbusch.de. **Bahn/Bus:** Hafen Kloster, Inselbus bis Kloster Weißer Weg. **Zeiten:** ganzjährig. **Preise:** Apartments 47 – 159 € zzgl. Endreinigung, Frühstück 11 €.

▶ Euch stehen 28 Apartments für 1 – 4 Personen zur Verfügung. Im Haus vorhanden sind Restaurant, Schwimmbad mit Kleinkinderbecken, Kinderspielzimmer, Fitnessbereich und ein Tischtennisraum.

Hotelanlage Heiderose

In den Dünen 127, 18565 Vitte. ✆038300/630, www.hiddensee-heiderose.de. **Lage:** In der Dünenheide zwischen Vitte und Neuendorf. **Bahn/Bus:** Ab Hafen Vitte oder Neuendorf etwa 40 Min Fußweg oder Inselbus bis Heiderose. **Zeiten:** ganzjährig. **Preise:** FeWo 55 – 110 €, Apartment 45 – 145 €, EZ 64 – 79 €, DZ 79 – 115 €, Frühstück 8 €, HP 27 €.

▶ Im Hotel stehen euch EZ und DZ zur Verfügung, in den reetgedeckten Ferienhäusern befinden sich jeweils zwei FeWo für 2 – 4 Personen. Außerdem gibt es im Haus *Hiddensee* ein Apartment. Im Restaurant bekommt ihr Fischspezialitäten, im Sommer Leckeres vom Grill und Eis im schönen Obstbaumgarten.

Post Hiddensee Apartments

Wiesenweg 26, 18565 Vitte. ✆038300/6430, www.hotel-post-hiddensee.de. **Bahn/Bus:** Hafen Vitte, Inselbus bis Vitte Wiesenweg. **Zeiten:** ganzjährig. **Preise:** Apartments ab 96 €, DZ ab 65 €, Frühstück 9 €; Kinder bis 6 Jahre Frühstück kostenfrei.

▶ Ihr habt die Wahl zwischen 10 Apartments und 8 DZ mit Terrasse. Alle sind mit Telefon, Faxanschluss, W-LAN, Sat-TV und Stereoanlage ausgestattet. Im Garten habt ihr viel Platz zum Spielen. Im Hotel könnt ihr außerdem Videos und Bücher leihen, die Sauna nutzen, euch morgens frische Brötchen an die Tür bringen lassen oder gleich ein Frühstück buchen.

Wohnen im Zirkuswagen

Ralf Helène, Wiesenstraße 13, 17419 Prätenow. ✆07351/372364, www.usedom.mobi. **Bahn/Bus:** Bus 284 bis Prätenow. **Auto:** B110 bis Abzweig Dargen, über Dargen weiter nach Prätenow in Wiesenstraße. **Rad:** Oder-Neiße-Radweg, Mecklenburgischer-Seen-Radweg, Berlin-Usedom-Radweg. **Zeiten:** ganzjährig. **Preise:** SmallHaus und Zirkuswagen 80 – 120 €, Endreinigung 50 €.

▶ Wie wäre es mal mit Urlaub im Zirkuswagen? In dem hübsch hergerichteten Gefährt lässt es sich wunderbar träumen. Auch eine eigene Zirkusvorstellung könnt ihr auf die Beine stellen. Einrad und Jonglierbälle gehören mit zur Ausstattung. Im Wagen gibt es zwei Schlafplätze, im *SmallHaus* weitere vier. Das Haus ist klein, bietet auf geringer Grundfläche aber alles, was es für einen gelungenen Urlaub braucht. In einer weiteren Hütte befindet sich die finnische Sauna. Auf der Wiese ist reichlich Platz zum Toben und in der Nähe befindet sich eine Badestelle am Haff.

Haffhus Hotel- und Ferienanlage

Dorfstraße 35, 17373 Ueckermünde. ✆ 039771/5370, www.haffhus.de. **Bahn/Bus:** Bus 907 Richtung Altwarp-Luckow bis Bellin Dorfmitte. **Auto:** L31 über Belliner Straße in Dorfstraße. **Rad:** Oder-Neiße-Radweg. **Zeiten:** ganzjährig. **Preise:** DZ ab 79 €, Studio ab 109 €, Apartment ab 139 €, FH ab 60 €, FeWo ab 100 €.

▶ In der Anlage direkt am Stettiner Haff stehen Hotelzimmer, Apartments und Studios sowie Ferienhäuser und -wohnungen zur Verfügung. Es gibt einen eigenem Bootssteg, Liegewiese, Abenteuerspielplatz, Minizoo, Beachvolleyballplatz, Grillpavillon, Bowlingbahn, Pool und Sauna. Fahrräder und Boote könnt ihr leihen.

Ackerbürgerei Lassan

Lange Straße 55 – 57, 17440 Lassan. ✆ 038374/5111, Handy 0160/7191542. www.ackerbuergerei.de. **Bahn/Bus:** Bus 251, 252 bis Lassan Markt. **Auto:** OVP 30 bis Lassan Höhentorstraße, dort Richtung Hafen abbiegen. **Zeiten:** ganzjährig. **Preise:** EZ ÜF ab 42 €, DZ ÜF ab 52 €, FeWo für 2 Pers ab 48 €, FeWo für 4 – 6 Pers ab 63 €, FH ab 76 €.

Auf dem Weideland der Ackerbürgerei leben Esel, Schafe, Ziegen und ein Pferdchen. Wenn ihr Lust habt, dürft ihr mit zum Füttern gehen.

▶ Das alte Ackerbürgerhaus befindet sich im Zentrum von Lassan, nahe am Hafen. Übernachten könnt ihr in 6 FeWo oder einem FH für 2 – 6 Personen. Familiäre Atmosphäre, großer Garten mit Katzen, Kaninchen, Laufenten und Schildkröten. Fahrrad- und Paddelbootverleih.

Ferien auf dem Bauernhof

▶ Auf einem Bauernhof Urlaub zu machen, ist für die meisten Kinder ein tolles Erlebnis. Hier können sie mit Tieren spielen, beim Füttern zuschauen oder helfen und es gibt viel Platz zum Herumtoben.

Erlebnisbauernhof Lange

Hof Nr. 37, 18569 Lieschow auf Rügen. ✆038305/55117, www.bauer-lange.de. **Auto:** L30 bis Gingst, weiter über Varbelvitz, dann links in Lieschow. **Zeiten:** ganzjährig. **Preise:** FeWo 55 – 130 €, Wagen 50 €.

▶ Ein Bauernhof wie aus dem Bilderbuch: Ihr könnt toben, Ferkel besuchen, Katzen streicheln und ein Junior-Bauer-Diplom erwerben. Außerdem lernt ihr, wie man Dosenbrot backt und Butter herstellt. Übernachtet wird in bequemen Ferienwohnungen oder urigen Fachwerkwagen.

Heu-Ferienhof Altkamp

Dorfstraße 1, 18581 Altkamp. ✆038301/889912, www.heuferienhof-ruegen.de. **Bahn/Bus:** Bus 33 bis Altkamp. **Auto:** B196 bis Samtens, weiter auf L30 bis Garz, dann auf L29 Richtung Putbus, Ausschilderung nach Altkamp folgen und auf Dorfstraße abbiegen. **Zeiten:** Heuhotel April – Okt, FeWo ganzjährig. **Preise:** Heuschlafplatz 14,80 €, FeWo ab 45 €; Kinder 2 – 12 Jahre 10,20 €.

▶ Schnappt euch euren Schlafsack und belegt eine der kuscheligen Boxen im Heuhotel. 4 – 6 Personen teilen sich eins der fünf Abteile. Wer es etwas komfortabler und allergikerfreundlich mag, bucht eine der Ferienwohnungen auf dem ehemaligen Dreiseithof.

Und darin soll ich schlafen? Probiert mal aus, wie gut es sich auf Heu und Stroh schläft

© pmv, Monika Diepstraten

Jugendherbergen & Hostels

▶ Die meisten Jugendherbergen (JH) sind auf Familien eingestellt und bieten häufig Zimmer mit Bad an.

Jellyfish Hostel

Beginenberg 25 – 26, 18055 Rostock. ✆0381/ 4443858, www.jellyfish-hostel.de. **Lage:** Am Steintor. **Bahn/Bus:** Tram 4, 5, 6 bis Steintor/IHK. **Auto:** August-Bebel-Straße, links in Steinstraße abbiegen, rechts in Große Wasserstraße, wieder rechts in Beginenberg. **Preise:** Nov – März (NS) 14 € – 28 €, 4-Bett-Zimmer mit Bad NS 18 €, April – Juni, Sep – Okt (ZS) 20,50 €, Juli – Aug (HS) 23,50 €, jeweils pro Person, Frühstücksbuffet 4 €; Kinder 2 – 10 Jahre zahlen 50 % des Übernachtungspreises.

▶ Das Rucksack-Hotel liegt zentral nahe dem Neuen Markt. Die 1- bis 8-Bett-Zimmer haben teilweise ein eigenes Bad. Auch Familienzimmer und Kinderbetten stehen zur Verfügung. Frühstück gibt es auf Wunsch. Mit Garten, Gemeinschaftsraum und W-LAN.

Jugendherberge Warnemünde

Jörg Sonntag, Parkstraße 47, 18119 Rostock-Warnemünde. ✆0381/548170, www.jugendherberge.de. **Bahn/Bus:** Bus 36 bis Warnemünde Strand. **Auto:** B103, links auf L12 Richard-Wagner-Straße, links in Parkstraße. **Rad:** Östlicher Backstein Rundweg, Ostseeküsten-Radweg, Westlicher Backstein Rundweg. **Zeiten:** ganzjährig, außer an Weihnachten. **Preise:** ab 27 Jahre ÜF 29,50 €, HP 34,50 €, VP 38,50 €; Junioren bis 26 Jahre ÜF 24 €, HP 28 €, VP 31,50 €.

▶ Nur einmal kurz über die Straße, durch den schmalen Dünenwald und schon seid ihr am kilometerlangen Strand. Was will man mehr? Spiele und Sport? Gibt es hier auch. Tischtennis zum Beispiel oder Billard. Für die Kleinen steht ein Spielzimmer zur Verfügung. 222 Betten in 2- bis 6-Bett-Zimmern. W-LAN.

Hunger & Durst

Café in der Likörfabrik, Grubenstraße 1, Rostock. ✆0381/ 3777654. www.cafes-in-rostock.de/cafelikoer. 9 – 0 Uhr. Im Gebäude einer alten Likörfabrik. Gute Frühstücksauswahl, Mittagstisch.

Um in einer JH übernachten zu können, muss man Mitglied im DJH sein, wofür ein Jahresbeitrag von 7 € für Junioren bis 26 Jahre oder 22,50 € für Familien und Pers ab 27 Jahre fällig ist. Mitglied könnt ihr vor Ort werden.

Jugendherberge Barth

Julia Baldauf, Glöwitz 1, 18356 Barth. ✆038231/2843, www.jugendherberge.de. **Bahn/Bus:** Ab Bhf Barth etwa 30 Min Fußweg. **Auto:** ↗Barth. **Rad:** Fischland-Darß-Zingst Rundweg, Östlicher Backstein Rundweg, Ostseeküsten-Radweg. **Zeiten:** März – Okt. **Preise:** ab 27 Jahre ÜF 23,40 €, HP 28,40 €, VP 32,40 €, Zeltplatz ÜF 16,50 €, HP 21,50 €, VP 25 €; Junioren bis 26 Jahre ÜF 19,40 €, HP 23,40 €, VP 26,90 €, Zeltplatz ÜF 12,50 €, HP 16,50 €, VP 20 €.

▶ Die JH liegt direkt am *Barther Bodden,* Liegewiese und Badestelle inklusive. Neben Wassersport- und Reitmöglichkeiten gibt es ein riesiges Fußball- und ein Volleyballfeld sowie Tischtennisplatten. 127 Betten in 2- bis 6-Bett-Zimmern, Zeltplatz für 320 Personen, 31 Familienzimmer. Jeweils zwei Speise- und Tagesräume, Fahrradgarage und Streichelgehege. Hunde sind willkommen.

Der JH ist ein Reiterhof angeschlossen. Eine Reitstunde kostet 12 €. Reiterferien (1 Woche) könnt ihr ebenfalls buchen.

Jugendherberge Zingst

Matthias Brath, Glebbe 57, 18374 Ostseeheilbad Zingst. ✆038232/15465, www.jugendherberge.de. **Bahn/Bus:** Bus 210 bis Zingst Zentrum. **Auto:** B105 Richtung Ribnitz-Damgarten, in Altheide links auf Bäderstraße (L21) bis Zingst, über Am Bahndamm links in Hoppenberg, dann rechts in Glebbe. **Rad:** Fischland-Darß-Zingst Rundweg, Ostseeküsten-Radweg. **Zeiten:** März – Okt. **Preise:** ab 27 Jahre ÜF 25,90 €, HP 30,90 €, VP 34,90 €; Junioren bis 26 Jahre ÜF 21,40 €, HP 25,40 €, VP 28,90 €.

▶ Am Strand entspannen oder über den Deich radeln? Hier könnt ihr wählen. Die JH verfügt über 72 Betten in 2- bis 5-Bett-Zimmern und ist mit 36 Familienzimmern bestens für Familien gerüstet. Für die Kleinen gibt es ein Spielzimmer, für Große einen Freizeitraum mit Airhockey und Tischtennis. Fahrräder und Spiele könnt ihr ausleihen. W-LAN vorhanden.

Die JH ist Bett-&-Bike-zertifiziert. Kartenmaterial und ein Trockenraum stehen euch zur Verfügung.

Jugendherberge Born-Ibenhorst

Thorsten Guse, Ibenhorst 1, 18375 Born a. Darß-Ibenhorst. ✆038234/229, www.jugendherberge.de. **Bahn/Bus:** Ab Barth Bus 210 Jugendherberge Born-Ibenhorst, dann 400 m Fußweg. **Auto:** Von Ahrenshoop L21 Richtung Born, dann links in den Wald. **Rad:** Fischland-Darß-Zingst Rundweg. **Zeiten:** März – Okt. **Preise:** ab 27 Jahre ÜF 27,40 €, HP 32,40 €, VP 36,40 €, Zeltplatz ÜF 18,90 €, HP 23,90 €, VP 27,40 €; Junioren bis 26 Jahre ÜF 22,40 €, HP 26,40 €, VP 29,90 €, Zeltplatz ÜF 13,90 €, HP 17,90 €, VP 21,40 €.

▶ Die JH liegt mitten im *Darßer Wald.* Ihr könnt von hier prima Radtouren und Wanderungen durch den Wald, zum Leuchtturm oder zum naturbelassenen Weststrand unternehmen. Außerdem vorhanden: Billardtisch und Kicker, Minigolfanlage, Spiel- und Sportplatz, Grillhütte, Fahrradverleih. 184 Betten in 2- bis 5-Bett-Zimmern, Zeltplatz für 140 Personen.

Die JH ist gut auf Radfahrer eingestellt: Reparaturmöglichkeit, Kartenmaterial, GPS-Geräteverleih, abschließbarer Fahrrad- und ein Trockenraum stehen euch zur Verfügung.

Jugendherberge Greifswald

Jan Grohmann, Pestalozzistraße11 – 12, 17489 Greifswald. ✆03834/51690, www.jugendherberge.de. **Bahn/Bus:** Bhf Greifswald, 15 Min Fußweg. **Auto:** B96 bis Greifswald, nach Bahnübergang rechts in Pestalozzistraße. **Rad:** Ostseeküsten-Radweg. **Zeiten:** ganzjährig, außer an Weihnachten. **Preise:** ab 27 Jahre ÜF 25,90 €, HP 30,90 €, VP 34,90 €; Junioren bis 26 Jahre ÜF 21,40 €, HP 25,40 €, VP 28,90 €.

▶ Von der JH seid ihr in wenigen Minuten in der Altstadt von Greifswald. Euch stehen 124 Betten in 1- bis 5-Bett-Zimmern sowie eine Cafeteria und zwei Gemeinschaftsräume zur Verfügung. Für Freizeitbeschäftigung sorgen Klavier, Tischtennis, Streetballfeld, ein **Spielplatz** für Kleinkinder, ein Freilicht-Theater und ein Grillplatz.

In der JH gibt es einen Fahrradverleih, einen abschließbaren Fahrradraum sowie Reparaturmöglichkeiten und Kartenmaterial. Draußenist viel Platz für ein Fuß- oder Volleyballspiel.

Kinder bis 3 Jahre, die im Bett der Eltern oder im mitgebrachten Reisebett schlafen, zahlen nichts.

Hostel Stralsund

Reiferbahn 11, 18439 Stralsund. ✆03831/284740, www.hostel-stralsund.com. **Bahn/Bus:** Bus 3 bis Hotel

Baltic. **Auto:** E251, vor Rügenbrücke Richtung Ozeaneum rechts ab, Ampel links Richtung Hafen, nach 600 m entlang der Hafenbahn links in Hafenstraße, nächste links in Reiferbahn. **Rad:** Ostseeküsten-Radweg, Hamburg-Rügen-Radweg. **Zeiten:** ganzjährig. **Preise:** 16 – 35 €, Zimmer mit DU/WC 24 – 45 €, Frühstück 6 €; Kinder 3 – 6 Jahre Frühstück 3 €.

▶ 60 Betten in 1- bis 6-Bett Zimmern, zum Teil mit eigenem Bad, stehen bereit. Außerdem: Gemeinschaftsraum, Fitnessraum, Tischtennis, Grillplatz, Küche zur Selbstversorgung, W-LAN.

Auf auf, Matrose: Finja im Museumshafen von Stralsund

© pmv, Karolin Küntzel

Jugendherberge Stralsund

Christiane Heinichen, Strandstraße 21, 18439 Stralsund-Devin. ✆ 03831/490289, www.jugendherberge.de. **Bahn/Bus:** Hbf Stralsund, Bus 3 bis Devin. **Auto:** B96 bis Ausfahrt Andershof/Devin, weiter auf Greifswalder Chaussee, nach Ortseingang an 1. Kreuzung rechts auf Deviner Weg, von dort (inzwischen Dorfstraße) links in Strandstraße. **Rad:** Östlicher Backstein Rundweg, Ostseeküsten-Radweg. **Zeiten:** ganzjährig, außer Weihnachten. **Preise:** ab 27 Jahre ÜF 25,90 €, HP 30,90 €, VP 34,90 €; Junioren bis 26 Jahre ÜF 21,40 €, HP 25,40 €, VP 28,90 €.

▶ Die JH mit 202 Betten in 2- bis 6-Bett-Zimmern liegt ein Stück außerhalb der Altstadt und herrlich im Grünen. Es gibt ein großes Außengelände, auf dem ihr euch so richtig austoben könnt. Wenn ihr Lust auf eine Runde Volleyball, Basketball oder Fußball bekommt, stehen euch die Sportplätze zur Verfügung. Grill- und Lagerfeuermöglichkeiten, W-LAN.

Die JH hat eine eigene Badestelle am *Strelasund*. Sie kann auch mit dem Rollstuhl erreicht werden.

Jugendherberge Sellin

Christiane Huch-Baden, Kiefernweg 4, 18586 Ostseebad Sellin. ✆ 038303/95099, www.jugendherberge.de. **Bahn/Bus:** Bus 20, 24 bis Sellin Ost, 50 m Fußweg. **Auto:** B196 bis Kleinbahnhof Sellin-Ost, links in Ostbahnstraße, rechts in Kiefernweg. **Rad:** Ostseeküsten-Radweg, Rügen-Rundweg. **Zeiten:** März – Okt. **Preise:**

@ **Sail & Surf Rügen**, Fährberg 8, 18573 Altefähr, bietet neben Segel- und Surf-Kursen auch **Kinder-Feriencamps** an, mehr dazu unter www.sail-surf-ruegen.de.

In der JH sind Hunde willkommen. Sie dürfen für 5 € pro Nacht mit ins Zimmer. Erkundigt euch vorher telefonisch, ob noch ein Hundeplatz frei ist.

ab 27 Jahre ÜF 29,50 €, HP 34,50 €, VP 38,50 €; Junioren bis 26 Jahre ÜF 24 €, HP 28 €, VP 31,50 €.

▶ Die JH befindet sich in unmittelbarer Nähe zur Ostsee und dem herrlich feinen Sandstrand. Baden, Planschen und Sandburgen bauen stehen hier auf dem Programm. Aber auch auf dem Gelände der JH ist viel los. Tischtennis, Volleyball, Basketball, Federball oder Fußball wird gespielt und für die Kleinen gibt es ein Spielzimmer. W-LAN, Aufenthaltsraum mit TV. 156 Betten in 2- bis 4-Bett-Zimmern.

Jugendherberge Binz

Dennis Brosselt, Strandpromenade 35, 18609 Ostseebad Binz. ✆ 038393/32597, www.jugendherberge.de. **Bahn/Bus:** Bhf Binz. **Auto:** B96 nach Binz, dann über L92 und links in Wylichstraße. **Rad:** Rügen-Rundweg, Ostseeküsten-Radweg. **Zeiten:** ganzjährig, außer Weihnachten. **Preise:** ab 27 Jahre ÜF 27,40 €, HP 32,40 €, VP 36,40 €; Junioren bis 26 Jahre ÜF 22,40 €, HP 26,40 €, VP 29,90 €.

Selbst bei einer steifen Brise lässt es sich am Strand gut aushalten. Ein Strandkorb macht es möglich. Ihn bucht ihr direkt in der JH.

▶ Die JH liegt in unmittelbarer Nähe zum feinsandigen Ostseestrand. Wenn ihr genug vom Relaxen am Meer habt, könnt ihr Billard, Kicker, Tischtennis oder Außenschach spielen, euch auf dem Fußballplatz austoben oder gegeneinander im Beachvolleyball antreten. 165 Betten in 4- bis 8-Bett-Zimmern, 32 Familienzimmer, überdachter Fahrrad-Abstellplatz und Kartenmaterial für Touren.

Jugendherberge Heringsdorf

Familie Dumke, Puschkinstraße 7 – 9, 17424 Seebad Heringsdorf. ✆ 38378/22325, www.jugendherberge.de. **Bahn/Bus:** Bhf Heringsdorf. **Auto:** B111 über Wolgast oder B110 über Anklam, L266 in Friedenstraße, dann rechts in Delbrückstraße, Ausschilderung folgen. **Rad:** Berlin-Usedom-Radfernweg, Usedom-Rundweg. **Zeiten:** ganzjährig, außer Weihnachten. **Preise:** ab 27 Jahre ÜF 31,90 €, HP 36,90 €, VP 40,90 €; Junioren bis 26 Jahre ÜF 25 €, HP 29 €, VP 33 €.

▶ Die JH mit günstiger Lage direkt an der Strandpromenade bietet 216 Betten in 2- bis 6-Bett-Zimmern. Außerdem gibt es viele Sportmöglichkeiten. Volleyball, Streetball, Kicker und Tischtennis könnt ihr spielen oder im Wintergarten mit einem schönen Buch ausspannen. W-LAN vorhanden.

Jugendherberge Ueckermünde

Detlef Rabethge, Herbergsstraße 1, 17373 Ueckermünde-Bellin. ✆039771/22411, www.jugendherberge.de. **Bahn/Bus:** Bhf Ueckermünde, Bus 907 Richtung Altwarp-Luckow bis Bellin Dorfmitte. **Auto:** L28 bis Ueckermünde, dann L31 Belliner Straße/Dorfstraße bis Herbergsstraße, dort links. **Rad:** Mecklenburgischer-Seen-Radweg, Oder-Neiße Radweg, Radfernweg Berlin-Usedom, Stettiner Haff Rundweg. **Zeiten:** März – Okt. **Preise:** ab 27 Jahre ÜF 23,40 €, HP 28,40 €, VP 32,40 €, Zeltplatz ÜF 16,50 €, HP 21,50 €, VP 25 €; Junioren 26 Jahre ÜF 19,40 €, HP 23,40 €, VP 26,90 €, Zeltplatz ÜF 12,50 €, HP 16,50 €, VP 20 €.

▶ Von der JH aus könnt ihr Spaziergänge in den anliegenden Wald unternehmen. Auch der Sandstrand ist direkt vor der Haustür. Auf dem Gelände selbst findet ihr Ballsportplätze, Tischtennisplatten, eine Außenkegelbahn, Lagerfeuer- und Grillmöglichkeiten. Die Kleinen erobern die Kletterburg oder nutzen die Spielecke. 115 Betten in 2- bis 6-Bett-Zimmern in Bungalows. Mit W-LAN.

Jugendherberge Swinemünde

Schronisko Młodzieżowe, Gdy ska 26, 72600 Świnoujście. ✆004891/3270613, www.schronisko.e-swinoujscie.pl. **Lage:** Eingang in Grodzka-Straße. **Bahn/Bus:** Bus 290/291 bis Port, Hafen. **Auto:** 93 Grunwaldzka auf Grodzka. **Rad:** Ostseeküsten-Radweg. **Zeiten:** ganzjährig. **Preise:** 23 – 100 zł; Kinder ab 3 Jahre 21 – 100 zł; mit gültigem polnischen Jugendherbergsausweis oder internationalem IYHF-Ausweis 20 % Rabatt auf die ersten 3 Übernachtungen. **Infos:** Bezah-

*Die **Wechselstuben** in Swinemünde schließen um 18 Uhr.*

lung am Anreisetag, nur in Zloty möglich, keine Kartenzahlung.

▶ Die JH liegt zentral und bietet 140 Betten in 2- bis 6-Bettzimmern. Euch stehen eine Selbstbedienungsküche mit Kochplatten, Geschirr und Besteck sowie ein Kühlschrank zur Verfügung. Zwei Essräume, einen Fernsehraum und einen umzäunten Parkplatz (gegen Gebühr) gibt es auch.

Unaussprechlich? Ihr müsst alle Buchstaben so lesen, wie sie da stehen, das ś sprecht ihr wie sch aus

Campingplätze

▶ Die Übernachtungspreise variieren genauso wie die Ausstattung. Auf einigen Plätzen besteht außerdem die Möglichkeit, ein Mobilheim oder einen Wohnwagen zu mieten.

Regenbogencamping Göhren

Am Kleinbahnhof, 18586 Ostseebad Göhren. ✆038308/2123, www.regenbogen.ag. **Bahn/Bus:** Rasender Roland bis Göhren, Ortsbus bis Göhren Campingplatz. **Auto:** B196 Richtung Göhren, auf Bahnhofstraße abbiegen, Platz ist ausgeschildert. **Rad:** Ostseeküsten-Radweg. **Zeiten:** März – Dez. **Preise:** Zelt mit 2 Erw und eigenen Kindern bis 13 Jahre 16,50 – 41,50 €, WoWa 16,50 – 48,50 €, WoMo 16,50 – 44,50 €, Tipi für 4 Pers 55 – 115 €, Häuschen (Mollis) für 4 Pers 54 – 99 €, Miet-WoWa 39 – 63 €, Miete 4-Personen-Zelt 30 – 62 €.

▶ 5-Sterne-Campingplatz im Küstenwald direkt am Göhrener Nordstrand. Alle, die nicht mit dem eigenen Zelt oder Wohnwagen anreisen, können sich vom Zelt über feste Tipis und Wohnwagen bis hin zum Häuschen die passende Unterkunft mieten. Für Unterhaltung ist ebenfalls gesorgt. Im Amphitheater gibt es am Abend Shows, im Kino die neuesten Filme. Außerdem: Sportplatz, Fahrradverleih, kostenlose Kinderanimation, Abenteuerspielplatz und Mini Club. Restaurant, moderne Sanitäranlagen.

Camping 24

ul. Polna 36, 72500 Międzyzdroje. ✆004891/3280275, Handy 0048535/777258. www.camping24.cba.pl. **Bahn/Bus:** Bhf Misdroy. **Auto:** 102 bis Misdroy, von Nowomysliwska auf Polna abbiegen. **Rad:** Ostseeküsten-Radweg. **Zeiten:** 25. April – Ende Sep. **Preise:** 11 – 15 zł, Zelt 9 – 13 zł, Caravan 12 – 22 zł, WoMo 22 – 28 zł; Kinder 7 – 17 Jahre 8 – 11 zł.

▶ 600 frei wählbare Stellplätze mit schattigen und sonnigen Bereichen, Kochstellen, Grillplätzen, Volleyball- und Basketballfeld, Tischtennis und Kinderspielplatz.

Campingplatz Relax

Relax. Ośrodek Kempingowy, Juliusza Słowackiego 1, 72600 Świnoujście. ✆004891/3213912, www.camping-relax.com.pl. **Bahn/Bus:** Bus 290/291 bis Promenada 1. **Auto:** Von Wojska Polskiego in Stanislawa Moniuszki abbiegen, dann rechts in Juliusza Slowackiego. **Rad:** Ostseeküsten-Radweg. **Zeiten:** ganzjährig. **Preise:** 14,50 – 16,50 zł, Zelt 8 – 13 zł, Caravan 25 – 45 zł, Bungalow ab 105 zł, Pkw 15 – 30 zł; Kinder bis 7 Jahre 6 – 8 zł, bis 14 Jahre 8,50 – 11,50 zł, ab 15 Jahre 12 – 13 zł; Studenten bis 26 Jahre 12 – 13 zł.

▶ Attraktive Lage in der Nähe des Kurzentrums. Zum Strand sind es nur 200 m. Der Platz ist baumbestanden. Es gibt 150 Zelt- und Caravanplätze und 2- bis 4-Personen-Bungalows. Moderne sanitäre Anlagen, Spielplätze, Lagerfeuerplatz, Freizeitraum, Restaurant, Café und Lebensmittelgeschäft.

Ranch am Torfmoor, Törf 4, Ostseebad Göhren. ✆038308/666888. www.ruegener-insel-lamm-rudenlamm.de. Ostern – Okt täglich 11 – 18 Uhr, Nov – Ostern Fr 11 – 18 Uhr. Ökohof, überwiegend Lammprodukte, Hofladen, Imbiss, Radlerrast, Streicheltiere.

Ostsee
N
1 cm
3 km
© pmv PETER MEYER VERLAG
Trelleborg (S)
Malmö (S)
Helsinki (FIN)
Natureum
Darßer Ort
Darß
Kletterwald
Gut Darß
Ahrenshoop
Steilküste
Saaler Bodden
Wustrow
Neuendo
Fischland
Gedser
Saal
Technik-Museum
Pütnitz e.V.
Ribnitzer See
Damgarten
Pütnitz
Infozentrum
Wald & Moor
Klocken-
hagen
Graal-Müritz
Bernstein-
reiter
Hirschburg
RIBNITZ-
DAMGARTE
FFH
Rostocker Heide
Eselhof
I-aah
Travemünde
Kletterpark
Hohe Düne
Markgrafen-
heide
Köhlerhof
Wiethagen
HANSE-ROUTE
Gelbensande
Kerzencafé
Warnemünde
Schnatermann
Rövershagen
Breitling
Stuthof
Purkshof
Mecklenburg-
Vorpommern
105
Mönchhagen
103
105
Lütten Klein
19
IGA-Park
Unterwarnow
Gehls-
dorf
Kinderland
Rostock
Broderstorf
ambrechtshagen
Tycho Brahe
ROSTOCK
110
Sanitz
Zoo Rostock
Darwineum
103
Groß
Lüsewitz
Roggentin
103
19
20
Tessin

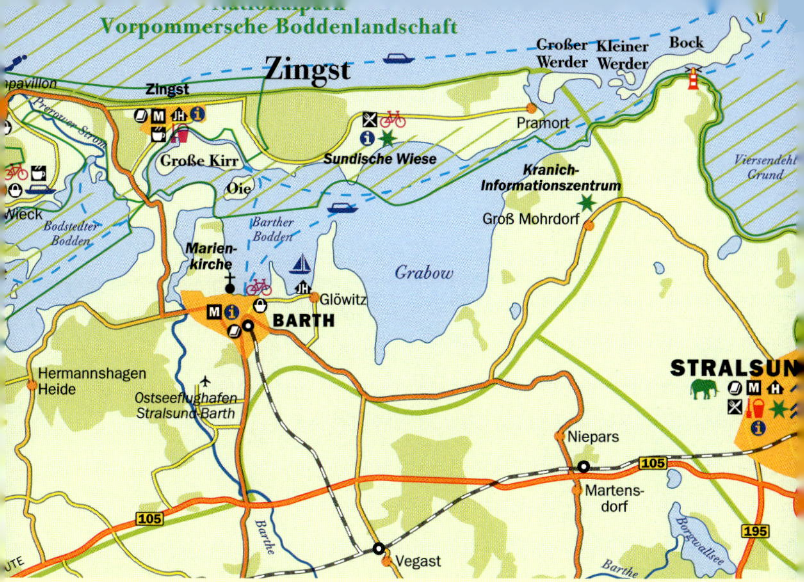

Zeichenerklärung

Aktivität:

Hallen-, Freibad
Badestelle, Strandbad
Tauchen
Boot & Wassersport
Surfen, Segeln
Wandern
Naturlehrpfad
Wild-, Vogelpark
Zoo
Reiten, Kutsche
Erlebnisbauernhof
Kletterpark
Erlebnispark, Spielplatz
Bühne, Leinwand, Aktion
Radeln
Golf

Einkehren:

Café
Essen & Trinken

Schlafen & Ruhen:

Hotel
Apartment
Jugendherberge
Camping

Nützliches:

Information
Einkaufen
Buchladen

Sehenswertes:

Kirche, Kloster
Schloss, Burg
Museum
Aussichtsturm
Leuchtturm
Windmühle
Betriebsbesichtigung
Museumsbahn
Sternwarte

Natur:

Natursehenswürdigkeit
Gipfel mit Höhe in m 1000

Verkehr:

Richtung
Autobahn, Ausfahrt 7 22
Bundesstraße 333
Landstraße 4444
Bahnhof
Autofähre
Personenboot

Ostsee
N
1 cm
3 km
© pmv PETER MEYER VERLAG
Dranske
Wieker Bodden
Steilküste Dornbusch
Kloster
Libben
Bug
Rassower Strom
Nationalparkhaus
Vitte
Hiddensee
Neuendorf
Schaprode
Schaproder Bodden
Nationalpark Vorpommersche Boddenlandschaft
nalpark Boddenlandschaft
Ummanz
Rügen
Waase
Museum Gingst
Ummanz
Großer Werder
Kleiner Werder
Bock
Zingst
Kliewe
Lieschow
Pramort
Sundische Wiese
Kranich-Informationszentrum
Viersendehl Grund
Kübitzer Bodden
Liebitz
Groß Mohrdorf
Grabow
Glöwitz
BARTH
Strelasund
Rambin
96
STRALSUND
Altefähr
DEUTSCHE
Niepars
105
Martens-dorf
195
Borgwallsee
Devin
Vegast
Barthe

Kap Arkona
Putgarten
Arkona
ow
Altenkirchen
Tromper Wiek
Breege
Trelleborg (S)
117
Königsstuhl
Nationalparkzentrum Königsstuhl
Rønne (DK
Glowe
Dinosaurierland Rügen
Jasmund
Nationalpark Jasmund
Sagard
Tetzitzer See
Großer Jasmunder Bodden
SASSNITZ
Rønne (Bornholm, D
96b
Klaipėda (LT
96
Ralswiek
Kleiner Jasmunder Bodden
Schmale Heide
Prorer Wiek
Prora
BERGEN AUF RÜGEN
ügen
Binz
Schmachter See
196
Sellin
Selliner See
Baabe
Lancken-Granitz
Putbus
Nordperd
Göhren
Lauterbach
Having
Middelhagen
Kowall
Vilm
Biosphärenreservat Südost-Rügen
Garz
Altkamp
Groß Zicker
Thiessow
Klein Zicker
Rügischer Bodden
Thiessower Haken
Schoritzer Wiek

Rügischer Bodden
Klein Zicker
Thiessower Haken
Schoritzer Wiek
Losentitz
Ruden
Greifswalder Bodden
rerlebnispark
Koos
Gristow
Flugplatz Peenemünde
Mesekenhagen
Lubmin
Peenemün
105
Ludwigsburg
HANSE-ROUTE
Erlebnis
Schmetterlin
GREIFSWALD
St. Marien
Wieck
Ziesebruch
Klosterruine Eldena
Eldena
Schönwalde
WOLGAST
109
111
Papiermanufaktur Wrangelsburg
Wrangelsburg
109
HANSE-ROUTE
Zemitz
Züssow
27
111
Gützkow
Jarmen
109
28
NSG Peenetal
Menzlin
20
110
ANKLAM
Marienkirche
Nikolaikirche
Peene

Karlshagen
Naturschutzzentrum Insel Usedom
Zinnowitz
Trassenheide
Mölschow
Bannemin
Reiterhof Bannemin
Wolgaster Fähre
Koserow
Streckelsberg
Kölpinsee
Café Knatter
Loddin
Ückeritz
Forstamt Neu Pudagla
Achterwasser
Krumminer Wiek
Lütow
Peenestrom
Pommersche Bucht
HANSE-ROUTE
Bansin
Heringsdorf
Ahlbeck
Pudagla
Naturpark Insel Usedom
Wehrland
Zemitz
Pulow
Ackerbürgerei
Lassan
Papendorf
Benz
Reetzow
Ulrichshorst
111
Görke
110
Mellenthiner Heide
Dargen
Wisentgehege
Usedom
USEDOM
Usedomer See
Peene
Stettiner Haff
DEUTSCHLAND
Mönkebude
109
UECKERMÜNDE
Bellin
Truppenübungsplatz

Rønne (DK)
Ystad (S)
Malmö (S)
Kobenhavn (DK)
Ostsee
N
1 cm
3 km
© pmv PETER MEYER VERLAG
Zatoka Pomorska
Woliński Park
Narodowy
Jez.
Koprowo
Zalew Kamieński
Kam
Pom
Zatoka Cicha
Międzyzdroje |
Misdroy
ŚCIE |
ÜNDE
Wicko Wielkie
Wapnica
Türkissee
Zatoka Dziwna
3
Wielki Zalew
Wolin | Wollin
Zalew Szczecinski
POLEN
Nowe Warpno | Neuwarp
Stettin
Stettin
Szczecin

Register

Orte, Sehenswertes, Natur
Stichworte (bitte auch übers Inhaltsverzeichnis suchen), Gaststätten
Personen

A

B

C – D

MEERESMUSEUM und
OZEANEUM Stralsund
Audioguide mit Taucher Jaques!
Familienrabatt, Fütterungen und Tipps:
deutsches-meeresmuseum.de
kindermeer.de
Deutsches Meeresmuseum Stralsund

T

U – V